WAYS THAT ARE DARK: The Truth About China

暗黒大陸 中国の真実

ラルフ・タウンゼント

田中　秀雄
先田賢紀智　訳

芙蓉書房出版

一九九七年版の序文

ウィリス・A・カート
（サンディエゴ）

六十四年も前の中国問題を扱った本をなぜ今出版するのか。答は明快である。原書が発行されたのは一九三三年のことであるが、内容が当時に比べても、いや当時以上に重要であるからである。まことに傑出した内容であり、偏見なくそのまま読まれれば、まさに目から鱗が落ちる本である。

本書を書いた著者の意図は著者の序文に示されており、六十四年後の今にもぴたりと当てはまるものである。

本書は、いわゆる共産主義時代の到来前に書かれている。この五十年間、中国の共産主義者は自国民を約一億人も殺害している。銃殺、縛り首、踏み殺し、引きずり殺し、殴り殺し、のこぎり挽き、切り刻み殺し、飢え死に等と、ありとあらゆる方法で殺してきたのである。なぜこのようなとてつもない数の人間を殺したのか。それはマルクス・レーニン主義の罪ではあるが、同時に中国文化そのものの罪でもある。なんとなれば、国民がその支配者に虫けら同然に殺され、虐待されてきたのが中国五千年の歴史であるからである。著者のタウンゼントはこう述べている。「四億の民（今では世界人口の五分の一にあたる十億を超えるが）の苦悩の実態」と。

しかし、好むと好まざるとにかかわらず、今日中国は世界の大国となり、将来も無視できぬ存在である。しかし中国はいつまで経っても中国であり、変わることは絶対ありえない。いくら我々が我々の国民の血税をつぎ込んで援助しても、中国が変わることはないのである。

る。著者のラルフ・タウンゼントは中国人に好印象を全く抱いていない。これは本書全編に一貫している。よって、異文化受容派にとって本書は政治的に正しくない本であり、悪意に満ちた本であり、心情的に許しがたい本として発禁本にでもしたくなるような本である。ところで、ジョージ・オーウェルは小説『一九八四年』で「政府役人などが世論操作のために故意にあいまいにして人を欺く表現法」としてnewspeak（ニュースピーク）という語を用いたのであるが、もし本書を手に取られる方がオーウェルのいうnewspekerでなく、まともに本書をお読みいただければ、今まで考えていた中国とは全く違う中国が見えてくるはずである。まさに目から鱗であり、本書の重要性に改めて気づかれるものと思われる。

さて、「中国は変わるであろうか」。別の表現をすれば、「闇に包まれた劣等民族である中国がはたして、人間らしいまともな自由を謳歌できる民主主義国家へ移行できるであろうか」。

自由主義者や国際主義者の白人たちは「汝の隣人を愛せよ」と声高に叫ぶ反面、自分たちの掲げる人種平等の旗印の下に集わない者たちを毛嫌いし、他民族やその文明を変革し自分たちの意のままに変えていこうとするのであるが、これは実に偽善であり、皮肉としか言いようがない。

こういうことをする権利は誰にもないのである。他国の文化に変化を加えるとか、ある方向へ誘導することは、わざわざいさかいを起こすことであり最悪の人間のすることである。帝国主義者であり、戦争成金なのである。いかに他国の文明が自国の文明とかけ離れていようとも、また野蛮で無知蒙昧に映ろうとも、神の如くその民を導こうと思い上がってしまうことは実に危険極まりないことである。

こう考えて無干渉を貫けば、乱れたこの世もいずれ穏やかに収まるようになるものである。今日の混乱は西洋諸国の「小さな親切、大きな迷惑」から生じたものである。また独善的正義感から生じたものとも言えるものである。とはいえ、戦争は一大ビジネスチャンスであるから文句ばかり言ってはいけない。

ところで、嘆かわしいことに、現今、どんな立派な人物であっても、文化の違いを指摘する人には「民族差別者」というレッテルを貼る風潮がある。著者のラルフ・タウンゼントは、いわゆる「肌の色」を理由に中国人を毛嫌いしたであろうか。それとも、我々白人ヨーロッパ人との違いをただただ真面目に書き綴っただけであろうか。民族間の違いを述べることができなくなる日が来た日には、完全な思想統制がなされてしまう。残念ながら、アメリカがそうなる日は遠くない。カナダ、イギリス、フランス、オランダ、オーストラリア等はすでにそうなっているようである。

タウンゼントの中国人観と日本人観には明らかな違いがあった。タウンゼントは、日本文化は中国文化とはかけ離れたものとしてみており、日本に好意を寄せていた。本書にもその理由が紹介されている。

最後に一言申し添えると、著者のタウンゼントは作家として造詣が深く、何者にも臆することなく事実をありのままに伝える力量がある。くどくど述べるより本書をお読みいただきたい。

著者の序文（一九三三年）

ラルフ・タウンゼント

本書で中国と中国人について述べるのだが、内容がいかに過激であろうが、そのことについて謝罪するつもりは全くない。世の中には、不愉快に思われるかもしれないことは遠慮して極力書かないことを美徳とされる方がおられる。これらの方々の言動についても本書の中で書いたが、私はこういう美徳は持ち合わせていないので、ありのままを書いた。美徳だらけの本はありあまるほど出ているからである。ありのままの中国の真実を伝えるどころか、さも明るい希望の星が輝いているかのような、現実とはかけ離れた情報を流し読者を混乱に陥れる中国関連本があまりにも多すぎる。

最近の中国関連本には、ありのままの真実を伝える本が極めて少ない反面、感傷的、いわばお涙頂戴式の本があふれている。本書はありのままの真実を伝える本である。中国人のありのままの姿を伝えるのが本書の狙いであるから、読み進むうちに胃がムカムカきたら、それで所期の目的は果たせたと思う。中国で現在何が起こっているかを正確に調査したら、ほとんどが見るも恐ろしい、胸が悪くなるような結果しか出てこない。中国人の行動自体が恐ろしい、胸が悪くなるようなものだから当然である。世界人口の五分の一を占める国民が運命に翻弄され、のた打ち回る姿から目をそらすことなく直視しないと、最新の中国動向を見誤ることになりかねない。想像をはるかに超えた悲惨な状況が、政治、社会、経済などあらゆる場面にあらゆる形態で繰り広げられるから、とても一人では整理できないのが実情である。

しかしながら、このどうしようもない悲惨な光景を目の当たりにしたら、なぜこういうことになったのか冷静な目で突き止める義務があると感じるものであるが、調べてみると、ただ生きるために、もがき抗争を繰り広げることで、かえってその努力が報われず、その結果無気力だけがはびこる状態になっているということがわかってくるのである。中国五千年の歴史は確固たる国家の目標があるわけではなく、ただ氷河の如く悠然と流れるだけで、さしたる変化は見られず、ただ人口が増えるだけで、増え続ける人口の重みに押しつぶされ続けているのである。驚くべきことに、時の流れと共にますます国民は不幸になり、ますますその生活は耐えがたいものとなっているのが中国の運命なのである。この想像を絶する中国の現状を、遠く離れたところから、ただ面白い「悲劇」、「対岸の火事」として鑑賞しているだけなら何の問題もない。ところがこの対岸の火事が燃え盛ってその火の粉が降ってきている。この火の粉がこちら側に飛んでこないようにするためには、火事の原因なり何なりその正体を見極めることが必要である。

このためには、従来の中国観を廃し、中国の現実に目を向けなければならない。中国の真実を見てその現実を理解するためには、今までの知識よりも、いかに厳しかろうとも現実を見据える日が必要である。それが我々の利益を守り、関連諸方面の利益にもなる。現実に目を向けることは辛いものである。しかしながら、いくら辛かろうと現実は現実であり、この狭い世界に中国人と一緒に我々は住んでいるのである。臭いものに蓋《ふた》をしては何事も成し遂げることはできないのである。

中国関連本は山ほど出ており、情報通があちこちで話をしているのに、ほとんどのアメリカ人にとって中国は未知の国である。新しい取引を始める前にはその相手の欠点をしっかり把握する必要がある。相手の長所だけを見ていては後で手痛いしっぺ返しを食うことにもなりかねない。長所があればそれはそれで結構なことである。隠していても人徳というものは現れるものである。また長所がいついかなる形で現れようとも、それによって損害を被ることはないし、失望することもなく、何の責任も取らされることはない。

ところが、好ましからざるところというか欠点となると話は違う。これはいずれ害をもたらすものであるがゆえに、早い段階で把握し、それなりの手段を講じる必要がある。アメリカは第一次世界大戦に犯した大失態を極東でも侵す必要など微塵もないのである。当時の複雑な国際関係を理解せず、関係諸国の「お国柄」とでもいうものを正しく理解しなかったがゆえに、犯した失策の重い付けを今でも払わされているではないか。フランスを例に取れば、フランス人の性格を的確に把握していたならば、あのように深入りなどしなかったであろうし、結果としてフランス人からもっと好意的に接してもらえたであろうし、これほど憤慨することもないであろうと思われて仕方がない。

閑話休題。信頼できる情報が実に少ないというのが、中国問題の難しいところである。誤った情報は山ほどあるが、実情を的確に伝える情報は、それこそ顕微鏡でも使わないと見つからないほど少量しかないから、現場を知らない人間には何が真実なのか判断ができないのである。

極東関連本の元はどこか。知る人ぞ知る。その多くは、ある利害関係と密接に結びついたところにあり、信頼に足りないものである。だからと言って、これらの作者の全部がプロパガンダ、つまり情宣員や偽善者だと言っているのではない。多くは、中国における宗教活動やさまざまな慈善活動が中国人の救済の一翼を担うことになるであろうということを世に知らしめんがために活動しているのである。実際そういう例もある。しかし最近の中国関連本の中には、明らかな事実誤認というか事実を歪曲したものも見受けられる。また、これらの本に共通した誤りと言うべきことがある。これらの本の中には、なぜか大きな意味を持つことがほとんど書かれてないのである。

中国の真実がなかなか伝わらない理由は単純明快である。説明するとこうである。中国に外国人が住んでいる。その中で中国の国情を把握している人を区分けすると三つに分けられる。ところが、いずれの人もいざ真実を述べるとなるとかなりの制約がある。三つの区分はこうである。

（一）宣教師　（二）民間事業家　（三）領事館員や外交官等の政府役人

最初にあげた「宣教師」たちは真実を話したがらない。なぜか。もし事実が知られると、今まで続いてきた援助が打ち切られる危険があるからである。次にあげた「民間事業家」たちも事実を話したがらない。なぜか。心証を害された中国人から不買運動が起こる恐れがあるからである。また、会社に罰則が課される恐れがあるからである。最後にあげた「政府役人」は在任中は外交辞令的なことしか言えない。厳重に口止めされているからである。したがって、現場にいて状況を最も的確に把握しているはずの人間が、事実上「さるぐつわ」をはめられ真実を述べられないのである。

こういう箝口令とでも言うべきものが敷かれた結果、アメリカ国内では、中国の真実とはかけ離れた思い違いやら誤解が生まれてきたのである。また、もし現役の役人がアメリカに帰国し、中国の話をしてくれと頼まれたような場合は、話の概要を政府に提出しなければならないことになっている。もし自分が関わった問題の全容を話そうものならクビが待っている。したがって、きちんと説明することなどできないから、明るく振舞い、中国の明るく見えそうな面をことさら取り上げるしかないのである。こういう欺瞞に満ちた、真相を一部しか明かさない話は百害あって一利なしであるが、こうした話が全国的に広まっているのである。聞く方にすれば、現場を知っている話し手を信用しているから、まさか嘘とは思わない。民間事業家も然り。真実を話そうにも話せないのである。同様な理由で、新聞に「反中国的人物」と叩かれるのを恐れているのである。

宣教師にはそれほどの規制はない。政府役人や民間事業家は本音を語りたいと悶々としているのであるが、宣教師にはそういうところはない。逆に事実は絶対語りたくないと思っている。ところが、自分に都合のいいことだけ語るときは実に饒舌になるのである。「中国人のキリスト教化の未来は明るい」としているが、それは布教活動の大義名分のためであって、中国現地ではそのような事例はまずもって見あたらない。こういうたわごとは宣教師の専売特許である。とは言っても、全くの嘘をでっち上げているわけではない。圧倒的多数の宣教師は、意図的な嘘と思われるものは排除しようという良識を備えているのではある。しかしながら、まさに独断と偏見で「期待できる」と判断したものを実態以上に持ち上げる傾向がある。彼らは単なる「思い込み」に過ぎないものを既成事実とするような、積極的というべきか無謀な人間であり、都合の悪いことは完全に無視する人間であるから、全く信用するに当たらないものと断じるほかないのである。確かに宣教師は誠実ではあるが、宗教活動にのめり込むあまり、どことなく、冷静に物事を見つめる目がないのではないか。また、さまざまな事象を正確に伝えることができないのではないか。どこの世界にも例外がある程度あるものだが、宣教師の世界となると、熱心な人ばかりなのか、皆「右に倣《なら》え」で、例外がごく少ないのは不思議である。

さて、中国在住者からは真実は聞くことができないことはおわかり願えたとは思うが、そのほかの人たちはどうであろうか。プロのジャーナリストや助成金を得て中国を訪問した者や大学教授たちはどうであろうか。こういう人たちは中国に短期間しかいないからすべてを見聞きすることはできないのは当たり前だが、典型的な出来事をそんなに多く見聞きすることも叶わない。したがって、彼らの出す本も不備だと言わざるを得ない。しかし永住者には見えるものが短期滞在者には見えないという不利があっても、彼らには逆に好き勝手なことを言えるという「旨味」がある。彼らの情報源は怪しいものがあり、関連情報が故意に削除されているから、短期間の滞在では情報の信憑性を確かめる手立てはない。例えば、誰でもいいが外国のジャーナリストが来ると、すかさず中国政府の高官と会見の場を設けられる。こういう待遇を受けて舞い上がらない人はいない。そこですっかり手玉に取られ、高官の言うとおりに、盗賊は根絶やしにしただの、共産主義は鎮圧しただの、公立学校制度が新しく導入されただの、あと少しで中国の統一が成し遂げられるなど、と手帳に書き込むのであるが、前から中国にいる人なら、こんな話は「法螺《ほら》話」としか見ていない。真顔でこういう法螺を吹いて相手を納得させてしまうのが典型的な中国人役人である。大都会に多いので注意されたい。

また、ジャーナリストは中国に来ると、まずアメリカのミッションスクールなどの慈善団体を巡回訪問し学長インタヴューを行う。こういう施設は有名だし、喜んでいろいろ話してくれるからである。ところが、こういうところで仕入れた情報は、真実ではないとまでは言わないが、誤解を招く元になりがちである。いずれの団体にもその長たるものはそれなりの職務というものがある。慈善団体ならばその慈善事業が遅々として進まないと取られるようなことは公表できない。地域住民の協力なくしては慈善事業どころではないから、彼らとのいざこざを暴露するわけにはいかない。長とはそうしたものだ。話が弾んだとしても、話すことより隠していることのほうが多いのである。

正しい中国情報が伝わらない理由をいくつか述べたが、これだけではまだまだ危ないと思っている連中が山ほどいる。作家、新聞社、出版社である。こういう連中は寄ってたかって「与太記事」をでっち上げ、いい加減な本を出し、さも「建設的」であるかのような顔をしている。つまり、何か都合の悪い事件なり事故なりが起こると「一時的な出来事である」と言い募ったり、「正義の味方が現れ事態を解決する」と抗弁したりするのであるが、そのようなことは中国に関する限りまずもってありえぬことである。

新聞や雑誌が経済、政治、道徳などさまざまな話題を提供するのは結構なことだが、その中で何が有害かといって「進歩的」と称するものほど不愉快で有害なものはない。断言するが、本書は決して「進歩的」ではない。本書は真実を知りたい人のために書いたのであって、面白おかしく生きようとしている人向きに書いたのではない。ある特定の主義主張のためでもなく、何かを論争するつもりもないが、結論めいたことをいえば、「不干渉も悪いものではない」ということになる。もし、本書に書いてあるさまざまな真実を読まれて、それでも中国に甘い幻想を抱かれても、それはそれで結構である。逆に、もしそうならなかったら、それもまた結構なことである。別に本書は中国の窮状を救うための本ではないのである。

ありのままの中国を紹介するのが本書の主眼である。外国人の多く住む洋式化した繁華街からはるか離れた僻地の話がほとんどである。こういう話だからこそ、本当の中国人の様子が浮かび上がってくるのである。もちろん、上海や天津などの西洋化した港町に中国人は住んではいるが、彼らは中国人としては例外中の例外である。また外国人が警備する租界が沿岸にあるが、そういう地区に住んだことのない人の苦労話やら受難の数々も収めてある。

中国に関して、新聞は明るい記事ばかりで暗い痛ましい記事は皆無に等しい。確かに暗い記事だと紙面作りが大変だろう。協定、議定書、委員会報告、約款、その効力等などが論じられるが、中国に関する限り、こういうものは何の価値もないものである。国民にこれらの約束事を守らせることができる政府が中国には存在しないからである。また、ナショナリズムやらコミュニズムやらという「何とかイズム」を唱えても、無知な中国人には何のことやらさっぱりわからない。それどころか仲間同士を食い物にするいわば「共食い」状態なのである。それは抽象的な「何とかイズム」「何とか主義」のためではない。ただ食欲と本能を満たすためなのである。

一九三一年、中国派遣を命じられた頃、中国の様子が全くわからなかったのでいろいろ調べると、ジュネーヴやパリやワシントンの資料館に「中国人の希望」等と銘打った立派な資料が山ほどあることがわかった。しかしこれらの資料は現実離れしており、読んでも時間の無駄であった。普通の中国人が、一生で一度でもいいから希望なり夢なり抱いたことがあろうか。そんな人は聞いたことも見たこともない。ただ食べて生きていければいいのである。ただ食べて生きる、これが血塗られた彼らの歴史なのである。

ところで、当たり前のことだが、領事館員の責務のひとつは、あらゆる手段を尽くし、あらゆる方面から信頼の置ける情報を集めることである。こうすることによって個人個人の観察が正しかったかどうかチェックすることができる。一つの領事館には職員が複数いるからたくさんの目で確認することができる。と同時に、ほかの領事館からの報告に照らし合わせれば自分の観察がどれほど正確なのかも知ることができるのである。

在中国アメリカ領事の中には調査能力に長けた人もいるし、立派な報告書を書ける人もいる。さまざまな情報が単なる噂話なのか真実なのかを見極める目がしっかりしており、アメリカの大新聞の花形記者が霞んで見えるほどの実力がある領事が何人もいる。彼らが書く記事の正確さ、これは並みの記者連中ではとても太刀打ちできない。こういう正確な情報こそ国務省に必要不可欠であり、続々と入ってきている。

本書には、中国の歴史に詳しい人には特段目新しいことはない。中国暮らしが長い人にとっても同様である。しかし一般の読者が本書を手に取れば、四億の民（全世界の五分の一にあたる）の苦悩の実態がそれこそ手に取るようにわかるのではないか。中国人の苦悩の歴史やその原因を知りたい人にとっては満足な答が得られないかもしれない。また中国人の苦しみを和らげたいと願う人にとっても同様である。しかし「暗黒なる道」に光を当てて見ることはできると思われる。少なくとも中国人の「無駄な努力」のほんの一部はご理解願えるものと思う。

暗黒大陸　中国の真実●目次

暗黒大陸　中国の真実

第一章　光　景

上海の乞食サンパンの群れ

波止場は半裸の苦力《クーリー》（低賃金の日雇い人夫）の怒鳴り声でごった返している。陸のバンド（外灘）も、自転車、人力車、自動車、一輪車、はたまた竹の天秤棒であらゆるものを担いだ苦力らが行き交い、これまた大変な混雑である。バンドへ直角に曲がる通りも同じく大渋滞である。通りには漢字を書いたさまざまな色の旗が垂れ下がっている。

近代的石造りや鉄筋造りの建物が並ぶ町並みを見ると、中国には見えないが、中国人の乗る乞食サンパン（小舟）が近づいてくる外国船に押し寄せる光景を目の当たりにすると、一挙に中国らしくなる。子供は泣き喚き、親は怒鳴り散らしながら、考えられないほどの汚らしいサンパンがどっと押し寄せる。ある舟では「金をくれ！」と手を振り、またある船は手っ取り早い手段を選ぶ。魚をすくう網のようなものを長い竹竿に括《くく》りつけたものを手にしている。これを客船の排水口に押し付ける。流れ出てきた残飯を網で受け、サンパンに取り込む。子供がこれに飛びつきガツガツ食べる。サンパン同士の争いも熾烈を極める。どれかのサンパンが他を欺いて、このご馳走をせしめると大変な騒ぎとなる。残飯が調理室の窓から投げ捨てられる。これにも小魚が餌に群がるようにサンパンが集まってくる。パン切れやバナナの皮、腐ったミカンでも何でも、どっと押し寄せ大喧嘩となるのである。

これが中国の貧しさである。

同じ人間が排水口から出た物を食べる光景を初めて目撃するとギクリとする。すぐそばのバンドでは、東洋の大金持ち（外国人も中国人も含めて）がパリッとした洋服に身を包み高級車を乗り回す。上海はピンからキリまで見事なまでの対照的光景を見せつけてくれる町である。

しかし下には下がいる。この乞食サンパンも確かに下の階層ではあるが、まだまだ下がいる。汚いサンパンでさえ一生働いても買えない者がたくさんいるのだ。しかし、いかに空腹に苦しもうと気位を失うまいとする中国人もいる。落ちぶれ果ててもハイエナやハゲタカの類にはなるまいと。残飯は食わないのである。

あのおぞましい残飯漁りを見るたびに、「同情を引くためのヤラセではないか？」と注意してきたが、どうやらそうではなさそうだ。ちなみに、あんな物を食って病気にならないかと心配になるが、心配御無用である。親子代々伝わる垢《あか》でヌルヌルしたサンパンで、着る物もなく裸同然で育った子供でも、他の東洋諸国で出会った子供に比べて、丸々と太っている。顔は洗わなくても丸々として健康そのものである。

上海に入港する客船の船員はよくホースで放水してこの乞食サンパンを追い払う。サンパンが「悪さ」をするからである。長い竹竿で子供を客室の窓から中へ入れる。子供は手当たりしだい手にして竿を伝って逃げるのだ。

中国を象徴する苦力

さて今度は上陸後の光景である。シェルブールやル・アーブルでも人夫が旅行客の荷物の奪い合いをするが、上海も同じだ。ただ、ずっと野蛮で数が多い。客にかける声も仲間同士で話す声もまるで怒鳴り声で、恐ろしい限りである。そして言葉にできないほど汚い体で客を取ろうと突進してくる。「餌時の猿」同様に、爪を長く伸ばした汚い手で客の荷物を奪う。

苦力はいくらでもいて、賃金はべらぼうに安い。高級ホテルには各部屋のドアにしゃがんでいる。昼といわず夜といわず、客が出入りすると、立ち上がってドアを開ける。別の苦力は客がカバンを開けておくと中を整理する。こういう具合に次から次へと苦力が現れて世話をする。その数は計り知れない。苦力は働く時は立ったり椅子に腰掛けたりはしない。靴磨きでも何でも、しゃがんでする。

苦力はヨーロッパの労働者より愛想がいい。ということは誠心誠意、忠誠を誓った者には従うということである。ある種の責任感を持ち、それを果たそうと努力するのだ。そこで気をつけるべきことがある。ホテルでチップを渡す時は苦力に直接やらないで、まとめて苦力頭《かしら》に渡した方がよい。そうすればその頭が掟に従って分配してくれる。苦力は頭の下で働いているから頭の言いなりである。ホテルでもどこでも頭が責任をとるのである。

頭は手下を多く従えている。縁戚同士でまとまることが多いから、一種の部族社会である。頭は文字通り頭であり王様で、手下の稼ぎのほとんどを独り占めし、「やり手」の頭は、下層階級にしては羽振りが良くなる。自分の「縄張り」に店を出す骨董屋から「上前」を撥ねる。客がチップのやり方を知らないで苦力に直接やったチップを巻き上げる。もし差し出さずにバレようものなら恐ろしい「仕置き」が待っている。調べ上げて隠した金を吐き出させる。

食堂でも同じである。チップは給仕頭が受け取る。これも典型的な中国の雇用制度である。苦力は自分の稼ぎを自分で使うことはできない。誰かに巻き上げられる。そのまたそれを誰かが巻き上げる。これを中国人は「お絞《しぼ》り」と言っている。この制度は乞食にもある。またひとつの組織が他の組織に

「お絞り」を出すようになっているから複雑である。当然ながら、出す「お絞り」は少なく、もらう「お絞り」は多くしようと血みどろの争いをする。

そこから西洋人には全く考えられないような「騙しの技」が生まれたのである。生きるためには敵を出し抜くしかない。金持ちになれるかどうかは一に「騙しの技」にかかっているから、金持ちは貧乏人より「騙し技」が上手だ。悲しいことに私の経験上、上流階級、特に役人はそう言える場合が多い。

さて、高いホテルの窓からの眺めは見渡す限り、素焼き瓦やスレートの屋根。はるか彼方は煙突の林。洋式製造業が盛んで郊外まで延びている。屋根はフランス風の陸屋根であったり、傾斜が鋭かったりしている。靄が立ち込め、空気は少し鼻に付く。薪や炭を燃やしているからだ。街中は騒々しいが、中でも物売りの声は大きい。時々怒鳴り声が聞こえる。人力車の車夫の場所取り合戦である。租界の警官（立派な髭を蓄えターバンを巻いたインド人）が割って入り、棍棒を振り回し手当たり次第殴りつける。車夫は逃げる。殴られないところまで車を引いて逃げ、仲間に馬鹿にされないように「あんなポリ公なんか怖くないぞ」というようなことを言う。警官に聞かれると殴られるから聞こえないぐらいではある。騒ぎが収まると、警官は交通渋滞解消の仕事に就く。

出まかせの嘘とポロリの本音

大都会の上海を歩くと、外国の影響を微塵も受けない典型的な田舎で見かけるような人とぶつかる。外国人に囲まれた生活でも、影響されず、中国人らしく暮らせるようである。

中国人と付き合っての印象だが、彼らはあらゆる階層の者が、当意即妙に、耳に優しい言葉を即座に考え出す。例えば、クリーニングを金曜日の午後まで仕上げるようと頼むとしよう。「合点承知しやした」とくるから安心する。が、まず無理である。まあこういうことは世界中どこでも共通である。特にアメリカ移民の一部はそうだ。が、中国人は全部がこうである。

さて、「約束が違うじゃないか」と問い詰めると、「当店では、おっしゃるような短期間で仕上げたことはございません」と反撃される。できない相談を持ちかけた方が悪いのだ。万事こうである。ただし中南米諸国ほどではない。中南米は「そのうち」と平気だが、中国人は商売熱心だからそうは言わない。客の気を引くため、喜びそうなことを言う。「カモ」と見たら「猫なで声」。逆に「一文無し」をたたき出す技も巧みである。

また、「○○までどれくらいですか？」と聞いたとする。こちらとしては「どんなに時間がかかっても、また遠くても構わないから正確なことを知りたい」のだが、「あ、すぐそこですよ」等いい加減な返事をする。「こう言ったら相手が喜ぶだろうな」とよけいな気を利かせてくれるのである。

「人に冷たくしてならない」というわけだ。古の賢人曰く、「明日に延ばし、明後日に延ばせ。さすれば気が済むだろう」と。「たとえその気がなくとも無下に断るな」ということだ。何十年も前からの教えである。

嘘八百、何でもいいから愛嬌を振りまく。自分も本当のことを言わないから、人の話も信じない。

「中国人の言葉は契約書の如く重いものである」と言われていたから、こうも毎度、嘘をつかれると「自分だけ特別かな？」と思ったりする。まあ、中国滞在の長い経験豊富な人に聞いてみよう。

「そのとおり。ただし契約書自体何の価値もないからね」

そこで有名なジョークを思い出した。「日本人は日本人を信じないから、お金の勘定は中国人に頼む」というものである。何年か前にアメリカの地理の教科書に載っていた話らしい。中国に来て初めて、可笑《おか》しさがわかった。

「口数少なく、平然とした中国人」というイメージもあるが、事実誤認だ。「おしゃべり番付」でも作ったら横綱は黒人だが、中国人は大関である。「怒鳴り番付」の横綱は文句なしに中国人である。子供みたいに怒りに任せて怒鳴り散らす。ある意味では口が堅いが、「あと一息」という時になって「思わぬ事」を口走るから敵に悟られる。

ボクシング用語に「パンチの合図を送る」というものがあるそうだが、中国人は合図を送るのがうまい。お陰でどれだけの外国人が命拾いしたことか。彼らの行動は理解しにくいが、賢くはない。パターン化されているからすぐわかる。ベテランの船乗りが空模様を見て嵐が来るのを読むようなものだ。危険地帯でも長く住んでいると、彼らの表情から、まだ安全か、危険だとしたらいつ安全な租界へ逃げ込むべきか、すべて読めるようになる。このコツが掴《つか》めないで「中国の土」となった者があちこちにいる。

夜の上海

「上海のアメリカ人は自堕落な暮らしをしている」との噂もあるが、そうとばかりも言えない。上海には多様な人道団体、教育団体等の本部がある。当然、このような団体から派遣された厳格な人物も多くいて、彼らの行動は厳格な英米人社会からも評価されている。また当地には在米の実業家より人格者が多い。ところが兵隊となると事情が異なる。彼らは中国に来るとアメリカ本土の兵隊よりいくらか元気よくなるようである。税金が安いので酒がカナダ等より非常に安いからだ。もちろん酒ばかりではなく女の子（主にロシア娘であるが）も安いからである。

兵隊ばかりではない。若者なら民間にも乱れた生活を送る者が多い。上海の気候風土、食生活等は、修行僧のような暮らしには不向きで、禁欲的独身主義を貫くのは全く無理である。意志薄弱な者や、

「その気」のある者は上海に行くより（他の東洋の町も似たりよったりではあるが）親元にいる方が良い。おかしくなる者が必ず出る。イギリス人、ドイツ人、フランス人の方がまだましのようである。これはアメリカの「禁酒法」の反動ではない。「禁酒法」が実施されるずっと以前から（同法は一九二〇年実施された）よろしくなかったのであるから。

上海のナイトライフは目を覆うばかりである。ロシア嬢が掃いて捨てるほどいる。その中には、ロシア革命を逃れてきた者もいる。美人はめったにいない。はっきり言えば「大年増」である。仕事のせいだろう。

ロシア革命の難民は少なく、多くが満州生まれの満州育ちである。中にはロシア貴族の血を引く者がいるかも知れないが、今では何の爵位もない。血筋もなく、無教養なロシア兵、毛皮商人、肉屋、パン屋等下層階級の娘が多い。

ダンス会場にはパートナーがいない寂しい男がよく来る。こういう男のパートナー役をつとめる女がいる。男に酒を勧め生活している。ただヨーロッパのキャフェガールとは違ってあまり押し付けがましくないのだけは救いである。

驚いたことに、この「何でもあり」のロシア娘の中にはダンスパーティで引っ掛けた立派なアメリカ人と結婚する者が多い。縁談を持ち掛けるモグリの業者が山ほどいる。縁談とはいっても永遠の愛を誓う正式な結婚ではないことは言わずもがなである。

ホステスを置かない店もある。「禁酒法」前のニューヨークのキャバレーの方がましである。ただしあのブロードウェイの四十番街、五十番街には「いかさま賭博場」が軒を並べるが、あれよりはいくらかましだ。

パーっとやりたい者には上海は極楽である。阿片は禁酒法時代に酒を手に入れるよりたやすく手に入るし、怪しい輸入ドラッグもちょっと探せばどこにでもある。安く上げたかったら、人力車の車夫に聞けばお望みの穴場へ連れて行ってくれる。また上海風のなりに、洋風の厚化粧をして、薄暗い路地から中国語で声をかけるガリガリ痩せたお姉さんに付いていくと良い。料金は格安で、米ドルで五セントから十セントですむ。営業姿勢は「薄利多売」。仕事熱心だから客のえり好みはしない。外国人はいうに及ばず、宿無しの中国人でも客に取る。恐ろしい梅毒特有のアバタ顔だったり、肺病病み特有の顔であったりさまざまだが、客と見ればステッキを持った紳士だろうが、髭ぼうぼうのゴロツキだろうがピッタリしがみ付いて離さない。

上海にだけではないが、賭博場はどこにもある。一番の人気は賭け競馬。合法である。馬はモンゴル馬と呼ばれる背の低い馬である。

東洋最大の「上海倶楽部」はバンドの向かい側にある。実業家や政府要人はまず初めに一階にある上海バーで景気付けしてからランチやディナーにする。ここのカウンターはメキシコのアグア・カリエンテより八フィート長く、世界一だそうである。白髪頭の萎《しな》びた中国人のバーテンダーがこれまた「見物」である。身のこなしすべてがイギリス風で洒落ている。酔っ払いはいない。エチケットである。イギリス人はきっちりエチケットを守る。ところがアメリカ人は知ってはいるが守らない者がいる。

荒地から出現した上海は中国人の天国

さて目の前の光景はしばらくおいて、歴史へ眼を転じて見よう。この三百万都市上海も七十五年前はただの原っぱで、「貿易中心」には不向きだった。そこを外国人が開発した。十九世紀、交易を目論む外国人が治外法権的に自国法に守られ、開拓できる土地はここしかなかった。それからこの地が開発されると、外国人一人につき百人の割合で中国人が殺到した。地主は広東と同じように、誰も欲しがらない土地を外国人に売って大儲けした。外国の租界となり、安全な交易が保障された。元々、中国人の土地は危険が大きすぎて中国人でさえ大きな商売はできないから、「安全」とわかると、以前の不人気が嘘のように中国人が押し寄せた。ひとえに財産の保護のためである。数千人単位で押し寄せ、とうとう三百万都市となった。今でも流入の波は止まらない。国際租界、その南のフランス租界に入れば、中国人であろうと外国人同様に生命・財産の保護が受けられる。多額の金を出さねばとても財産の安全は保てない「租界の外」に比べたら、外国運営の領土は天国である。だから誰でもこの天国に入りたがる。ただし、租界の「中」に入らず「外」で頑張る者も多い。なぜというと、租界の「外」には、外国人を追い出し、この租界の繁栄を我が物にしようという、反外国勢力、いわば攘夷派がいる。こういう人に顔を立てざるを得ないからである。しかし、もし万が一、外国人がこの天国を明け渡したとしたら、中国人だけではとても維持はできないことを当の中国人が承知している。なぜなら、外国人に守られていることを知っているからである。事実、膨大な中国全土に外国の領土が点在するが、これらの領土は外国人のみならず中国人にも「特殊権益保護区」となっているのである。

上海には巨大な倉庫がいくつもあるのに、中国人の軍や役人や兵士は手を出せない。外国人が司法行政を担当しているから下手《へた》に手を出すと法で裁かれるからである。外国人が担当しない地域にも法があるはずだが、事実上、無法地帯である。例えば閘北はいわゆる「大上海」に含まれるが、国際租界が川にせり出しているため、黄浦からは見えない所にある。上海ではあるが中国人が行政を担当している。だから一九三二年ここで第一次上海事変が起きたのである。事変が勃発すると租界保護のために各国は軍艦、兵隊を派遣した。なぜか。中国兵は敗走する時に暴徒と化し、略奪集団となる。これを恐れたためである。

協調より反目を好み共同作業のできない中国人

もし中国人に協調性や建設的精神があれば、揚子江河口近くに第二、第三の上海がいくつもできたはずである。現在の上海より立地条件がいい所は他にもたくさんある。上海の教育史を紐解くとすぐわかるが、ここ六、七十年だけでも多くの中国人が海外に留学しているから、それなりの人物は掃いて捨てるほどいるはずである。二十世紀に入ってからでもその数は数千になるはずである。ここ数十年は毎年のように欧米の大学で建築、土木技術、経営学、その他あらゆる分野で教育を受けた者が多数帰国している。もう一つ、億万長者が多いから資金も潤沢である。ところが、後ほど述べるが現実は、中国人だけだと、なぜかうまくいかない。

必要なものはすべて揃っている。しっかり監督すればちゃんと働く。仕事熱心で頭も良い。しかし致命的に欠けているものが二つある。それは正直と協調性である。しかもこの二つは直そうとしても直せないような感じがする。大人数の仕事となると中国人だけではうまくいかない。学力を実社会に応用できないのである。が、これはまだ可愛いとして、最大の欠点は誠実そうに見えていざという時に裏切ることである。表向き協調を強調し、団体にもよく入りたがる。ところがこの団体が曲者で、協調よりは反目を好む。

驚くほど裏切り者が多い。英語の諺には「二人ならうまくいくが、三人では仲間割れ」というものがあるが、中国なら「一人ならうまくいくが、二人では仲間割れ。三人では足の引っ張り合い」となる。

アメリカの大都市にも見られるが、中国の大企業のほとんどが部下に権限をほとんど与えない家父長的ワンマン企業である。というのは監督の目が行き届けば、西洋人を凌《しの》ぐほどの実力を発揮出来るが、目が届かなくなると全く油断も隙もないということだ。「会社のために働く方が得か、足を引っ張った方が得か」と、天秤にかけ、それこそ日和見主義となる。

そうとくれば根っからの「博打好き」だというのもわかる。というのも、資金を安全に投資できる時代がなかったからである。だから投資すなわちギャンブル、となるのである。だから金のある連中はギャンブルに手を出す。合法的投資をして元を取るまでじっと待つより、少なくともスリルだけでも楽しめるからである。

中国に暮らすとますます疑問が深まる

中国の海岸線は南北に長い。ちょうどその中央に位置するのが上海である。したがってどこの港に行くにも、また揚子江を遡るにもここが出発地になっている。また各地に散らばった外国人が集合する港町だから全国のニュースが入る。揚子江上流の僻地で数ヶ月過ごした人が文化に触れる町でもある。上海暮らしをしていると、名前しか知らなかった遠くの土地が身近なものとなってくる。そして治安の良し悪しがすぐわかるようになってくるから不思議だ。お昼時やお茶時の話題に虐殺、飢饉、洪水、海賊等がぽんぽん飛び出す。最新情報は「どこどこの隊長が盟約を破り寝返った」という類の話である。結局「中国人は自分の利益しか考えない」と言ってお開きになる。有名な人物であろうとその人の行動を予測することはなかなかできないが、滞在期間の長いベテランとお付き合いをすれば、だんだんわかってくる。数週間もすれば混沌とした状況が理解できてくる。それだけではなくもっと知りたいという欲求に取り付かれる。

エジプトやユカタン半島に行ったことがなくても、古代エジプトやマヤ文明に惹かれる人は多い。ところが中国は別だ。行く前はどうでもよかったが、行ってみて惹きつけられるのだ。骨董などとは全く無縁の輩が急に漢・明時代の美術品に蘊蓄《うんちく》を傾ける。また古美術に興味のない輩は近現代史に惹かれる。

「病み付き」になる人がいる。古美術や芸術品に興味のない者は社会に目を向ける。なぜかくも中国は混沌としているのか知りたくなるのである。そこで南京路にある本屋へと急ぐ。歴史の本はところ狭し、と並んでいるが、現代中国情報関連本となると急に歯切れが悪くなる。奥歯に物が挟まったようで、真実が見えてこず、事件の動機や人物像が書かれてない。それでも「国民党」「太平天国」「ボロディン」等はたびたび耳にする。「知らぬは恥」だから何とかして調べたくなる。一日足を踏み入れるとそれこそ底なし沼である。驚きの世界への旅立ちだ。まるで一人トランプをするようなものである。自分の判断と推量が正しいかどうかを確認するだけのゲームである。そしてゴールに辿《たど》り着く。「諸悪の根源は、事件の当事者であり自称愛国者だ」と。

そうすると上海タイムズ等の新聞の裏事情がよくわかってくる。当然新聞等には最悪の情報等は出せない。中国人読者の気分を害しないよう最大限の注意を払って記事を書いているからである。記事を出すか出さないかを決める責任者は、地元住民との「和」を最重視する。友人や知人がいるからである。だから、たとえ公然の秘密だとしても、不快感を与える記事は出さないのである。

買収事件はどう報じられるか紹介しよう。ある将軍が敵に買収された。その将軍は窮地にある味方を見殺しにして、トラック隊を指揮し、自分が獲得した略奪物資や阿片を持ち逃げした。さて翌日の新聞は「某地区防衛の某将軍の命により兵は二十里後退。将軍は再攻撃のため南京の首脳部と協議中」となる。

取材して真実を知っている記者は事実を書けないから「腐りきった〇〇め。他よりはましだと思っていたのに」と怒り狂う。

数日後の新聞は「某将軍は統一と協和を目指す最終案作成会議が開かれる広東へ向かった」となる。

さらに数日後には「病気のため香港で療養中。復帰は未定」となる。どこをどう読んでも本当のことはわからない。

　カメラマンの愚痴も聞こえる。「命がけで取った写真なのに使ってくれない。真実を暴露しすぎているからさ」。

　こういう誤魔化し、逃げ口上ばかりだから困りものである。

中国的貧困模様
　上海は楽しいというより面白い町である。かつては城壁に囲まれた町だったが、今はその城壁はない。国際租界の南に細長いのはフランス租界。この租界と町の境界には通称「マッチ箱」と呼ばれるコンクリートのトーチカが睨《にら》みを効かしている。
　蚤の市が面白い。八百メートルほどの通りは「世界の奇観」に登録すべきである。雨の降らない日は端から端まで、歩道に拾ってきたガラクタが並ぶ。ガラクタといっても生半可なガラクタではない。これに比べたらパリの蚤の市など高級ブランド品店「ティファニー」だ。店主は一メートル四方の汚い敷物に商品を広げる。ゴミの山から拾ったとしか思えないような、それこそありとあらゆるものが商品として並ぶ。おそらく妻子にゴミ漁りをさせたのであろう。切れた電球一個。汚い歯ブラシ一、二本。錆びた電線数本。曲がった釘数本。コルクの栓二個。これですべてである。片方しかない古い靴。傷のあるインクビン。表紙しかない本。中には、何とか使えそうな蝶番《ちょうつがい》や曲がったハサミを扱っている店もある。客はまばらで、年季の入った店主だけがぶらぶらしている。想像を絶する貧乏市である。
　どこへ行っても貧乏人である。ある朝早く田舎を散歩していると、鍬とバケツを持った女たちが沼で何かを掘っていた。漁師でもない百姓女が何をしているのだろうと近づいてみると、鶏の餌のミミズを掘っているところであった。貧乏人には鶏の餌にする残飯はない。鶏に穀物をやるなどとは贅沢の極みである。家族全員が手伝いをする。子供は煮炊き用の枯れ草集めである。火は煮焚き用であり、真冬でも暖房用に火を焚くことはない。

一九三二年に第一次上海事変が勃発した。その二月の戦いの数週間後の静安でのことである。倒れた馬の骨を中国人が削っている。肉はとっくの昔に消えている。まずハゲタカが来て、それを犬が追い払い、最後に人間が犬を追い払った。

中国人は犬を食べると思われているが、犬を食べてはいけないという迷信もある。ただし、広東人は犬を良く食べるし、ネズミも食べる。蛇はご馳走である。

南部の農民は自分で米を作っても食べられない。米は主食であるから贅沢品ではないはずだが、高いから裕福な連中しか腹いっぱい食べられない。したがって、米を作っても芋や野菜を混ぜて食べるしかないのである。混ぜ具合は地域によってばらつきがある。米が二割も入っていたら大変なご馳走とされている。

温暖な地方では果物をよく食べる。北は福建省までバナナができるが、ふんだんに食べられるほどではない。アモイから南ではふんだんにできる。南部では小さなミカンがよくできる。アメリカのトウモロコシ、ニンジン、キャベツ、豆類と同様、食料として重宝されている。南部は果物類が豊富なだけ北部より恵まれている。北部では豆や穀類ばかり食べている。ところが北部の人の方が体力では勝っているようだ。

総じて農民の体力は優れている。やせ細ってガリガリの体ながら、辛抱強く働く姿は世界の七不思議に数えるべきである。ただし野菜しか食べられないから、体は鉛筆のように細く、チョクチョク食べないと西洋人のように長くは働けない。ところが、ご飯一杯か生のサツマイモにお茶を一杯啜ると、英米人を全く寄せ付けないほどの働きを見せる。

チップを多く渡してはいけない

さて上海で人力車に料金をやる時、注意しなければならないことがある。それは何かというと「基準額をきっちり出して、多めにやらない」ということである。基準額は通常二十セントである。四、五キロ行ったり三十分ほど待たせると追加料金は三十から四〇セントである。中国の貨幣は、メキシコの銀貨が唯一の通貨であった名残りで「メックス」とよばれている。為替変動にもよるが二十セントはアメリカの貨幣価値にして四セントか五セントである。

車夫は見るからに哀れな姿をしている（もちろん演技が上手だからである）。そこでつい、チップを弾むことになる。すると逆に、「騙された」と大声を上げられる。また「この客は上海語がわからないな」と思うと、回りで見ている苦力仲間のウケを狙って怒鳴り散らす。「余分に払うとは金勘定もできない間抜けだ」と思って怒鳴ったり泣きついたりして、さらにふんだくる。情け無用の世界である。こちらがチップを弾んで「雪の中、裸足でご苦労。少ないがこれで一杯やってくれ」と言っても信じられないのだ。試しに、ちょっと乗っただけで一ドルやってみた。一ドルといえば彼らにとって二日分の稼ぎである。「騙された」と言って激怒しなかった車夫は一人しかいなかった。

宣教師たちは「田舎には本当の気高い中国人がいる。チップを弾めば皆大喜びする」と言っているが、私はそういう爽やかな人には出会ったことがない。

ある日の夕方、山歩きからの帰り、田んぼで道に迷ってしまった。道は仕切り石でできているのだが四方八方に伸び、しかも稲が大きくなっていたので道がわからなくなったのである。仕方なく、近くで遊んでいた農家の子供に道を聞いた。この子はしばらく一緒に歩いて教えてくれた。お礼に一ドル銀貨をやった。子供が一週間働いても貰えない額である。この子はさっとポケットにしまってからこう言ってのけた。「当地の道案内の基本料金は二ドルとなっています」。これにはさすがの私も呆れて、「お兄ちゃん、それは言いすぎだろう」とたしなめたが、聞く耳を持たない。例の手を使って「二ドルくれよぉ」と大声を上げ、身悶えし、泣きついて、三キロもくっついて離れないのだ。

稼ぎのすべては食い物に

「二四時間食べている」。これが上海の町の印象だ。もっとも中国人がいるところいずこも同じ光景ではあるが。店にはペチャンコになってラッカーを塗ったように赤くなった鴨が、所狭しとぶら下がっている。歩道では菓子屋がコンロを持ち出し、粉を混ぜ、餅を焼いている。移動する時は調理用具一切を背負う。金を手にした車夫は真っ先にここに来て食べ物を買う。

数百万人が毎日飢えに苦しむ国では、真っ先に考えるのは食べ物である。お金の第一の使い道は食べ物である。裕福層でも考えは同じだ。余裕があるからのべつ幕なし、食べ物屋で朝から晩まで食べる。夜になっても止めない。食べることに精神的肉体的な喜びを見出しているのである。誰でも食べ物を見ると目が輝く。仕事が終わり、くたくたで今にも死にそうだが、金を手にすると生き返る。食べ物を買う、鵜のような喉に一口放り込み、素早く飲み込む、頭を振り振り飲み込む。飲み込むと間を置かずもう一口放り込む。これで別人のように元気になるのである。

買い物ではお釣りを誤魔化される

初めて買い物をする時はお釣りを誤魔化される。「お釣りが足りないよ」と抗議すると「本日、交換率が変わりましたので」と切り返される。「そんなことはないでしょ。隣の両替屋へ行って確かめてくるよ」と言うと「ちょっと待って下さい」と言って、少しよこす。「まだ足りないよ」と問い詰めると、「端数まできっちり計算するとこうなりますか」と言ってちゃんとしたお釣りを渡す。「小銭が全くなくって困りますね」等と嫌味を言う。「小銭じゃなくていいからちゃんとお釣りを出せ」ときつく迫ると「もともとそのつもりでいました」というような顔をして金庫を開ける。中には小銭がぎっしりある。こうした時でも礼儀正しく笑顔は絶やさない。ただし目だけは合わさない。「またのご来店をお待ちいたします」と言って出口まで見送ってくれる。

イライラしてはいけない。そういう国なのだ。すでに合わせ目の一部が変色している生地を手にしながら、「この生地は絶対色落ちしません」と言ったり、一九二五年創業の会社の商標がついている壺を「正真正銘、明（一三六九～一六四四）の壺です」と平気で言ってのける。どだい言葉には何の意味もないのである。また金もかからないから言葉を湯水のように使う。些細なことを長々と論じたり、心にもない賛辞を滝のように浴びせたりするが、ウソだと顔に書いてある。簡潔明瞭を重んじる外国人、とりわけ英米人には全く馴染めない。あらゆる交渉事でこの中国人特有の態度にいらいらし、疲れてしまう。と同時に、際限ないお喋りには怒りまで感じ、心底、中国人を軽蔑するようになるのである。

中国人は人を怒らせる天才であるが、同時に「なだめ上手」でもある。お世辞で彼らの右に出る民族はいない。例えばある店で、店主の態度に憤慨して店を出たとしよう。ところが翌日はなんとその店主が何がしかの品物を手に平身低頭し、「旧友の証でございます。どうぞお受け取り下さい」とすり寄ってくる。昨日の無礼には全く触れない。役者のように悲痛な面持ちで哀れみを乞い「変わらぬご愛顧を」と訴えられると、ついそのお茶か何かを受け取ってしまい、礼まで述べ、「騙された」と思いながらも、半値でも売れないガラクタを「また見に来るよ」とまで言ってしまうのである。

同じモノサシは使えない

愛想がいいので「中国人が好きだ」と言う人がいる。しかし同じ「好き」でも中国人を好きになる場合と、アメリカ人を好きになる場合では「好き」の意味合いは違う。中国人を「好き」になるには絶対捨てなければならないものがある。それは今まで使ってきた「モノサシ」である。後で詳しく述べるが、かなりのアメリカ人が中国人を「好ましい」と思っている。なぜか。同じ行為でもアメリカ人なら「不誠実」となっても、中国人がやると「愛嬌がある、上品だ、ウソも方便、対立を和らげる才能がある」等となるからである。アメリカ人同士なら対立するような行為も、相手が中国人だとなぜか潤滑油の役割を果たす。アメリカ人だったら、尊敬できない人間を「好き」になることはまずない。が、中国人に限っては、その生き方全体が「呪わしい」ものであるにもかかわらず、「好ましい」となる。

中国人は私的な基準でしか友達にならない。例えば、ある人が自分にとって都合のいい人であれば、社会に対してどんな悪党であろうと一向に構わない。他人に対して行った行為が原因で絶縁することはない。

「郷に入りては郷に従え」という諺があるが、中国に暮す外国人はこれをそのまま実践している。つまり西洋人同士なら尊敬できないような人物でも、相手が中国人だと仲良くする。だから「中国人が好きだ」と言われたら眉に唾すべし。こういう人は、中国人の価値観に合わせ、愛嬌のよさだけを見ているのである。西洋人同士だったら愛嬌がいいだけの人間は相手にされない。ある有名な中国人が、「妻が何人かいるがその一人にどうしようもない奴がいて、箱詰めにして川に流してやったよ」と豪語したが、こういう人が典型的な中国人である。平気で人の喉を掻き切る山賊の出である。もちろん、尊敬に値する者がいないわけではないが、数はごく少ない。圧倒的多数の人の言葉は信用できないし、顕微鏡でも使わなければ「言行一致」なる者は見つからない。

「民族には違いはあるが優劣はない」という者がいる。しかし根拠がなく、真実を極める努力を全くしていない。あるいは謙虚で好ましく聞こえるかも知れないが、どんなものであろうか。現実に中国人と付き合い、中国の国情を観察した者に言わせれば「とんでもないお人好し」である。

信頼できる者がいない

君主制、共和制、独裁制、共産制いずれであろうと、もし政府に愛国者なり人徳者がいたら、国民はそれなりの恩恵を受けるはずだ。逆に、どんな立派な政治体制でもそれを支える役人が駄目ならどうしようもない。ところが近年、にわか中国研究家が出て、最近の変動を「改善」と持ち上げている。しかし歴史を一九二七年に戻して見よ。当時出現した「国粋主義者」は熱狂的支持を受けていた。続く王政復古にも、またその後の独裁制にも、またまたその後の変革にもという具合に、同様な愚かな大騒ぎを繰り返してきたではないか。いかに政体を改革しようが、人物不足から来る「病」には勝てなかった。看板は変わっても「人物」が現れなかったのである。

つまり政治を任せられる正直かつ誠実な人物がいないのである。皮肉ではない。実際、役人と付き合った上で言っているのである。また私だけではない。仕事で中国全土を回った経験を持つ仲間すべてが同じことを言っているのである。

君主制が現在の中国に一番適している。というのは、信頼の置ける人物が少ないからである。中央集権的政権なら少ない人数でなんとかなる。しかし信頼して仕事を任せられる部下がいなくては組織が機能しない。これは、君主制であろうと中央集権制であろうと同じ。中国にはこのポストを任せられる人物が不足している。

アメリカの腐敗の代表はマンハッタンのタマニーホール慈善共済組合（一七八九年設立の民主党の派閥組織。しばしば不正手段によりニューヨーク市政を牛耳った）やブー・ブー・ホフ政権やニューヨークのギャングであった。中国はこの比ではない。少なくともアメリカには、真面目な市民、正義の味方を自認する市民がいて目を光らしている。残念ながら現在の中国にはこれがない。これからも現れそうもない。「腐敗」の意味合いは、アメリカと中国では同じではない。アメリカでは「税金の無駄使い」とか「コネのタマニーホール」程度だが、中国の場合はそんな生やさしいものではない。中国では役人に「袖の下」を使わない者、使えない者は首を刎ねられるのである。

改革・進歩は幻

ここまで中国の明るい面を紹介してこなかった。これといった進歩が見えないからである。進歩を期待する者は、まだまだ「素人」である。慈善事業家が、さも明るい未来があるかのように寄付を呼びかけ、討論会を開いている。確かに中国の「進歩」関連記事は紙上を賑わしている。国民党の出す公衆衛生、法の施行、刑務所の改善、国民の教育、農業改良などの政府刊行物だけを読んだら、簡単に騙される。さて、そのうちどれだけのものが実践に移されているか。要するに、これは海外向けの宣伝なのである。現に、中国人は現実が分かっているから、白けたものである。お人好しで、物を深く考えない外国人を欺くプロパガンダなのだ。多くの「物書き」はすっかり騙されているのである。

南京にできた政府が、本腰を入れたらかなりのことができるのではないかと考える愚か者がいる。政府とは名ばかりで、中国全土の十分の一も支配できていないのが現実である。何をしているかというと、ただ、さも目覚しい実績を上げているかのような印象を海外に植え付けるためのプロパガンダに全力を投じているのである。国民のためになることを何か一つでもやったか？ なきに等しい。

以上が、中国に暮らし、中国を旅して得た第一印象である。急ぎ足で紹介したのであるが、これは一九三三年の段階でごく普通の好奇心を持った、偏見のない人が中国を旅行したら得られると思われる情報や印象を綴ったものである。

聞いたことのない人名やら組織が多かったであろうが、おぼろげながらも中国という国の輪郭がつかめ始めたのではないだろうか。情報が氾濫しているが、まず中国人とはどういう人なのか理解することが問題解決の糸口となる。新聞で農民虐殺、成り上がり者による政変、内乱等を読んだら是非考えて欲しい。持って生まれた性格は変わらないものである。

古来の中国人らしさが、今共産主義あるいは民族主義に現れていると思ってはいけない。その他の「○○主義」も同じである。いわゆる○○主義というものは中国にはない。何でも中国へ入るとカメレオンのように色を変え「中国化」してしまい、元の名前さえわからなくなってしまう。結論を言えば、「中国人は一見、○○主義のため戦っているようだが、そんなことはない」ということがおわかりいただけたと思う。

第二章　のどかな水田に隠された逆説

食糧供給に対して人口が多すぎる

それにしても紛争の絶えない国である。地図を見よう。アメリカに重ねて見るとわかりやすい。ご存知のとおり、東西南北とも約三千二百キロである。国境が不明瞭な地域を除けばアメリカのほぼ三分の二である。食料需要を満たすには耕作面積が小さい。つまり、食糧供給量に対して人口が多すぎるということだ。にもかかわらず、墓地が広大な面積を占めているとは驚きである。私が行った地方では、土地の四分の一が墓地である。また耕作地にできない岩肌がむき出した山岳地帯がアメリカよりずっと多い。

新聞は「食糧生産の改善」を謳《うた》っているが、現実は厳しい。生産方法は旧態依然としているが、米作、家庭菜園等には手間をかけるから単位当たりの収穫量は高い。トラクターなどを導入して機械化すれば収穫量も上がるのではとも考えられるが、それは浅はかな考えである。人手に対して土地が広大な場合は機械化した方がよいが、耕作地が小さく、人手はいくらでもある場合は別である。中国農業の機械化とは、たとえて言えば温室や花屋にトラクターを押し込むようなものである。アメリカの西部では機械は人間の何倍もの働きをするが、中国では機械の役目を果たすのは自然の法則である。

つまり家族全員の力である。確かに耕地面積当たりの収穫量がアメリカを凌ぐ作物もある。しかし厄介なことに耕作可能な土地が不足していて、機械化しても耕作面積は増えない。それなら、種の選別、作物の病気対策、害虫の駆除、雨不足の西域、北部の灌漑対策等を考えた方がいい。東部、南部と揚子江の中流域には充分すぎるほど雨が降る。雨といえば、中国人のことを考えると必ず雨が浮かんでくる。その雨は黄色い泥流となって流れるのである。

『上海特急』

北京は上海の約千六百キロ北にある。あの有名な「上海特急」で時間にして約五十時間、距離にしてニューヨークとシカゴ間と同じである。ところが特急とは名ばかりで、平均時速はなんと三二キロである。だから、田園風景を見ながら時速百キロで突っ走る特急列車の旅を期待してはいけない。思わぬ光景に出くわしても慌ててはいけない。例えばトイレはない。子供におしっこをさせる時はどうするか。ちゃんとした身なりで教養もありそうな中国人でも、通路に置いてある痰壷にさせる。

上海特急の話のついでに言うと、中国中央政府は、ハリウッドのスタンバーグ監督に対して『上海特急』の名の付いた映画を全世界から回収するよう要望した。国内で上映禁止したばかりか、もし海外での上映を続けるなら同監督の作品の国内上映を全面的に禁止する、と脅しをかけた。映画『上海特急』には山賊が襲い掛かってくる場面があり、穏やかな中国人に対する冒瀆だと言うのであろう。しかし中国国内のアメリカ映画総収入はたったの六十万ドルであり、世界中で上映されているヒット作一本にも及ばない。そこでハリウッド側は「ご自由に」と回答した。『上海特急』は全世界で上映されている。監督は今現在も中国にいて映画の仕事を続けている。

義和団事件

閑話休題。雨に煙る田園を後にして北京に到着。北京は埃と砂嵐の町、乾燥した平地と禿山の町、夏暑く冬寒い町である。黄海までは百六十キロ足らず。港は天津郊外の大沽《タンクー》である。

一九〇〇年の夏、事件が起きた。「義和団」という狂信的秘密結社が宣教師を殺害したことに触発され、中国政府の守旧派が義和団に加勢して外国人排斥を企てたのである。包囲された北京の公使館員の救出に、連合軍が大沽から北京へ進撃した。救出軍が到着する前にドイツ使節を含む多くの外国人が惨殺された。ところが救出軍を目にしたとたん、中国側は政府軍も義和団も守備を固めるどころか、算を乱して敗走した。事変後、平時における外国人殺害という国際儀礼違反に対して賠償を課された。その七年後、アメリカは賠償金二千五百万ドルをアメリカ国内に学ぶ中国人学生の教育に活かした。ところで、西太后はじめ中国側は、連合軍が当然の措置として首都北京を永久に支配するものと覚悟していたが、思いもよらず赦免され、復権を許されたから驚いた。アメリカをはじめとする連合軍は「略奪蛮行」とされ非難された。中国人は「非常に寛大な措置」に大喜びした。進言を受けて屠殺を命じた当の西太后は「お構いなし」で済まされた。講和文は条約文書としては実に奇妙なものである。まず友好だの親善だの美辞麗句を長々と連ねた前文があり、続いて崇高な条文が来る。西太后以外の虐殺実行者には「清王朝の恵み深き特赦により自決を許」された。その他、外国人に「清朝の寛大さを示す」ための条文が作られた。

この事件の数年前までは一応友好的で宣戦布告することがなかったので、外国要人を襲い、武力紛争を起こしたことは忘れられ、中国人は「平和愛好者」との評価を取り戻した。メッキは剥がれるものである。一九二七年、同じような事件が南京で発生した。国民党の正式指令の下、小規模ではあるが、あの「北京の包囲と屠殺」が南京で起こったのである。この事件で殺害された者の中には英国領事館員も一人含まれていた。南京は北京上海間にあるから運良く当時米英の砲艦が近くにいて、襲撃者を打ち払い、包囲されていた人を救出した。

ここ五十年、中国で外国人の虐殺が起きるたびに「今ここにこのような蛮行は終わりを告げた。今後、中国人は平和を愛する責任のある近代国民になるのである。よって、以後、中国人に悪意を抱くことは不親切であり且つ不当である」と宣言する立派なアメリカ人が何人も出る。が、こういう立派な連中は墓穴を掘っているようなものである。無知なアメリカ人は「このような残虐行為は無教養な者やごろつき連中が繰り返している仕業だろう」と思っているが、そうではない。一九〇〇年の義和団事件と同じく、れっきとした政府高官によって何度も繰り返されていることなのである。

第三十一代大統領のハーバート・フーバーは義和団事件の生き残りだそうである。事件当時天津にいたそうだ。

閑話休題。義和団の蜂起は「義和団の乱」と言われているが、私に言わせればネーミングミスである。というのは通常、「乱」は「現政府に対する反乱」という意味で使われる。ところが義和団事件ではあろうことか、当の中国政府自身が義和団の初期の勢いに乗り、同盟を組んだのであるから。

政府に後押しされた群集が、防御が整っていない外国人居住地を襲い女子供までも殺害したとしても特段驚くことではない。確かに一九二七年の事件以来、大きなことは起きていないが、上海とて安全とは言えない。というのは、外国人は一箇所にまとまっているわけではなく、国際租界やフランス租界に散らばっていて、その周りには中国人が数十万もいるからである。ということは、一旦事が起こったら直ちに一塊になれる体制でないと（南京ではそれができたので助かったのだが）、砲火から守ることはできないということだ。

それにしても、なぜ中国人は外国人を虐殺したがるのであろうか。それは、外国人が裕福であるからである。また中国の指導層も同じで、略奪権を与えるのである。もちろん、中国軍が自国民つまり中国人を襲うことは日常茶飯事であるばかりか、殺そうと何しようとまったく平気である。外国人を狙うことはそう頻繁にあるわけではないが、やっても捕まらないと判断した時、やるのである。中国人に寛大な人が増えているから、ますます増長しているのである。

山東半島

北京の南東約四百八十キロのところに、直隷湾（渤海）を望むあの名高い山東半島がある。長く突き出た半島は資源が豊富で魅惑の地である。ここ数十年、各国が拠点を構えようと争った。地下資源をめぐる争いではない。とにかくここに拠点を築けば、優越感に浸れる。

しかしこのような政治的思惑は別にしても、もしどこかの港で緊急事態が発生したらすぐに派遣できる救出船を常時待機しておける港が必要であった。在留外国人の権利問題については、しばしば提案されていたが、今まで全く論じられていなかった。論点は、「危険が迫った時（実際多発しているのだ）救出用の戦艦を常駐させることが必要だ」である。一般の新聞読者の目には触れないが、近年避難事例は多発している。軍艦がいなかったら、避難できずに全員が虐殺されたかもしれない事件が数件あった。アメリカ海軍は山東半島の芝罘《チーフー》に夏季限定の基地しかない。租借地がないからである。中国のどこにもない。

山東半島を囲む黄海はその名のとおり泥川が流れ込む「黄色い海」であり、中国が生み出した数少ない名作の一つである。黄河が海に注ぐのはこの半島の北方である。この黄河というものが厄介な川で、洪水のたびに流れが変わり、農地を荒らし、農民を飲み込む荒くれ川である。昔からこの黄河が中国大陸の南北の境界とされてきた。昔は民族を分ける境界線であったが、後には文化的な境界線となった。境界線と言っても南が大きく北は小さいから、経済的または地理的境界線とは言えない。揚子江の方が地図上ではほぼ中央線と言えるので、外国人は揚子江河口にある上海までが「北部」だと言っている。

揚子江を遡る

上海から西へ揚子江を遡ると、前述した一九二七年の戦場となった南京である。そこから一日半か二日遡ると九江である。そこからさらに遡り、上海から数えて九百六十キロで漢口である。ここは中部最大の都市である。この漢口の南西に中国のイェール大学とも言うべきアメリカ教育機関がある長沙《ちょうさ》がある。

一九二七年、英国が租借地を返還してから漢口は変わったらしい。各地の在留英国人によれば、一大事だそうである。「租借地の撤退（こう英国人は呼んでいる）」は、ロンドンの感傷的な労働党がこれまた感傷的なアメリカの後を追いかけようとした結果取られた措置である。これを中国人は租借地の放棄と受け取り、英国人は臆病であると見て取った。とにかく漢口には手に負えない中国人が多く、今日中国最大の「反外国人町」である。中国人スポークスマンが海外で中国人と外国人の良好な親善関係を触れ回っているその裏で、市長は「反外国人ビラ」を町中に貼っている。

漢口からまた西へ揚子江を上ると宜昌《ぎしょう》、万県《ばんけん》、重慶《じゅうけい》である。汽車はない。船で行くしかない。川の流れ次第だが二週間はかかる。飛行機の便はあるにはあるが不定期便である。対空砲に撃ち落とされないようにかなりの高度を飛ぶ。中国人ときたら銃を持たせたら自分の家族や同志以外には誰彼構わずぶっ放すから敵《かな》わない。

揚子江の流域面積はアメリカの三分の一ほどあり、その中に約一億八千万人が住んでいる。アジア最大の賑わいを見せる水路である。輸出物資の六割がここを通り、河口から九百六十キロの漢口には外航汽船が立ち寄る。

揚子江の港の中で普通の船の行ける一番奥に、中国で最も豊かな農業地帯、四川がある。推定人口約七千万。南京中央政府から独立した二人の軍閥の頭目が覇権を争っている。

さらに揚子江を遡ると、世界の景観の中でも三本の指に入る素晴らしい峡谷の桂林である。グランド・キャニオンには及ばないが、デンバーのロイヤル・キャニオンより見事である。川幅が狭くなるにつれ、急傾斜の岩山が一段と聳《そび》え立ち、観光客が行ける中では最高の眺めである。ただし往復三十日は見ておく必要がある。

海賊対策

揚子江沿岸に権益を持つ諸国は、軍艦を出して地域の安全を保っている。お陰で、客船や貨物船が座礁したり沿岸の中国人に襲われたりした場合には無線で救助を要請できるようになっているし、海賊の姿も少なくなっているようである。ところで、上流の住民の楽しみの一つは、川幅が狭くなっているところで船に発砲することだ。時にはわざと船頭を狙い撃ちすることもある。船を座礁させ略奪するのである。しかし多くは単なるひねくれ者の悪戯の場合が多いようである。客船は要人や乗組員のため、鋼鉄の防御壁で補強してある。中には鋼鉄の非常用扉まで装備してある船もある。海軍特務員が客船に乗り組むことも稀ではない。特務員は「発砲されるまでは発砲を禁ず」という命令を受けているから先制攻撃はできない。岸の小屋や藪から弾が飛んできて煙突や防御壁にパリンパリンと当る。聞き慣れた音だ。「待っていました」とばかりに特務員の機関銃が唸りを上げて火を吹くという寸法だ。

中国人客は揚子江航路でも、沿岸線航路でも、鉄格子の部屋に押し込められている。まるで猛獣扱いだが、それだけでは足りず、念には念を入れて、武装した警備員が交代で監視する。

客として忍び込み、途中仲間と示し合わせて船を乗っ取り略奪する。これを防ぐには必要やむを得ざる措置なのである。神経質な外国人が見たら「何と冷酷な。中国人に対して無礼ではないか」と思うかもしれない。が、これで良いのである。当の中国人が望んでいるのだ。中国人でも中国人の船に乗るのは危険である。それより、たとえ鉄格子に入れられても安全で信用できる外国船に乗れる方が良いと納得づくなのである。それに、普通の中国人はライフルの見張り付き鉄格子の旅を辛いとか恥だとは思わない。中国人でなかったらこんな仕打ちにはとても耐えられない。私の見た限り好評で、同時に余計な悪巧みを予防するためには厳しい現実的処遇でもある。

　このやり方で成功し、しっくりいっているのを見るにつけ、悔やまれることがある。なぜアメリカは中国商船の日焼けした刺青のベテラン船長を採用して、極東問題を指導させないのかと。ああいうやり方が中国人のやり方で、何の文句も来ないのである。逆にアメリカ人の優しさや寛大さは中国人に誤解され、その結果、恨みまで買っているのである。この点は後で述べることにする。

　海賊がどういうものかお話しよう。現在、ジャーディンマセソン社（香港最大の英国系商社）の海陽《かいよう》（山東半島南部の県）文社の航海士から聞いた話である。中国の海賊は大胆不敵かつ辛抱強い。客に化けて乗り込んだ海賊が暴れ出し、戦いは一晩中続いた。警備のインド人一人と役人が一人か二人死んだが、追い詰められた賊は船に火を放った。無線連絡を受けた英国駆逐艦が到着し、火をつけられた船を香港まで曳航した。海賊と乗客に扮した海賊の仲間と思しき者は手枷をはめられた。何人かは海に飛び込んだ。一人は梯子に何時間もしがみ付き、船が揺れても波に打たれても落ちなかったという。

上海から海沿いに南下する

上海を南下すると海岸線が高くなってくる。山が見えていい景色になってくる。場所によっては岸から数キロのところで九百メートル級の山もある。二日で福州である。それからアモイ、汕頭と来て最後は香港である。香港は本土から少し離れた島である。上海と香港の距離は上海・北京間とほぼ同じ千六百キロである。ここは中国領ではなくイギリス領である。

ここまで南に来ると急速に暖かくなる。上海は雨や曇りの日が多いが、ワシントンやノーフォークに似て、雪も降り、冬寒く、夏暑い。が、八百キロ南の福州は亜熱帯植物、ミカン栽培の中心地である。アモイと汕頭ではバナナも作っている。香港から一泊して川を上ると最南端の町、広東である。広東はキューバのハバナより若干南にあるが、冬はハバナより寒い。中国南部は全体的にごつごつした岩山が多い。沿岸沿いには高速道路も鉄道もない。上海・香港間にはトロリーバス等の交通手段はない。こういう点では内陸部と同じである。ほとんどの人は自動車、電話、汽車はおろか電球も見たことがない。外国人を見たことがない者も多い。

西洋の文明科学の導入が遅れている例として、私が十ヶ月滞在した福州の話をしよう。数年前の福州では人力車が最先端の乗り物として持て囃された。人口百万の都市で百年も海外交易を続けているのにもかかわらず、二十年前は一輪車や手押し車はおろか車輪のある車はどこにもなかった。高速帆船の時代は茶の中心地であり、この七十五年間は外国人が建てた学校やミッションスクールが各地にあり文明の中心地である。ところがだ。一九三三年の今に到るも、車では出かけられない。道路がないのである。農民は荷物を自分で運ぶので道は畦道で充分。広い道路など必要ないのだ。

アモイと汕頭は少しは近代化されている。アモイには市内に大きな船が荷の積み下ろしをできる港がある。市は東南アジア各地で稼いできた華僑が戻ってきて住むので豊かになっている。湾内にあるコロンスの国際租界は安全なところである。アモイ人は南部の海岸地帯では一番付き合いやすいとされている。次の汕頭人は一番のケチだそうだ。実はアメリカが輸入している綺麗な刺繍物はここでできている。フランス製として輸入しているが、その多くはここで作られ、フランス人が買い取り、アメリカ人の目を引くためフランス製というラベルをつけてニューヨークに送っているのである。

さて値段であるが、一九三三年現在で、ニューヨークの五番街の十分の一から二十分の一というところであった。働き手の「お針子」は文字通り小さい女の子である。長い机に並んで辛抱強く針を動かしている。三年は住み込みで、家賃と食費は只だがお手当てはない。それから町に出て働くと日当十セントそこらになる。内陸部の下請けは最高でも日当二、三セントだそうだ。

貨幣価値

アメリカに比べて賃金は低い。一九三一、二年、人力車の車夫は頑張っても一月二ドル五十セントである。交易の通貨としてメキシコドルが使用された名残りで今でも通貨は「メキシカン」と呼ばれている。当時の中国には満足な硬貨はなく、両（テール）というメキシコドルよりわずか四分の一増しの馬蹄に似た銀貨位しかなかった。二十世紀に入ってから、メキシコドルとほぼ同価の銀貨が導入された。USドル一ドルに対して中国ドルで二メックスであるが、近年銀の価格が下落したので交換率も変動している。一九三二年では一USドルに対して中国ドル「メックス」は約五ドルであった。一九三三年では一中国ドルはUSドルにすると約三十セントである。

紙幣はあまり流通していない。理由は発行銀行自体を庶民が信用していないところにある。また贋札も横行している。銀貨の贋金も出回っているから、銀貨で支払いをすると相手は必ず貰った銀貨を何かにぶつけて音を確かめる。見分けるのは難しいから結局何度も贋物を掴まされてようやく違いがわかるようになる。いたるところにある両替屋は受け取った硬貨に「官印」という刻印を押す。もし贋金だったら紫色のインクが黄色く変わるそうである。

小銭はそれこそ山ほどある。銀貨を使うほど裕福な庶民はいないから銅貨や十セント、二十セント硬貨でほとんど用は済む。ところが、これらの小銭は発行地区でしか通用しないから、上海発行の小銭をアモイや福州へ持っていっても受け取ってもらえない。また十セント硬貨十枚で一ドルにならなかったり、二十セント硬貨五枚で一ドルにならなかったりするからさらに混乱が生じる。小銭と一ドルの交換比率は大きく変動する。例えば旧正月直前には小銭の価値が非常に下がり、一ドルが百二十セントから百四十セントにもなる。なぜかというと、一年間爪に火を灯すようにして貯めた小銭を持った田舎の人が正月用品を買いに町に押し寄せ、小銭で買い物をするからである。小銭しか手にできないからやむをえないことではある。

しかし、これで混乱の終わりではない。一般大衆が使う金はアメリカでは今は使われていない二セント銅貨や現在のイギリスの一ペニー銭と同じ大きさの小銭であるが、何セントで一ドルになるかは、日によってまた町によって違うから厄介である。ある日、上海では一ドルが三百セントでも他の町では二百八十セントだったり、一週間後の上海で二百九十セントになり、広東では二百七十五セントだったり三百セントだったりすることは平気だ。

軍の頭目の中にはこの混乱に乗じて懐を肥やす者がいる。週ごとに勝手に両替率を設定し、店と客の双方に異なる両替率を押し付ける。そして、それぞれの有り金全部を回収し新たな率を設定し差額を懐にするのだ。これを月に二度やる。そうすると一ドル当たり二割の稼ぎになる。だがその金を他の町で使うことはできない。前述のように、補助貨幣はその発行地域でしか通用しないからである。

一九三二年の良い時で、一USドルは中国ドルにして五・一五ドルであった。中国ドル一ドルを三百セントで計算すると、一USドルは中国の小銭を千五百枚並べないと買えない。今では、この中国の穴あき銅銭も内陸の田舎でいくらか使われているぐらいで、港町ではほとんど使われなくなった。ところで、この小銭よりさらに小さい小銭があり、これを十枚集めると一セントとなり、理論上は一万五千枚で一USドルとなるのだが実際はお目にかかれない。これをcash（穴開き銭）と呼ぶ。アメリカの算数の時間で「ミル（一ドルの千分の一）」を使うように、中国では今でも物の値段をcashで付ける。また「両（テール）」で取引するところもある。この「両」も実在はしない金である。それでも医者の請求書等、多く用いられている。そこで実在しない「両」が用いられるものだから、ドルへ両替する時には面倒な計算を何度もしなければならなくなる。気に入ったら「両」の通帳をお作りになるとよい。ただし、これを中国ドルにしては下ろせないからご注意あれ。「両」よりドルの方が多く流通しているから、ほとんどの通帳はドル建てである。「両」「ドル」両方の通帳を作り、状況に応じて使う人も多い。

荒涼たる景勝地

さて話題を景勝地に移そう。「美しい」と言える景勝地がある。福建省最大の川・閩江《びんこう》上流の景色は確かに美しく、ニューヨークのハドソン川やデラウェア川に匹敵する。しかし、国全体としては一級の景勝地と言える所は少ない。大抵は見渡す限りの泥沼であり、埃の舞い上がる平野であったり、木という木は切り取られ、数百年にわたる侵食の結果、岩肌が剥き出し、魅力のなくなった山また山である。そこに暮らす中国人には結構かもしれないが、景勝地と呼べる場所は非常に少ない。ただただ黄色い大地、黄色い川、黄色いデルタ地帯、黄色い又は茶色い丘、黄色い人。こういう印象しか残らない。

ところが、緑と青と赤だけは目立つ。南部のなだらかな谷あいには、田んぼが広がり、晴れた日は鮮やかな緑に輝き、雨の日はしっとり濡れ、見事である。見上げると、頂が平らになった山々が、近代家具の如く面白い緑のスジを描いている。雨に煙って遠景がぼやけ、独特の中国画の雰囲気を醸し出す。目を凝らすと遠くで何かが動いている。それはすべてを運に任せるしか生きるすべがない農民が、死ぬまで無駄な努力を続けて動いているのである。サマーセット・モームは「中国人は永久に努力した」と言った。まさにそうである。

「青」は苦力と百姓が着る色である。デニムに似たきめの粗い布地であるが、新しいときは青い。もちろん色落ちしてさまざまな色のツギハギを当てる。ツギハギも色落ちしている。

「赤」は冠婚葬祭の色である。紙、旗、提灯、何でも赤くないと式にならない。店でも寺でも、使う色はとにかく赤である。が、建物だけは赤く塗ることはめったにしない。

活気はあるのだが、なぜか見る影もなく荒れ果てた国である。働き者でありながら、所構わずうろつき回るという意味では、中国人は紛れなく浮浪者である。家という家は今にも崩れ落ちんばかりである。雨漏りはし放題、土壁はひびが入り放題。崩れても崩れ放題である。崩れ落ちて来ようが、家畜が（こっちの方がもっと大切だが）押しつぶされようがお構いなし。そうなる前に直そうという考えは浮かばない。金持ちとて同じ。贅沢品に費やすお金がふんだんにある裕福層の家屋敷も荒れ果てるに任せている。だから、インドに見られるような立派な寺院なり文化遺産なりを期待していくと裏切られる。中国には寺院らしい寺院はない。パゴダはいくらかましである。が、ちゃらなもので、これといった石細工も装飾もない。単なる中国式の塔である。

インドや北アフリカに見られる壮大で複雑なものは中国のどこにもない。最高のものでも十七世紀のインドやルネッサンス前後のヨーロッパや、最盛期のオスマン帝国が生み出したものに比べたら足元にも及ばない。中国にある普通の寺は木造で屋根は低く、まあみすぼらしいもので、芸術的と言えるものは全くなく、雑炊屋が軒を並べた食堂街の方がましだ。北京の城壁は（これとて中国人が作ったのではなく中国を侵略した異民族が作ったのであるが）、長く連なり荘厳な感じがする。城壁自体もそうだが、それにまつわる歴史からそういう印象を受けるのである。芸術的建築物としての城壁はまず見当たらない。ただ適当な石を積み上げ、土で固めただけである。私はメキシコのアステカやマヤの遺跡には行ったことがないが、写真や本を読むと、「いかに中国最高の建築物と雖も、アステカやマヤ遺跡のほうがよほど上である」と思う。アンコールワットにも当然及ばない。古い建物が実に少ない。寺も、建立時には倒れないように建てたわけではないから、古い寺は全く見当たらない。由緒正しい古刹があったという記録もない。だから古代遺跡を期待しても多くは望めない。ローマやギリシャには二千年経った今でも立派な遺跡が数多く残っているが、中国には一つもない。世界最古の文明発祥の地の一つであり、石材も豊富な国にしてははなはだ不思議なことである。昔を偲ぶ心が強いあまり、何かを建てて後世に残そうという気持ちが消えたのかもしれない。しかしおかしなことがある。あれほど墓を大切にするならば、なぜインドやエジプトのような立派な墓を建てないのだろう。ただ同然に使える人があふれているというのに。

交通事情

今日（一九三三年）、中国で安全に旅ができる道は三つしかない。一つは北の北京へ向かう海沿いに走る汽車か汽船の旅。もう一つは揚子江を西へ遡る汽船の旅。今一つは海岸沿いを南へ下る汽船の旅である。西へ延びる線路はなく、南へも四、五キロほどしか線路は延びていない。上海から南の果て広東へはほぼ千六百キロだが鉄道は全くない。

上海・香港間の寄港地には内陸部へ通じる交通手段が皆無である。前述の如く沿岸部にも線路がなく川で行くしかないが、その川を上る船も小さな粗末なもので、ところによっては急流になっており、のろのろしたものである。近年、この地区は平時も危険で、外国人が入り込むのは自殺行為に等しい。「平和」な期間に宣教師たちが大胆にも閩江を四百キロ遡った。しかし残念ながら、この使命を引き受けた数少ない勇敢な使徒の中には帰還できない者がいた。その墓石は、彼らが分別より使命を重んじたことを物語っている。現在アモイからは百五、六十キロほど車で行けるようになった。

太平洋横断船や世界一周船は南岸の港には寄らない。理由がないからである。アメリカから輸入した小麦粉、石油製品、缶詰、機械類、金属製品、衣料、木材等は、上海か香港から各地の港へ回送され、輸出用の茶、骨董、刺繍その他も同じく上海、香港から船積みされる。

近年の中国全体を見ると、外国人が足を踏み入れるのに安全な地域は二十分の一もないと思っても差し支えない。また安全だとしても幹線道路や線路がなく、普通の客船が通れる川もない地域がほとんどである。北部へ行くには馬や荷馬車に乗るしかない。北部では、運河が交通手段の役割を果たしている。逆に南部では運河は灌漑用か下水用以外は見当たらない。東南部には馬がいない。荷馬車もない。したがって、旅は徒歩か輿《こし》となる。十八世紀のフランス演劇に登場する手の込んだメッキや彫り物が施され、豪華な絹のカーテンやら垂れ飾りが付いている、ああいう類の輿を想像するとがっかりする。そういう物はどこにもない。単なる台である。この台を竹竿二本に乗せ、客の注文に応じて担ぎ方が二人、三人、四人と増える。そして走り出すと、揺れるは、キーキー音はするは、という代《しろ》物《もの》である。街中には、天井と竹のカーテンが付いた物もある。ただしこれは葬式と結婚式用であり、乗り心地はすこぶる悪い。

担ぎ手の足の筋肉は見事である。また輿を担ぐ辺りのコブにも驚かされる。ヒトコブラクダに似たこのコブは、小さいカンタロープ（南欧に多いメロンの一種）を半分にしたほどの大きさにまでなる。竹の軋みを合せて上下する汗びっしょりの肩、田んぼ道だろうが急な山道だろうがものともしない健脚揃いの見事な掛け声。永遠に忘れられない。

もう一つ目に付くのは肌の色である。日焼けすると黒褐色の黒人の肌に近くなる。黄色みが薄れ、白人と黒人の第一代混血児より黒くなり、細く筋骨たくましい背中の辺りは真っ黒である。酒を飲むと顔に出る。乾杯後の数分で中国人の肌は鮮やかなピンクになる。

飽食と餓死

南はバナナと椰子の茂る熱帯から北は寒帯のシベリア近くまでの三千二百キロ、東は常雨の海岸線から、西は乾燥して低木しかない荒涼とした中央アジアの高地までの三千二百キロの間に四億人が住んでいる。もっと多いのかも知れないし、少ないのかも知れない。少なくて三億四千万、多くて五億人。いずれにしろ、さまざまな目的を持った中国人がたくさんいるということだけは確かである。

蓄えが十分あり日々の食べ物も十分な者はごくわずかである。大部分は餓死寸前の暮らしをしており、洪水、飢饉、抗争で、個人も国全体も深刻な欠乏状況にある。毎年餓死者数は数百万に達している。これだけに止まっている理由は一族制度にある。

中華料理は実に美味しい。裕福層の食べる中華料理は世界一である。シェフが腕を振るうフランス料理でも、アメリカ南部の田舎料理でも、中国の中流層の料理に太刀打ち出来ない。中国人は生まれながらの料理上手である。アメリカで食べる中華料理は本家本元のものとは似ても似つかないものである。あれは米国式中華雑炊で、ハワイから西にはない。五目焼きそば等は中国にはない。

一流の中国料理は洋食と見た目は違わないが、味には格段の違いがある。アメリカでは招待客がその家の味に馴染みがなく「不味い」思いをすることがよくあるが、中国料理には不味い物はまずない。肉は焼き、米は蒸し、野菜はそれぞれ別々に料理する。食べる時も別々に食べる。もちろん肉やスジのあるものは箸で取れるように切って出される。パンとバターと水があれば申し分ない。生魚はご馳走だが、何とかして食べない方がいい。生魚は不治の病に罹る覚悟がないと食べられない。

スープは途中か終わり近くに出る。デザートは初めに出る。一人ひとりに手や顔を拭く熱いお絞りを給仕が配る。これは実に気持ちがいい。

酒は温めてティーカップより小さめの浅いカップで出てくる。塩気があり酸っぱいが不味いことはない。いくらか強めでポートワインやシェリーぐらいの強さがある。灯油と玉葱の味がする日本酒(初めての人は一口飲んだだけで思わず顔をしかめる)よりは飲める。

宴会の料理はすべてがしっかり火を通してあり熱々にして出される。衛生上まことによろしい。宴会は宵の口に始まり四、五時間続き、十から三十品の料理が出る。席順や食べる順、乾杯、ご返杯などの順はアメリカのお堅い「作法集」ほどは厳しくない。食卓真ん中の大きな皿から各自がそれぞれ料理を取って食べる。争って箸を出すのでバシバシぶつかる音がする。まるでタイプファイター速打ち大会である。教養人のフォーマルな食事でも箸が盛んに横から伸びたり正面衝突したりするが、何とも思わないので、綺麗な刺繍をして花を生けたテーブルクロスは一、二回使うと、残り物や垂れた汁でシミだらけになる。丸くて滑りやすい箸を円卓の中央に伸ばし、狙った物を取るには距離とタイミングをしっかり計算しないといけない。フェンシングの腕が必要である。さて口に入れたものが気に入らなかったらどうするか。ブーと吐き出して別の物を食べても構わない(床は大抵石か泥を固めたもので、絨毯やカーペットは敷いてないから大丈夫)。

フカヒレ、薬用ニンジン、ツバメの巣、鳩の肝臓等さまざまな珍味は金持ちの性欲促進薬として食される。

比較的裕福で、西洋的作法を知らない家庭の晩餐もまた面白い。窓はガラスの代わりに油紙だから非常に汚く、あちこち穴が開いている。その穴から女たちが覗いている。女たちは来客と正式な食事を共にすることがなく、宴会の模様をこの穴から覗くのであるが、覗かれる方は鳥肌が立つ。女も子供も、たくさんいる下男下女も「このわからない言葉を話す野蛮人の言動の一つでも見逃すと恐ろしいことになる」とでも思っているように真剣である。給仕をする者も汚く、だらしない格好をしている。しかしご主人の気が向いて宝の部屋にでも案内されたら、先ほどの食卓での無作法さが信じられなくなる。驚くなかれ、趣味のいい古い絵や磁器を揃えてある。能書きを一切言わない。語らずとも、秘蔵の品を愛でるその目がすべてを語っている。こちらも無理に何か褒め言葉を言う必要はない。ご主人は野蛮人に褒めてもらおうなどとはさらさら思っていない。

驚くべき感受性を持つと同時に本性むき出しで脅しつける人、完成された職人芸を持ちながら崩れ落ちたあばら屋に住む人、仕事熱心でありながら共同では働けない人、事あるごとに諺を持ち出しながら全く信じていない人、外国人を怒らせながら持ち前の才で宥《なだ》め上手な人、いつも忙しくしていながら何もできない人。四億人の人。雨に煙る緑の田んぼ、ジャンクや籐の帆掛け舟が浮かぶ黄色い川。すべてに香辛料とじめじめしたカビのような匂いが漂う。これが中国であり、中国人である。

第三章　本当の中国人

苦力に見る本当の中国人

「本当の中国人とはなにか」という話題になると、外国人は競って、「いわゆる中国人は本当の中国人ではない、どこへ行けば、またどうすれば本当の中国人に会えるか」などと自説を披露する。

本当の中国人は非常に少ないようである。各地で数え切れないほどの手がかりを追い、田んぼ道をたどり、人力車や輿《こし》に乗り、大小各地の薄暗い丸石を敷き詰めた道や臭い田舎道を巡り、時には土地の裕福なエリートにお茶や食事でもてなされ、また時には篤学でインテリとされる名士と知り合いになったが、私は「本当の」中国人には一度も会ったことがないし、そういう者はいないと思う。

これぞ中国人と思しき人物もいたが、そうではなかった。いそうで、いない。上海に五目焼きそばがないのと同じである。中国に行って数週間でわかったが、宣教師も事業家も役人も、自説を持っているが、いずれも自分勝手な思い込みである。

あるがままに見ること、これが基本である。極悪人であり、折り紙付きの善人だったり無感覚だったり、あまりにも汚く、時には綺麗だったり、そういう人間が中国人である。

どんな形容詞を付けてもいいが、一つに決め付けてはいけない。例えば、中国人は誰よりも洗濯好きで水撒きが好きであるが、一番汚い民族でもある。無類の怠け者であるが働き者でもある。共同で仕事をするとなると、信頼できない曲者である。しかし、義務を果たそうと、驚くほどの犠牲心を発揮する。ごく稀なことだが、できないと恥じて自決する者もいる。

生来平穏な暮らしを愛するが、現実は昔も今も血なまぐさい激動の連続である。平和、親善に関する諺はあふれているが、街中を歩けば家族中大喧嘩で、些細なことでいさかいを起こすから、世界一、喧嘩が好きである。学問を重んじるが、読み書きできる者は顕微鏡でも持ち出さなければ見つからない。今日でも四十人に一人位しかいない。倹約家として名高いが同時に博打好きで、破産し乞食になり自殺する者数百万人。西洋諸国よりはるか以前に民主主義の原理を編み出したが、今も昔も中国の暴君より獰猛で過酷な暴君は他にいない。戦いを好まない民族であるが、何百年、血を見ない日はない。多分、兵隊の数は世界中の兵隊より多いと思われる。天然資源を利用した物作りの天才だが、食べ物すらまともに手に入らない人が数千万人もいる。

こういう相反する特徴は文字で読んでも理解できない。牛馬の如く荷物を運ぶ苦力《クーリー》、黄色い泥川をゆっくり走る見慣れぬジャンク、松を頂く緑の谷を背に弟子を従え仰々しく盛装した僧、雪の中を疾駆する人力車の群れ、みぞれに残るはだしの車夫の足跡、金満軍閥と金持ちが乗る木炭車、こういう映画のシーンの方がわかりやすい。暴動が頻発し、狂気、絶望、苦悩する者、勝ち誇る者が目まぐるしく入れ替わる凄まじい現状である。

数で決めるなら、本当の中国人とは文句なく苦力層であり、農民層である。知識層ばかりが目立っているが苦力こそ真の中国人である。知識層は普段はお高くとまっているが、いざとなったら本性をむき出しにするのである。つまり上流階級にも下層階級にもたいした違いはない。立派な人物もいれば見下げた輩もいて、例外も多いということである。

恩人を殺す苦力

人力車の車夫やサンパンの苦力は、平気で困っている外国人の弱みに付け込んで金を巻き上げる。上海のような大都会でさえも車夫はたっぷり料金を貰っても、外国人の警察がいないと見るや、客を侮辱し石を投げつけようとしたり、客が慄いて別の人力車で逃げようとしたりすると、その車夫まで邪魔しようとする。

汽船が沖合いに錨を降ろす汕頭では客はサンパンで汽船まで行かねばならない。そこで料金を交渉して決めるのであるが、このサンパンが曲者で、乗せた客をとんでもない所へ連れて行き、金を脅し取ったりすることがある。

たちが一番悪いのは汕頭の苦力である。私が一九三二年の四月、そこへ行くほんの前のことであるが、あるアメリカ水兵の死にまつわる、苦力の性格を良く表す逸話がある。かいつまんで話すと、夜遅く水兵が、サンパンで帰船しようとした。料金を払って降りようとすると、このサンパンの苦力が「もっと出せ」と喚きだした。水兵はこれを無視してタラップを駆け上がった。苦力は逃がすものかと追っかけ、足や服にしがみ付いた（中国人は汚い手で触るから困ったものだが）。振りほどこうと思わず蹴りを入れたので苦力はまっさかさまに水に落ちた。

水兵はわが身の危険も顧みず真っ暗の水に飛び込み、苦力をサンパンに助け上げた。これで終われば話にならない。これからである。何と、この助けられた苦力はサンパンに上がると、やおらオールか何かを引っつかんだと思うと、下で泳いでいる水兵の頭を打ちすえ、逃げ去ったのである。これを甲板で見ていた当番兵が発砲したが手応えなく、苦力は闇夜に消え、哀れ水兵は溺れ死んだ。

こういう事件は他の国でも起こりうる事件ではある。しかし「これぞ中国」である。もちろん中国人を助けた水兵が溺れたのと全く同じことが日々起こるわけではないが、悲惨な事件は実際毎日全土で起きているのである。

人類共通の人情がない中国人

西洋人は道徳観は人類に共通するものと考えている。が、間違いである。中国に住んでみるとよくわかる。例えば、西洋人は人様に親切なことをしてもらったら何か御礼をしようと考える。少なくとも、迷惑をかけないようと気にする。これが中国では通用しない。恩義を感じないのである。人にもよるが、感じる人は少数で、圧倒的多数は感じない。親切の「お返し」というものがないのである。同情も、西洋人は共通の感情であると思いがちであるが、間違いである。

中国人は二人連れで舟旅をする。というのも、一人旅で病気になると、舟で死なれたら不幸に見舞われるという迷信があるから、船頭は迷わず病人を川に投げ捨てるからである。だから病気になった時「投げ捨てないでくれ」と船頭に頼むため、親戚か信頼する友人、信頼できそうな友人を連れて出かけるのである。

悪いのは迷信であって船頭が悪いのではないかもしれない。が、違う。投げ捨てられそうな人を見て「可哀そう」という人は一人もいない。逆に、少し助けてやれば病気が治りそうな場合でさえ、誰も全く関心を示さないのである。

車が倒れて人や馬が下敷きになるような事故がよく起こるが、野次馬ばかりで誰一人、助けようしない。この冷淡さこそ中国人の典型のようである。聖書の「よきサマリア人の話」によれば、パレスチナもそうだった。そこで、サマリア人が困っている人に手を差し伸べたが、ごく珍しい例だったのである。文明の発達した西洋人社会では同胞愛の意識が格段に進歩を遂げたが、東洋は昔のパレスチナそのままである。古代ギリシャ、ローマ、イギリス等ヨーロッパでも、特に反目や敵意のない場合はすぐに救いの手を差し伸べている。アメリカインディアンも同じである。戦う勇者が傷ついたなら、肉親であろうとなかろうと全力を尽くして救出に当たったようである。人情は、獣でない人間の自然のものである。アフリカに象狩りに出かけた人の話によれば、重症を負った象を仲間の象が助けたそうである。またアザラシ狩りに出かけた人の話によれば、アザラシは仲間の死を嘆き悲しんで泣くそうだ。この泣き声は自分が傷つき痛がって泣く声とは明らかに違うという。アザラシにも同情やら悲しみの感情があるのである。

ところが中国人は、高等動物の中の例外のようである。証拠はいろいろある。例えば古代中国人は「同胞相憐れむ」ことが全くなかった。寛容の精神を声高に説いてきた聖人君子はたくさんいたが、いずれも竜頭蛇尾、全くだめだった。性格は変えようと思えば変えられるのであるが、中国人自身が頑強に抵抗してきた結果、変わらないのであり、今日只今も全く変わっていないのである。

中国軍の強制徴用

荷物運搬用の牛馬の代わりになる苦力を大量に捕獲することが中国軍の「手」である。したがって軍が動くという噂が流れると、苦力でごった返していた通りがガランとなる。捕まったらどうなるか。過酷な仕事をやらされる。食事はもらえるかどうかわからない。兵の装備がまたお粗末なもので、街中で見かける宣伝用の兵隊は別として、食料はほとんど支給されない。したがって、行く先々で食券代わりに銃剣を振り回して糧秣を略奪する。銃を持たない苦力は食べ物を手に入れるのに実に苦労するが、兵隊は「ご奉公してよかった」と思えるぐらい腹いっぱい食える。

強制連行した苦力の扱いは残虐で目を覆うものがある。抵抗もなにもしなくても、ただ「殴って楽しむため」、棍棒や銃で殴るのである。知り合いの領事から聞いた話だが、捕まった使用人の救出に赴いたそうである。歩行もままならぬよぼよぼの老人が、通りがかりの兵士に徴用され荷物運びを命じられ、何度棍棒で殴られても、荷物を肩に背負うことができない。兵士は面白半分、心行くまで殴ってから老人に手を貸して荷物を背負わせた。それからまた数発殴られ、よろよろ歩き出したそうである。

苦力は実に悲惨である。兵隊でさえ嫌がるところへ回される。もし「敵方」（一時的に抗争する、ならず者の集団）に捕まったら、強制されての従軍だということは無視され、とにかく戦果を上げるため射殺される。捕虜の圧倒的多数はこういう風に徴発された苦力である。戦闘記録にある「捕獲捕虜」とは「敵方で虐殺された者」と読み替えてよい。勝者の気分次第で敗者は「屠殺」されることがごく普通である。数百万単位の軍隊が抗争を断続的に繰り広げながら、捕虜収容所が全くないということは注目に値する。捕虜の給食施設が全くないのだ。食料や施設が欠乏しており捕虜などに回す余裕などなく、万が一潤沢にあったとしても無用な敵に何かを提供するなど考えられない。

謀略、裏切りは当たり前で、いずこの軍の歩哨も捕虜の脱走を手助けするような信用の置けない者ばかりである。

中国人の特異性と残虐性

長年、中国で活躍し、去年（一九三二年）カリフォルニアで亡くなったアーサー・スミスの本によれば、長く住めば住むほどわかってくることがあるそうである。「他人を信用する中国人はいない。なぜなら、自分が相手の立場に立ったら自分を信用できないと思っているからである」。スミス氏は十九世紀の後半、中国で活躍した有数の宣教師であり、中国の発展のため心血を注いだ外国人の中でも群を抜いており、セオドア・ルーズベルト大統領に働きかけ、義和団事件の賠償の未払い分を帳消しにした人物でもある。中国人に貢献したことは事実だが、批評すべきところはちゃんと批評したし、自分が心を込めて尽くした中国人であろうと、その共通する特徴に目を閉ざすことはしなかった。今日の慈善団体と違って認めるべきところは認めている。つまり中国人特有の点をそのまま把握しないと、彼らのためにならないというのである。

中国人の残虐性に話を戻す。いくつか例を挙げよう。例えば家族や仲間の連れがなく一人で舟に乗っていて落ちたらまず誰も助けてはくれない。元来中国人は軽率だから舟から落ちるということは稀なことではない。数メートル離れた所で人が溺れても、ただ見ているだけである。よくあることである。

あるアメリカ人領事が目撃した話である。任地の揚子江上流でのことで、西洋人には信じられないことだが、中国人にはたいした事件ではないそうである。豚と中国人を満載したサンパンが岸近くで波に呑まれ転覆し、豚も人も川に投げ出された。岸で見ていた者は直ちに現場に漕ぎ出し、我先に豚を引き上げた。舟に泳ぎ着いた人間は、頭をかち割って殺し、天の恵み、とばかり新鮮な豚肉を手にして、意気揚々と引き上げ、後は何事もなかったかのようにいつもの暮らしが続いたという。

ある晩のこと、夕食会に招かれた。来賓の中には中国の「精鋭軍」のお偉方も列席されていた。日本に留学した者も二、三人いた。つい最近まで日本が知識階級の教育の場であったのである。私の中国語は覚束ないので英語で説明してくれる者もいた。その話によれば、最近のある戦闘で捕まえた敵方の将校の一団をどう殺そうかと議論になった。そして、ばらばらの釘を飲ませてやろうということになった。飲ませてから、効果観察のため整列させた。約二時間後に死亡したそうである。

次は、今年（一九三三年）中国を去る前に避難してきた宣教師たちから聞いた話だが、残酷すぎて我々には聞くに堪えない話である。南部の内陸地で人里離れた山岳地方の村から宣教師が数人戻ってきた。六十人ほどの村が盗賊に襲われた。例の如く村の長老連中が呼び出され、金目のものをすっかり寄越せと言われた。「出し渋った」と見るや、この盗賊のお頭は聞いたこともない奇策に出た。手下に「野郎ども、かまわねえからこいつらの足をたたっ切れ。女子供も遠慮すんじゃねえ」。命令はそのまま執行された。この盗賊は同じ手であちこちの村を襲った。危険が高まったので宣教師たちは避難して来たそうである。だから「足なし一家の話」のその後は聞けなかった。人里離れた山中で何人が生き延びたか。力尽き、隣村に襲われて「餌食」となったか。それとも義足を付けて飛び跳ねているのか、知りたかったのだが。

女にも容赦はしない。私の友人がいた村でのこと。ある時、その村の軍隊に荷物運びが緊急に必要となった。兵隊は自分では荷物運びはしない。銃剣で脅して荷物運びができそうな者を探し回る。適当な男がいなかったので、女を捕まえ棍棒でたたいて軍に組み入れた。これが民に対する「友軍」の実態である。もちろん「敵軍」の手にかかったら、ごく稀に寛大な処置をされることもあるが、これだけでは済まされない。

生まれ故郷から数百キロ離れたところまで荷物運びをさせられ、一文も手当てを貰えず捨てられる苦力（女も含めて）の運命は実に過酷である。アメリカのようにヒッチハイクで帰ることもままならない。文無しはどこでも冷たくされ、田舎では物乞いをしようと近づいただけで、石を投げられ、犬に吠えられ追い出される。食い物の切れ端も落ちていない。食べられるものを捨てる人などいるわけがない。浮浪者に施しなど誰もしない、可哀想な話を誰も聞かない。ましてや、びた一文恵んでくれる者なぞいるわけがない。洪水や飢饉を逃れた者が見知らぬ土地へ入ると、追い出され、殺された話を一度ならず聞かされる。自暴自棄になった貧乏人は何をしでかすかわからない、芽のうちに摘んでおこうというわけである。

ユク神父の記録に残る、残忍極まりない話

聖書には、「何事も自分にしてもらいたいことは他人にもしてあげなさい」とある。中国の役人の情け容赦ない態度は、この黄金律が変態したものかもしれない。「今の中国が混迷しているのは西洋人のせいである。以前の、古き良き時代の中国の役人は、教養あふれ正義感に満ちた人物ばかりであった」という馬鹿なことを言う人がいる。しかし百年かそこいら前の文書、例えば米英の貿易会社の文書、初期の宣教師の日誌、鋭い観察力と筆の立つ船長やら旅人の日誌、それに中国人自身の膨大な法廷議事録などをちょっと調べれば、この説が全く根拠のないものだとわかる。昔も今も、残忍で無能な役人の姿しか浮かんでこないのである。

十九世紀前半、初めて中国に入った神父はユク神父（一八一三〜一八六〇）であった。ローマカトリック使節として、中国が布教活動に向いているか調査するため送られた人である。彼は古今東西第一級の旅行家である。特に中国問題ではマルコ・ポーロに続く人物だろう。十三年もの長きにわたって中国皇帝の特別許可状（当時これには誰も逆らうことはできなかった）を携え、山賊の砦、湿地帯、砂漠地帯、はるか彼方の荒野、町などを訪ね、白人が一度も足を踏み入れたことのない土地に入り、その地の言葉を身に付けた。チベットの聖地ラサに二年ほど滞在した。控えめながらしっかりした観察眼を備えたこの有能な学者の記録には教えられるところが多い。

その中に実態を表す話がある。ある日、通りを通る車から聞きなれない声がしたので、何事かと行ってみると車数台に生身の人間が積まれていた。近寄ってよく見ると手の甲を釘で突き刺され、車に打ち付けられているではないか。警備の役人に訳を尋ねたところ、「ある村で盗みがあり、全員捕まえたらその中に犯人がいるだろうと思って、連行して来た」そうである。それを聞いてユク神父は、「いくらなんでも全員の手を釘付けるのは酷かろう」と抗議をした。警備隊長が答えて曰く「たまたま捕り方が手錠を忘れたのです。こういう時はこれが一番ですよ」。そこで、「無罪の者を引き渡してくれないか」と頼んだ。隊長曰く、「承知いたしました。潔白が証明され次第釈放します」。恐ろしいことに、この件で驚いているのは外国人のユク神父だけで、周りで見ていた中国人は誰も驚いていない。静謐な天子の国と言われる国で、手の甲を釘で打ち抜いても、誰もそれを不自然だと思わなかったのである。

人の性格は、その人の善悪の判断基準でわかるものだが、このユク神父の話は忘れてはならない。

ユク神父によれば、賭け事もまた異常である。万里の長城に程近い、冬の寒さの厳しい、とある町の賭博場でのこと。運悪く、負けが込むと、金目のものを次から次へと賭け、最後には着ているものだけになる。それでもツキが回ってこないと、それこそ身ぐるみ剥がされ、雪の中にたたき出される。勝った者はどうするか。たたき出された者が雪の中を転げまわり、最後には海老のように丸くなって凍え死ぬ様をじっくり堪能してから、また博打にもどるそうである。賭博場には「斧とまな板と熱い油」が用意されている。何のためか。賭けるものがなくなり「指を賭ける」客人のためである。勝者が掟に従って指を切り取る。この指切りを見ようと大勢押し寄せるから「有料のショー」となる。熱い油は切り口を焼いて麻痺させるためである。

残虐な死刑や拷問

有名な話だが、つい最近まで、有罪者に対する拷問は合法だった。「細切《こまぎ》れの刑」がよく行われた。即死しない部分を細かく切り取る刑である。「くじ引の刑」というものもある。籠の中に体の部分を書いた札を付けたナイフがたくさん入っている。これを目隠しして引く。札に耳と書いてあれば耳、鼻と書いてあれば鼻を切り取る。死ぬまで延々と続く。もちろん受刑者の身内が「袖の下」を使えば、不思議と致命的部位を書いたナイフが当たる。

今はこのような残虐な刑はないが、僻地では今でも役人の好き勝手に行われている。止むを得ないのかも知れない。というのは、頑迷で凶暴な民衆が相手では仮借のない法が必要だからである。アメリカでは近年、凶悪犯に厳罰で臨まなくなったが、これは明らかに失敗であるが、中国においてそうするのはもっと馬鹿馬鹿しいことだ。しかし、中国役人の残酷さというものは伝統的な法さえ無視して、公務にかこつけて私的なたくらみを執行することにある。

去年、福州から約六五キロにある私の最後の任地の福清の話をしよう。代官が例に漏れず、住民を脅迫し、誤魔化し、搾取した。ある金持ちを「資産隠し」の容疑で逮捕し、両手の親指を縛って吊し上げた。逮捕状も何もあったものじゃない。しかし、役人相手では、残った家族はどうすることもできない。ここは地獄の沙汰も金次第である。親戚一同で金を集めて、釈放してもらうしかなかった。効果は絶大。この一件で「金持ち」連中が一斉に震え上がり、毎日、大枚をはたいて免罪符を買った。私が中国を出たこの春、この悪代官はアモイから遠くない新任地で優雅な生活を送っていた。これくらいでは、政府高官に睨まれ、失職するということはない。

これはほんの一例に過ぎない。挙げようと思えば、実名も日時も挙げることができる。赴任する前に「親指の掟」を何度も聞いたことがある。「何かの比喩かな」くらいに思っていたが、まさか拷問だとは知らなかった。

外国人クラブのバーで、深夜まで「拷問話」を「おつまみ」に一杯やることがある。「おつまみ」は山ほどあるが、こういう場での話は、自分で直接確認できないから、本書に紹介しない。ただ、火のないところに煙は立たない。ましてや、残虐なことを考え出す天才である。あり得ない話ではない。事実をそのまま伝えるのが私の役目で、病的悪趣味ではない。信頼の置けない筋の話や単なる噂はすべて排除してある。多くの場合、名前や日付は伏してあるが、それは中国で活躍する友人に迷惑をかけないためである。

一杯やっていると、「つまみ」に「サボテン」が出てくる。「この目で見た」という人には会ったことがないが、こういうことである。素っ裸で縛り上げた罪人をサボテンの上に寝かせる。華南のサボテンは生長が速い。針がにょきにょき伸びて、一日か二日で罪人の体を突き破るという。また「小人」も話題になる。雑技団などで作るそうで、作り方は、まず始めに小さい子供を仕入れ、頭がようやく出る位の大きさのビンに入れる。これで頭はビンの外、体はビンの中という「小人」の完成である。

その他、「生き仏」やら何やら似たような話はいくらでもあるが、すべて伝聞である。が、竹の鞭打ちの刑、押し込めの刑、鎖の上に長時間座らせる刑はどこでも行われているから、似たような刑が当たり前のように行われていると思って差し支えない。

公立の刑務所がこれまた恐ろしい所で、中国人でさえ「半年も入れられたら元の人間の体に戻れない」と恐れている。

拷問好きが高じて生まれた纏足

纏足《てんそく》も「拷問好き」が高じて編み出されたものである。宣教師のお陰で今ではかなり減ってはきているが、僻地ではまだまだ健在である。なぜ纏足するのか。それは竹馬のようにぴょこぴょこ歩くおばあさんを見たら納得する。「労働階級とは違うわよ」という金持ちのファッションの一つだった。それには「働けません」という格好をするのが一番である。小さい頃からきつく縛るから実際、働けない。成長期の十二年ほど、昼も夜も緩めない。足が大きくなるに従って、耐え難い痛みが続く。赤子のままの大きさに縛られ「痛いよう」と泣く声があちこちから聞こえたそうである。爪先立ちで歩く姿を今でも見かける。足の裏を踵の方に縛り付けるから、固く醜くなり、包帯をとっても、元には戻らない。

ところで、アメリカの映画や演劇では、中国人といえば、上流階級から百姓まですべてがチョコチョコ歩きをしている。いくら中国人でも、纏足をしない者までチョコチョコ歩かせるのは間違いである。

今は流行らなくなったが、欧米ではウエストを細く見せるため、きつく縛ることが流行したが、「同じではないか」とよく言われる。確かに、どちらも、きつく縛るし、健康に悪い。無理に綺麗に見せようという魂胆が気に入らない。しかし両者には決定的な違いがある。いくら細いウエストが流行しても、縛りたくなければ無理して縛らなくてもいい。きつ過ぎたら緩めることもできる。運良く、生まれつきウエストが細い娘もいる。とにかく「本人任せ」である。ところが纏足は「問答無用」で押し付けられる。どんなに痛くなっても止めるわけにはいかない。貧乏人は、足腰がしっかりしないとできない仕事をさせるために、娘の何人かは纏足をしないが、金持ちの娘は例外なく纏足である。とにかく小さい足をお望みのようで、古い芝居や詩にも「小さい匙に入る足が理想」とある。

福州のコレラ騒動

さて話を現在の中国に戻そう。残忍さ、特に役人の残忍さは目に余るものがあるが、中でも福州でコレラが流行った夏のことは忘れられない。天秤棒やら竹篭を担いていた者が突然倒れてもがき苦しむ。知り合いや身内が通りかかりでもしないと、そのまま死ぬ。引き取り手がなければ、野晒《のざらし》しである。上海の各紙は死者数を少なめに報じたが現地はこうであった。あっちの家でもこっちの家でも死者が出る。葬列が絶え間なく続く。墓掘り人夫は大繁盛。だから「報道はおかしい」とすぐわかる。

「コロリと死ぬからコロリという」等と洒落ている場合ではないが、罹ると腹部が痙攣を起こし、二時間ほどでコロリである。

折からの猛暑と重なり、パニックに落ちた。「苦しい時の神頼み」。お寺から仏像を担ぎ出して練り歩く。僧侶は厄祓いで檀家回りで毎日残業だからホクホク。僧侶と医者は兼業だ。二四時間体制の厄除けだ。家族総出で鉦を叩き爆竹を鳴らし、厄病神を追い出す。爆竹のけたたましい音や鉦のやかましい音や弔いの泣き声が町中にこだまする。まるで正月の賑わいである。いくらお供え物をしても、お札を燃やしても、鉦を叩いても、何の効果もない。

二百人ほど外国人も住んでいて、「生水は飲まない。火を通してない物は食べない」等、気をつけていた。ところが中国人のコックは言われたことを守らない奴がいる。「見ていなければ大丈夫」と手抜きをする。疫病があると外国人の死者も出る。

さて、流行の第一報に接するや、海外から血清が上海はじめ各地に送られた。三本打てば効果てきめん。慈善団体に行けば、無料か無料に近い。届いていない病院でも、医者は「近日入荷の予定。現地人で金のない人は無料。ただし外国人は有料」と言っていた。

これからが面白い。届いた血清を福州の役所が保管した。これを聞いた外国人が「血清を即時放出せよ。一儲けしようとしているのではないか」と詰め寄ったが、何の効果もない。役人にしてみれば「絶好の稼ぎ時」だということは公然の秘密である。来る日も来る日も要求したが全く改善されない。そうこうしている時、私は週末にクッキャンに出かけた。あそこの人も「私の分はあるかしら」と心配していた。そこで福州の模様を話した。これを聞いて、滞在歴数年の若い宣教師は「特効薬を隠して、同胞が倒れるのをただ見ているとは悪魔ではないか」と呆れ顔。これを受けて、滞在四十年の尊敬すべき古老（名前は伏せる）が、「いつものことだよ。あなた方はお若いから、役人がどんな者かご存じない。儲け話となると情け容赦なし。テコでも動かない」。仰るとおり、大勢の中国人が死んだ。

コレラ騒動が一段落した頃、Ｅ・Ｃ・ダイモンド博士（幸いなことに彼は今、南アメリカで活躍しているから実名を使ってもいいだろう）から手紙を頂いた。それによると、何とか血清を手に入れたそうである。しかし量が少ないから、とても「現地人は無料」というわけにはいかない。外国人と裕福な中国人に有料で予防接種したようである。どうやら、血清の割り当て方もどこか胡散《うさん》臭いものがあったようである。中国人の医者には低価格で割り当てたらしい。ということは、外国人の医者は「治療費を高めに設定しなければならない」ということになる。庶民は内情を知らないから、「同じ注射でも外国人の医者はぼろもうけしている」と思ってしまう。事実かどうかは私にはわからないが、このコレラ血清騒動は私がこの目で見た中国人の役人の数ある非人間的事例の中でも、とりわけ酷いものであった。握り締め、値段を吊り上げ交渉している間に、多くの命が失われたのである。

当の役人に「何とかしてくれ」と問い質したところで、顔色一つ変えない。ニッコリ笑ってわかりきった嘘をつかれるだけである。たった一度だけだが「冷静さを失った」役人に会ったことがある。重度の阿片中毒患者だった。そこを衝いた。わざと長居して質問攻めにしたのである。たまらず、相手は「阿片切れ」でイライラし「冷静さを失った」というわけである。礼儀作法をしっかり見につけた中国人なら、来客中に「中座」することはもちろん、「そろそろ帰ってくれないかなぁ」という素振りを見せることだけでも「無礼千万」である。だから我慢していたが、限界を超え冷静さを失ったというわけだ。閻侯の長官で名は王若恒という。

本心から信者になった者はいない

さて、あのＥ・Ｃ・ダイモンド博士の話に戻ろう。博士は中国人のため、大きな意味では人類のために尽くすという理想に燃えて中国に渡った、宣教師医師の名に恥じない立派な方で、二年間の活動はまことに立派で中国人でさえ、知らない人はいないほど有名な方である。ご尊父もまた十九世紀に開拓的宣教師として中国に渡った高名な方である。ところが、「布教は不毛。援助も先の希望が見出せない。中国人にはほとほと嫌気がさした」として、わずか二年、去年の冬、中国を出てしまった。「中国を出た日が人生最良の日だった」とまで言っている。二年間、コレラ血清事件に代表される中国人の態度を見て我慢がならなくなったのである。

「お父上が中国でご活躍なされたのはなぜでしょうか？」

「信仰のためです」

「具体的にお聞かせください」

「父は大変尊敬されていました。晩年は多くの支部を抱える大きな教会の長を務め、布教活動に尽力しました。でもどうでしょうか、何人が信者に、本当の意味でですよ、なったと思いますか？」

「さあ、何人でしょうか」

「なくなる直前、父はこう申しました。一人もいない。名目上は数千人もいたが、真の信者はたったの一人もいない、と」

宣教師のご尽力にはまことに頭が下がる。人里離れた内陸部で、何度裏切られても辛抱強く勤める姿は「神々しい」ものであるが、もしかすると、単なる間抜けかもしれない。

病気、怪我に強い中国人

精神構造もさることながら、中国人の病気に対する抵抗力も一種独特である。西洋人が罹ると重い病気でも中国人は軽くてすむ場合がある。例えば、天然痘はヨーロッパでは猛威を振るうが、中国ではそうでもない。梅毒は中国では蔓延はしているが、白人のように重症患者はいない。「中国の麗しき梅の花」と医者は呼んでいる。

手術には麻酔はいらない。もともと痛みを感じないようで、西洋人なら耐えられないような手術でもけろっとしている。

広東省には「客家《はっか》」と呼ばれる一族がいる。数百年前から当地に住み着いたようである。その容姿、食事生活等は中国人と変わらないが「痛み」だけ別民族である。手術の時は大変で、わずかな痛みにも大声を上げ、医師をてこずらせる。

病気もそうだが、怪我にも驚くことばかりである。一例を紹介しよう。上海事変での話である。そこは日本軍に空襲されたことがない地域だったので安心して車に乗っていた。ところが珍しく空襲があって、前方に爆弾が落ちた。すると野次馬がどっと押し寄せ、空襲の真っ最中だというのに、黒山のような人だかりとなり、進めない。仕方なく車を降り様子を見に行った。

見ると、中国人が三人、爆弾の穴から這い出ようとしている。一人は十歳ぐらいの子供で頭に大怪我をして血まみれになっていた。後の二人は（二人はもうちょっと年上。もう一人は大人だった）大怪我ではなかったが、体中、血だらけであった。三人のうち、騒いでいたのは大人の方だけだった。二人の子供は「いつものこと」というふうである。急いで車に乗せ、租界の病院に運んでやったが、三人とも落ち着いたもので「痛い」の「い」の字も言わなかった。ただ、私の運転手は、「車が血だらけになります」と愚痴をこぼした。車を汚されるから、乗せたくなかったのだ。

ちなみに、この上海事変で爆撃された閘北地区の近くを流れるクリークに面白い看板があった。「自殺禁止」というものである。多分飛び込む人が多かったのであろう。

それにしても中国人は不思議な行動を取るものだ。上海事変では軍隊が面白い行動を取った。「上海のブロンクス」といわれる閘北地区の東端の曲がりくねった狭い通りに、さんざん塹壕を掘り、何をするかと思うと、日本人が住んでいる租界の近くに大軍を配置したのである。これにはさすがの日本も驚いた。いわば「お勝手口」に大軍を配置されては、黙過するわけにはいかない。追い出しにかかった。しかし予想に反して困難を極めた。事態打開のため、やむなく、後方の閘北地区の全面空爆とあいなったという次第である。

空爆中の暮らしも、これまた考えられないものである。隣の家が焼夷弾やら高性能爆弾によって崩壊し、瓦礫となって煙が立ち昇っていても平気である。元気でいつものように鍋や竿や籠等を道端に並べて商売だ。日本軍は中国軍が張り巡らした塹壕を攻撃し補給路を断つため、毎日のように空襲したから、数百人の死者が出る。しかし、庶民は逃げない。他にやることがないのか、「いずれ誰でも死ぬ」と達観しているのか。「馬小屋が焼けても馬は逃げない」そうだが、そこにしがみついているのである。下敷きになって死んだ者が大勢出ようとほったらかし。鍋籠を背負って商売だ。「明日は我が身」という感覚がない。

もちろん飛行機が実際飛んできて旋回し、爆弾を落とす時は逃げ回る。ある時、日本機が頭上に飛来する音を聞いて、中国人の一団が通りの向こうの家に逃げ込んだ。私もそこに逃げようと思っていたが、先に入られたので私は別の家に逃げた。爆撃が収まって見ると、その家は屋根と壁が三方崩れていた。中から誰も出て来ない。全員死んだのだ。飛行機が去ると、周りの家から人々があふれる。焼け跡を見て騒ぐ者はいない。全く静かなものである。市場の方がよほど騒がしい。平然としたもので、数分後には、鍋籠を手に駆けずり回る。もちろん私はすぐに帰った。

鞭で躾ける猛獣と同じ

空襲に遭っても平然としている者がいるかと思うと、「死にたくない」と泣き叫ぶ者もいる。空襲のある閘北と国際租界は目と鼻の先である。この租界の頑丈な門に取りすがり、「入れてくれ」と叫んでいるのである。救急車や重要書類を持った人を通すため時々門が開く。「この時とばかり」と群衆が押し寄せる。棍棒や竹竿を振りかざして警官が押し戻す。群衆は将棋倒し。

「無理だ」ということがわからない。明日も明後日もやって来て大騒ぎを繰り返す。下っ端の警察には中国人もかなりいる。棍棒や竹竿を振り回す仕事は彼らを充《あ》てる。適材適所である。殴らないと効かないから、どこでも殴っている。猛獣と同じだ。「話せばわかる」と思われているが、とんでもない。殴らないとわからない。

給料を貰う時も同じだ。日暮れ時になると、整理係が現れ、竹竿で女をピシピシ叩いている。「宵越しの銭は持たない」から、大方「日給」である。手に技術を持たない女は製粉所で一日十時間働いてUSドルで七セントか八セントである。一日の仕事が終わって、日当を貰う段になると「列を作って待つ」ことができない。豚に餌をやる要領だ。竹竿でピシピシやって列に戻すのである。

もちろんしっかり列を作って待つ者もいる。個人的な話で恐縮だが、私の場合は怒鳴ったことは一度もない。私の使用人は比較的上流階級の苦力で経済的に恵まれており、職を失うような無礼なことはしないように心がけていたからである。

頑丈な杖を重宝している人が多い。杖として使うが、護身用にもなる。例えば人力車に乗る時、乗ったと思ったら、横から別の車夫が「俺のに乗ってくれ」と付きまとう。また自動車やサンパンから降りると、ならず者が体当たりして、かばんを引ったくられる。こういう時に、役立つのだ。僻地では「仕込み杖」を持っている人も多い。しかしこれは中身が見えないから怖くない。これでは効果半滅だ。

乞食を払いのけるのにも役立つ。汚い乞食に取り囲まれ、服にしがみ付き「お恵みを！」と付きまとわれる。癩病持ちで傷口から膿を出し、服は汚れ悪臭を放ち、爪は真っ黒。気を取られているうちに別の乞食にポケットから物を盗まれる。こういう時に役立つ。

政府に見放された癩病

癩病といえば、「患者の隔離と治療」は全くといっていいほど行われていない。祝日には寺の参道にたくさん座り込み、物乞いする。平日は軒下や公道の屋根の下にお椀を置いて乞食だ。癩病になると体のあちこちが腐る。何が気持ち悪いかといって、癩病の乞食ほど気持ち悪いものはない。目も鼻も唇も口も腐れ落ち、同じ所で一日中うなっている。

中国全体で五十万から百五十万の患者がいるとされている。初期患者のために教会病院があちこちにある。効果を上げるには初期治療が大切だ。しかし国中が混乱しているから、事実上、政府は何もできない。いや、全く無関心だから「やらない」のである。

私の友人で福建省に癩専門病院を建てた人がいる。その人の話を元に癩病を説明しよう。彼は癩病に共通する症状を発見したそうである。それは「手足の神経の麻痺」である。発見はネズミのお陰である。ある時、ネズミが異常発生し、駆除したことがあった。「何を食ってこんなに増えたのか」調べて驚いた。餌は何と「患者の足の指」であった。寝ている間に食っていたのである。「痛くはなかったのか」と聞いてこれまたびっくり。「痛くも痒くもなかった」と言う。退院する時、足の指のない者がたくさんいたそうである。

追悼の誠がこもらない葬式

子を思う親心は世界共通だと思ってはいけない。中国人には全く欠如している。子供が死んだらどうするか。親は平然としたもので、ぼろ切れか何かで包んで間に合わせの木箱に入れ、「どっかに埋めといで」で終わりである。葬式も何も出さない。これなどはまだ良い方で、田舎では城壁の外やそこいらにほうり捨て、犬の餌になる。

葬式の出し方は地方によってさまざまである。普通、葬式はありったけの金をかけ、派手に出すものだが、子供の葬式はそうでもない。十六歳までは子供で、死んでも魂がないから葬式を出さない地方もある。父親の葬儀は「一族の威信」をかけるから、それこそ総力を挙げた「一人祭典」となる。質屋から借りられるだけ借りて式を挙げ、家財道具一切持っていかれることもよくある。相応の慎ましい葬儀は末代までの恥である。葬列も見事である。喪服姿の参列者は大声をあげ、大変だ。暑い日ともなると、棺桶が巨大な分、担ぐ人は大変で、何度も休憩を取る。その間、参列者も心得たもので、世間話に花を咲かせる。ただ一人、喪に服しているのは棺桶の中の人物だけである。「休憩終わり」となると「泣きかた初め！」の号令でもかかったように、泣き叫び、騒々しいことおびただしい。

福建省のジョン・ヒンド司教の体験談を紹介しよう。ある朝、墓のそばの道を通りかかると、女の人が泣いている。墓石に寄りかかり、愛する夫の死が堪えられず、胸がつぶれるという様子で、転びまわり、痙攣したように泣いている。ところがこの女、司教が行こうとすると、ぴょんと立ち上がって、涙を拭いて、ポンポンと埃を払って、明るく「今何時になりますか？」と聞いて来た。驚いて時間を教えると、女はすっかり埃を払い、持ち物を拾って、「時計がないから、どれだけ泣いたかわからないのです。これだけ泣けば、今日のお勤めは充分です」と言って帰って行ったそうである。

今度は私の話である。ある日、新しく中国に来た友人が訪ねて来たので一緒に散歩に出た。急な坂道を登ると、葬列に出くわした。「泣き叫び隊」も「楽隊」も「小休止」というところである。そこで、私の友人が、「中国音楽はジャズと同じで結構いいものだ」という私の言葉を思い出したのか、「一度も聴いたことがないから、ぜひ生で聞いてみたい」と言い出した。私が小銭を楽隊の団長に渡すと、楽隊は立ち上がり、軽快な音楽を二、三曲演奏した。参列者も回りに寄って来て、大声で笑ったり、冗談を飛ばしたりした。友人も私も充分堪能して、礼を言って別れた。しばらくすると、「小休止終わり」となり、楽隊は葬列に戻り、物悲しげな曲を再開し、苦力は棺桶を担ぎ直し、参列者は列に戻り、胸を引き裂くような嘆き声を上げ、葬列は賑やかに消えて行った。

派手という意味では黒人の葬式も同じである。ただ黒人の葬式には追悼の誠がこもっている。

衛生観念がなく不潔極まりない

中国人の衛生観念を紹介しないでは中国人を語れない。それこそ「片手落ち」だ。中国とインドの両方に長く暮らした人に話を聞いたことがある。彼の話では「世界一、不潔な国はインド。僅差の二位が中国」だそうである。私はインドには短期間旅しただけなので、なんとも言えないが、「逆ではないか」と思う。

不潔でも服だけはきれいにしていることが多い。「ぼろ」は「ぼろ」でも洗濯し「接《つ》ぎ」をあてるから立派なものである。極貧層の苦力でも最近はきれいに洗った物を着ている者が驚くほど多い。垂れ下がるほど大きく破れた「ぼろ」をまとっている者はそんなに見かけなくなった。しっかり「接ぎ」をしているからである。その分、「持ち」は非常に良い。ただし、ツギハギだらけで元の服がわからなくなったりする。日曜いや、何がしかの財産のある者、中でも農民はこざっぱりしている。もちろん住む家も、収容施設もなく、汚い格好をして町をうろついている者がたくさんいる。服を洗うわけでもなく、接ぎはぎを当てるわけでもない。ただただ汚いぼろをまとっているだけである。ただし縫いものをすることはある。といっても、冬の冷たい風を防ぐため、大きな穴が開いたら縫うのである。夏は夏で、体の必要最小限の箇所を隠すために縫うのである。

さて、比較的裕福な者は別として、冬の着物は実に汚い。というのは洗濯する間の着替えがないからである。北部でも貧しい家には暖房がないから、家の中でも何枚も重ね着をする。面白い表現がある。「今日は寒いね」と言う代わりに「今日は六枚重ねだ」とか「五枚重ねだ」等というものである。貧乏人は布団もないから、昼間着ていたものをそのまま着て寝る。あれこれ紹介したが、とにかく彼らなりに努力しているのである。いや、生活レベルを考えれば大健闘と言える。

着るもの以外には「良い」と言えるものはない。家はどうか。豚を家に入れるから、豚小屋と変わらない。夜、泥棒に取られないため、豚だろうが鶏だろうがヤギだろうが家の中に入れる。これはヨーロッパ、特にラテン諸国にも見られるが、中国人は動物が入って汚しても気にしない。普通の家は床がなく土間である。この土間のあちこちに穴が開いていて、雨が降ると水溜りができる。ここがごみ捨て場になる。また、家の後ろに、壁で囲んだ所がある。詩歌好きな中国では、ここを「天の井戸」という。この天の井戸に、あちこちの水溜りから、乱雑に置いた踏み石の間から、家畜の排泄物やら何やら混ざった泥が流れ込んで不潔なことおびただしい。また、裕福な家には生ごみが出るから、これを天の井戸の壁に積み上げる。これを腹ペコの豚や鶏がひっくり返して食べる。掃除はしない。数年に一度、焼却するだけである。臭くて息もできない。汚い豚が家の中に入って来て、蝿を追っ払って餌を漁ったり、柱に背中を擦り付けたりするからである。

屎尿はどう処理するのか？

屎尿はどう処理するのか？　家の中に大きな石の甕があり、これに用を足す。これを取っておき、農家や仲買業者に売る。華北では、営業許可を得た農家や業者が毎日のように、呼び声高らかに、手押し車や荷馬車を引いて、華南では、天秤棒に桶を二つぶら下げて買いに来るからよいが、内陸部の田舎宿はひどい。客室と同じ棟に巨大な甕がデンと座っている。なかなか処理しないから慣れない客は大変だ。脱臭剤など見たことも聞いたこともない。

都市部から田舎へ向かう屎尿買い付けの長い列が続く。写真で見ると実に素晴らしい。見渡す限りの田舎道、山道を、桶を二つぶら下げた天秤棒を担いで何千という人間がのろのろ歩いて行く。古くなって中ほどが凹んだ屋根の家や、灰色の竹と日干し煉瓦のあばら家などがごちゃごちゃした中に、高くそびえる塔が一つ、二つ見える町から集めた屎尿を、畑に撒きに行くのである。伝統的な畑造りである。華南では担ぎ手は大抵が女で、痩せてはいるが足腰は強く辛抱強い。年嵩の女連中は荷物で重くなってキーキーいう竿に合わせて掛け声をかける。決まったようにくるぶしと膝の中ほどまでの黒い木綿のズボンをはき、よほど暑くない限り何もかぶらない。上着は何度も洗うから、色落ちしている。足は裸足である。若い娘の中には目もと明るい美人もいる。また、赤いヘアバンドをしている者もいる。これは人妻の印である。ぽっちゃり型で元気であるが、年を取るのが早いから、すぐに歯が欠け、おばあちゃんになる。

町の市場で買い物をする者がいる。魚一匹、田舎では買えない野菜一束等である。これを桶の側にぶら下げるから糞尿がかかる。手押し車や荷車で市場に野菜を運ぶ者がいる。前日、糞尿を入れた同じ桶に入れて何とも思わない。まして「糞尿がかからないように包もう」等とは全く考えない。

彼らは伝染病が流行する時は大変だ。流行に一役買うことになる。屎尿を桶に目いっぱい汲んで蓋をしない。毎日通る道をヌルヌルに汚して全く気にしない。そこで遊んだ子供や犬や豚がばい菌を家に持ち込むのである。

写真で見たらきれいな田舎の風景ではあるが、現実はきれいごとでは済まされない。町から集めた屎尿を水で薄め、作物に撒き、家族総出で一日中土になじむように裸足でこね回すのである。真夏の強烈な日差しに照らされると、美しい田園風景どころではない。一面、悪臭で息もできなくなり、一度足を踏み入れたら、必ず具合が悪くなる。

風呂にあまり入らない

さて、貧民街の母親が子供をきれいにする方法を紹介しよう。これも実際に見たら卒倒する。母親は忙しいから子供を風呂に入れる余裕などないから、野良犬を呼んで子供の服を脱がせるのである。「みんなそうしている」とは言わないが、たびたび目にする光景である。もっと驚くような光景にもしばしばお目にかかる。

風呂にはあまり入らない。とはいっても、一生に一度も風呂に入らないというわけではない。他の国にはそういう人がいるようだが。福州では、暑い夏の日暮れ時、貧民街の母親が毎日子供を洗っていた。何をするにも外で家事をするのだが、子供も外の通りで洗う。水を入れた「たらい」に子供を立たせ、ワーワー泣かせながら、布切れでごしごしこする。もちろん石鹸を買う金などないが、なくても大概の垢は落ちる。金持ちは贅沢して年に二、三回は風呂屋に行くが、貧乏人には高くて、行きたくても行けない。冬の間、内風呂に入る者は誰もいないし、夏でもめったにいない。但し顔だけはほとんどの人が洗うようだ。手は汚い。石鹸がないのか、それとも気にしないのか、手をきれいにしている者はあまりいない。新米の使用人に「手をきれいにしなさい」と言っても、わからないから大変である。

経験豊富な宣教師によれば、普通の女は生まれてから死ぬまで一度も風呂に入らないそうである。

おそらく、アメリカ南部の貧しい黒人の方が中国人より不潔だろう。しかし家は中国人の方が非常に汚く、多分インド人も含めた全世界でも一番汚いのではないだろうか。しかし、衣服の方は、南部の黒人より結構上で、同じ経済レベルの平均的アメリカの有色人種と比べたら最上位だと思う。確かにアメリカのスラム街や、南部の白人のクズや、アメリカの市民権を取った移民等には、アメリカ人の伝統「清潔好き」が欠けている者がいる。中国人の身なりは、例えばアメリカ南西部のメキシコ系住民よりかなり上である。とはいっても多くの中国人が小ぎれいな身なりをしているということにはならない。汚い身なりの者が多い。ただ「外見だけ」は結構いいというだけのことである。外見がきれいだと、すべて清潔できれいだろうと思いがちであるが、そうではない。着る物以外は不潔極まりないのである。

以上述べたように、中国人の家と町並みは世界一、汚い。金持ちの家も、教養のある者の家でも、豚小屋とあまり変わらない。苦力の家ならなおさらである。通りは家畜の通り道のように汚い。ある外国の医療機関の計算によると、五歳未満の子供の死亡率は五割を超えるというのも無理はない。

本章では、強烈なものばかり集めてみた。強烈とはいっても例外的なものではない。九割以上に当てはまるものである。中国滞在の長い人なら誰でも「そのとおり」と言われるであろう。もちろん西洋化した地区はそうでもないが、人口も面積も全体に比べたら微々たるものである。

もちろん楽しいことも数えればきりがないが、礼儀正しく愛想だけは良いからである。客のもてなしぶりは見事なものである。しかし、もてなされたからといっても、「何もかも帳消し」にして良いのだろうか。

第四章　中国的才能とその背景

複雑怪奇な性格と伝統

「艱難辛苦、汝を玉にす」という馬鹿げた言葉がある。もしこれが本当だとしたら、現代の中国には聖人君子が山ほどいるはずである。国自体が断食道場であるから、老いも若きも精神修養に打ち込み、中には聖人となる者もいる。アメリカでも恐慌の時、同じ類のことを新聞や牧師は説いたが、アメリカ人よりもまず中国人に説いた方がいい。なぜなら、彼らの性格や伝統は複雑怪奇であり、こういう高邁な考えを全く受け付けない国民だからである。彼らは間違いなく、世界断食大会の優勝者である。ただし、望んで優勝したわけではない。こういう才能に恵まれ、また排外運動、国内の抗争等、何でもありの国情でありながら、とにもかくにも中国の社会は維持されてきた。そこで、なぜ彼らはそうなのか、その動機やら、進化しない原因やらを考察する必要がある。それは長年にわたる欠乏によって形成された面もあろう。生まれついた民族的側面もあろう。難しい問題だが、解明する価値はあるものと思われる。

中国人の性格を解明する鍵として、地理、気候、食生活等あらゆる要素が挙げられている。それらが単独で、また複雑に絡み合っているといわれるが、いずれも満足できる答えは出ていない。なぜ喧嘩好きなのか。この問題はダーウィンの「進化論」でもってしても説明できない。なぜなら、彼らがいつ生まれたか誰も知らないのだから、喧嘩好きがいつ始まったか誰も知るはずがない。いつなくなるかも誰にもわからない。ただすぐにはなくならないだろうということだけは確かである。なぜなら中国人は生存競争なら誰にも負けない才能があるからである。

中国関係関連の古い記録を見ると、中国人の性格は昔とそれほど変わっていないことがわかる。また、四千年前の中国人が書いた記録を見ても、残念ながら同じである。必要に応じて順応はしてきたが、同時に他民族とは異なる、中国人特有の抜き難い特性は変わることはなかった。

さて、国際化する世界は国際法というものに合わせて動いているのであるが、中国人が、もしこの国際法を尊重するようになったとしたら、世界中が平和になるが、違うのである。逆に、彼らの強烈な国民性ゆえに、中国関係はギクシャクしているのである。そればかりか、中国人同士でさえも良好な関係は築かれないのである。

舶来のものとなると、優れていようが何しようが、とにかく何でもかんでも拒否である。なぜこうも頑固なのか説明がつかない。例えば、なぜ犬は犬らしく、猫は猫らしいのか誰にも説明はできない。鷲は生肉を好み、コンドルは死肉を好むのか、納得いく説明ができる人がいないのと同じである。中国人は中国人である。ただそれだけのことである。ただし、彼らを我々の「物差し」で判定するつもりはない。中国人とは何であるかをなるべく明確にしたいだけである。ただそうすると必然的に典型的な例を挙げざるを得ず、自ずと我々とは異なる面が自然と浮き彫りになってしまうのである。我々は彼らと付き合わなければならない。そうすれば必然的に我々の物差しとは違う物差しを突きつけられる。したがって、このような試みが必要なのである。

ソーンダイク（米国の心理学者）派の心理学者は「民族が違っても人間に根本的違いはない」とし

ているが、大きな間違いである。心理テストや身体能力テストではそうも言えるだろうが、そのようなテストでは十分とは言えまい。中国人だって膝頭をコツンとやったらピョコンと足を跳ね上げるだろうし、白黒のブロックを渡して「色別に分けろ」と言われたら、ちゃんとできる。しかしそれだけでいいのだろうか。人間には科学を超えるものがあることを忘れてはいけない。いかに現代科学といえども人の性格はさまざまである。簡単に結果を出すことはできない。ただし、近代科学に異を唱えようとしているのではない。ただ、「民族が違っても人間に根本的違いはない。アメリカ人でも中国人でも同じである」と言われては堪らない、と言いたいのである。特に中国滞在の経験を持つ者には受け入れがたいことである。

　とかく心理学者は長ったらしいラテン語等を使うから、難しくて何を言っているのかわからない。かえって、在中企業家の方が心理学とは無縁でも、中国人の気質をよく知っているから、彼らの話の方がわかりやすい。

　長く中国に暮らせば、中国人の性格も飲み込め、困ることもなくなるかというと、全くそんなことはない。いくら智恵をひねっても答がわからないクロスワードパズルのようなものである。一日一日、正解に近づいていくような気になる。が誰も成功した人はいない。これからも無理であろう。もしできたとしたら、その時は外国人ではなくなり、中国人になってしまったのである。なぜならアメリカ人がアメリカ人である限り（もちろんイギリス人でもフランス人でも誰でもいいが）、「俺は中国人と違う」と思うはずである。違いは犬にまで感づかれる。犬は外国人と見ると吼《ほ》えかかるが、数年経って、だんだん中国化してしまうと、町をうろつく野良犬さえ吼えなくなる。異邦人の匂いがしなくなり、現地人として通るからである。こうまでなってしまうと大変で、帰国する段になるとそれこそ厄介である。

本当の中国人を知ることが対中政策改善につながる

しかし中国人をもっと理解するためには、彼らの精神構造を把握しなければならない。直感で判断してはならない。両国の伝統や体力、精神構造その他もろもろ、あまりにも違いすぎるからである。いくら客観的に見ようとしても、我々とは相容れない中国人の価値観を理解することはできないのである。

中国人以外の場合はどうであろうか。誰でもいいのであるが、例えばフランス人はどうか。フランス人と我々は違うのではあるが、観察する機会が多いので、ある程度は理解できる。たとえ賛成はできないとしても、動機を考えれば彼らの言うことも理に適《かな》っている。同じと思えることだってあり得る。また、無理して賛成する必要もないし、我々とは違う行動を取ったとしても、褒める必要もないが。いずれにしろヨーロッパ人なら理解できる。彼らも同じように我々の行動も理解してくれるだろう。

なぜこういう比較をしたのか？　それは中国人を「理解する」とはどういうことなのかを、改めて認識してもらいたいからである。つまり、中国人の行動を理に適ったものとして受け入れるという意味で「理解する」ことは不可能なのである。

心理学やら何やらというものは象牙の塔でやればよい。そんなことより、「中国人は、本当はどういう行動をするのか」ということが最も知りたいことである。知っている人は教えるべきである。中国にいる人なら誰でも知っていることである。例えば、初めて行く国の通貨を調べるようなものである。身を守るためには必要な知識である。つまり、あれこれいう必要はないのである。「本当の中国人とは何なのか」包み隠さずさらけ出せばいいのである。我が国の極東政策改善のために尽力した者は多いが、駄弁を弄する連中に阻止されてきた。こういう連中は消し去らねばならない。

歴史に見る中国人の変わらぬ気質

前章で在中外国人のことを述べたが、本章では歴史を少し振り返って見たい。そうすれば、中国人の特異性がどれほど際立っているかわかるだろう。三千年、四千年の歴史を持つ国である。これからも何千年と続くであろう。その間、いくら西洋文明の波が押し寄せても、飲み込まれることなく、這い上がり、平気である。十三世紀、モンゴル人のジンギス・カーンに征服され「元」となった。新しい考えが入り、表面上は壊滅的打撃を受けたはずだが、気質は変わらなかった。そして最後のカーンが死ぬと、千年、二千年前と変わらぬ頑固な中国人気質が蘇った。

また十七世紀には、現在（一九三三年）の満州国に興った屈強な満州族が南下し、衰退した明王朝を倒し、北京を都とし、満州族が支配する「清」となった。「元」は中国人の考えを改めようとして失敗した。これを教訓に、満州人も中国人の考えを変えようとあらゆる手を打った。象徴的なものが「辮髪《べんはつ》」の強制である。これは清朝が滅亡するまで続くのであるが、表面的に恭順の意を示したに過ぎなかった。一九一一年、最後の満州族皇帝が退位したが、中国人が変わっていなかった。一六四四年、世宗が清帝国の初代帝王として竜座に着き、漢民族に辮髪を強制した時と何ら変わることはなかったのである。外面的恭順を示す辮髪はその後も数年続いたが、彼らの心の糸は、伝統、本能、情、観念等ありとあらゆるものが複雑に絡まって、麻の如くによじれ、未来永劫変わることはないであろう。

また内外の宗教家も変革を志したが、ジンギス・カーンの騎馬軍や満州族の弓隊と同じく徒労に終わった。孔子も改革者の一人である。孔子は中国人の性格を知り悲しくなり、変革に一生を捧げたが無駄であった。死後、その業績を称え記念碑が建ち、肖像画も多く残っている。肖像画となった孔子は、国民を見てどう思っているのであろうか。また、改革を目指した清朝初期の皇帝らも、心を入れ替えるわけではないのに、ただ辮髪を垂らした中国人を見てどう思うのであろうか。虚脱感しか感じなかったはずである。

仏教、イスラム教、ユダヤ教、キリスト教と、あらゆる布教活動が行われた。中には、見せかけの改宗を真に受け喜ぶ愚か者もいた。しかし、恭順そうな改宗者が六本の手を持つヒンズー教の神に、また後光の差す三位一体像の前にぬかづこうと、またその教えに従い、尖塔の聳えるメッカや十字旗のはためくエルサレムに向かい礼拝しようと、時流に逆らい、いかに変革しようとも変えられない中国人の抜き去り難い性格はそのまま残っているのである。どの宗教を信じようと本質的相違はない。各階層に倫理観の違いはない。教養のある層も全くの無知層も、また裕福層も赤貧層も同じである。実際に付き合えばわかる。いくら顔が違っても、中国人特有のものを感じるのである。もちろんいい面もあるが、中国人自身にとっても外国人にとっても不幸としか思えない面が見えてくるのである。

世界の人口の五分の一を占める中国人の頑固さを和らげようとした人は多い。ジョン・デューイ、バートランド・ラッセル、ヘンリー・フォード、スターリン等もそうではないか。しかし、中国人の誰もが舶来の高級服を着て高級外車に乗れる時代になったとしても、ずる賢く言い逃れをし、頑固で嘘をつく性格が変わるとは思えない。

とにかく中国人は愛想がいい。相手の話には何でもかんでも頷く。身振り手振りを交え、まさに「立て板に水」である。これはもう習慣というか本能的なものである。ところが相手がいなくなると、先ほどの愛想よさはすっかり消えるのである。

かつては立派だった運河が今では埋まって使い物にならないように、いくら世論を喚起しても全く無駄である。無関心なのである。金があれば言葉巧みなセールスマンに薦められてトラクターや建設機械を買うには買うが、買った後どうするかといえば、買ったまま使わず、錆付いてしまい、鍬と鋤で耕すのである。舶来品がよく売れている。レコードプレーヤー、口紅、靴、香水、自動車、映画、懐中電灯、魔法瓶等が西洋風に電気のついたショーウィンドーに並び、金持ちが集まる。もちろんこれは港町等の大都市に限って見られることで、中国全体を考えたら例外的な光景である。ほとんどの内陸部には運送手段がなく、国民の大部分は手が出せない。もし買うようになったとしても（多分なると思うが）、それはただ表面上買っただけのことであって、内面は微塵も変わらない。おそらく経済的文化的にはいくらか変化するかも知れないが、本質的なものは我々とは途方もなくかけ離れており、何がしかの変化を見せるとは全く考えられない。これは独断と偏見から言うのではない。歴史、つまりいかなる社会的政治的大変革があっても中国人は全く変わらなかったという事実から言うのである。また外国文化の流入に、外面的には同調しているように見えても、内面は変わらなかったという点から見ても言えるのである。海外に暮らし教育を受けたことがある者は、よく舶来の口紅、レコードプレーヤー、自動車を買うが、こういう者でも例外ではない。

現在の中国人とはいかなる人なのか解明するために、またこれからどう付き合っていくべきかを考えるうえでも、中国の歴史を調べ、長い歴史に培われた特徴を明らかにすることがぜひとも必要なことである。

平気で嘘をつく

中国に長くいる英米人に、「中国人の性格で我々とは最も違うものを挙げてください」と訊いたら、ほぼ全員が躊躇なく「嘘つきです」と答えると思う。

西洋人はまず嘘をつかない。もちろんアメリカ人でも、付き合い上、やむを得ず嘘をつくことは誰にもある。全く信用ならない人もいるにはいるが、ごく稀である。頑固一徹、嘘は全くつかない人の方が多い。また学者は何にもまして正確さを重んじる。話をする時は確信のあることしか話さないものだし、事実と個人的意見とは明確に区別するということを昔から大事にしてきた。また何となく怪しい政界や広告業界でさえも、最小限に留めるものだ。ついても構わない場合でも嘘をつく人はめったにいない。

中国では全く逆である。私が初めて中国勤務を拝命した時の話である。訪中前、サンフランシスコのエンジェル島にある税関で入国審査勤務を命じられた。アメリカに入国する中国人、特に不法入国中国人がどういうものか、その実態を把握させようというのである。そこのベテラン審査官の話は当時の私には皮肉に聞こえたものだ。「中国人は嘘をつくのが好きだ」と言うのである。二、三週間して「なるほど」と納得した。使用人や商売人、いわゆるハイクラスの人、将軍から下級クラスまでの政府役人等など、山ほど例がある。ついても得るものが全くないような時でも見え透いた嘘をつく。上から下まで、嘘を平気でつき、ばれそうになると、悲しそうな顔をするが、一時間やそこらで、ばれるのである。

欧米では、嘘は憎悪や軽蔑と同じ響きを持つものであるが、中国語にはそういう語がない。必要がなかったからである。そこで、それに近い中国語を使って「嘘ではありませんか？」と言ったとしても、非難の意味はない。ましてや侮辱には全くならない。特別な意味のない言葉なのである。

中国人の言動は誤魔化しとすっとぼけに満ちているが、暮らしているうちに、真意がわかるようになる。

また、反応を見てその場の雰囲気を察することができるようにもなる。本心をぼかすのが彼らの本能だから、無関係なことや嘘をまくし立てる。だから、正直に述べてもなんら反論はこないような時でも、まくし立てる。ことの大小にかかわらず、また中国人同士だろうが外国人だろうが、とにかく相手を欺こうとしているように思えてならない。

伝統も宗教も異なる中国の実情を知る人が少ないのは致し方ない。そこで「中国人は嘘をつくのが好きだ」と言われると、「たちの悪い悪戯か何かだろう」と思われる。しかし何と言われようと、やはり「中国人は嘘が好き」である。それは私だけではない。中国暮らしの長い人なら全員といっていいほど、そう言っているのである。個人的怨恨でも、大げさでも何でもない。我々にとっては「嘘」は軽蔑に値するものだが、中国人にはそんなことはない。したがって、「人格に欠陥あり」と考えるのは我々の認識であって、彼らはそうは思っていない。交渉する時、忘れてはいけない。

そこで一つ買い物の仕方を紹介しよう。まず値段の交渉である。値引き交渉は当たり前で、すぐに慣れる。卑しい嘘をついているのではなく、ただ、見せ掛け、ふりをしているだけである。店員も客もお互い了承済みで、交渉の一部なのである。店員はこう言う。「こちらは十ドルでございます。儲けは一切なしでございます。嘘ではございません。私は町一番の正直者と言われておりますから。これ以上は絶対勉強できません」。客が出て行こうとすると、慌てて「信じてください。うちは絶対値引きできないんです。でもお客さま、今回に限り、九ドル七十五セントにいたします」。こういう交渉がしばらく続く。最後には双方が最初に考えていた値段「三ドル五十セント」で交渉成立となる。次に別の商品に目が留まると、また同じ儀式を最初から繰り返さなければならない。一週間同じ店に行っても同じことを毎日繰り返す。そういう習慣なのである。西洋風に「無駄に時間を潰すのは止めよう」という店もないこともないが、大抵の店は、アメリカ式に「この値段で嫌なら他へどうぞ」というぶっきらぼうなことはない。まず客との丁々発止の駆け引きが好きなのである。だから、アメリカ式が儲かるとしても止めはしない。

今度は使用人の話をしよう。彼らは家事でも何でも、仕事の進行状態がうまく説明できない。実に腹立たしい。まず使用人が多くて驚く。実害はないが何時でも嘘をつく。愚図でのろまと思っていた苦力や門番でさえ、咄嗟に嘘を考えつくのには驚かされる。

使用人の「頭《かしら》」には鉄則がある。その一。ご主人の言いつけには、「言われる前に用意万端整えております」と即答する。例えば、頭に「庭師に枯れ枝を切らせてくれ」と言いつけたとしよう。すると頭は、「とっくに申し付けてあります。ただ今ノコギリを探しているものと思われます」とくる。「スープにスパイスを入れすぎないように」と言うと、「今し方、コックのミスに気づきまして、怒っておきました」とくる。もちろんそんなことを頭が気づくはずはないし、頭の方も承知の上である。

これは何も中国人に限ったことではなく、ある程度東洋では共通することである。しかし中国ではいつでもどこでも目に付くから、忘れてはならない。

中国人は誰でも、咄嗟に言葉を考え、その場凌ぎする。後で「違っているじゃないか」と言っても一向に構わない。後で持ち出しても無駄である。「目から鼻へ抜ける」とでも言うか、「口から先に生まれた」ようで実に抜け目がない。少しでも関連があるなら、また相手を騙せそうなことならすぐ使う。間抜けな苦力でさえ、こういう点では「間抜け」はいない。

言いつけられたことを忘れた時にも見事である。昼飯時にでも、「子供頭は言いつけ通り本を取りに行ったかい？」と頭に聞いたとする。するとすかさず「行ったのですが、午後にならないと用意できないそうです。これからすぐ行かせます」とうまい返事をする。後で本屋に寄ってみると「夕べから用意できていています」とのこと。「誰か取りに来たか？」と聞くと、「いいえ」となるのである。

責任感がないから嘘をつく

責任感がないのも困りものである。例えば、「何か都合の悪いことが起こった時、隠したり誤魔化したりしないで、すぐに報告するように」といくら教えてもわかってくれない。アメリカのウェイトレスやコックは「何か具合が悪いことがあっても、知らなければ別に困ることはない」と考えているが、中国人はそんな生やさしいものではない。「後でばれても今さえ良ければ良い」というのである。役人全体こうであり、特にいわゆる上級クラスははなはだしい。

例えば役人と会食したとする。食後、商談が始まる。

「お言葉ですが、ほんの十分前は全く逆のことを仰っていたようですが？」と聞くと、「ええと、お考え違いではないでしょうか。誤解されていらっしゃるようです」とむっとはしても、笑顔でべらべらとまくしたてる。「そうでしょうか？　これは昨日貴方がご署名された書類ではありませんか？　貴方は今と全く逆のことを仰っています。どちらが本当ですか？」と詰め寄ると、「誤解です。我々は同志じゃありませんか。両国の友好親善のために全力を尽くしましょう。残念ながら、お宅の通訳のミスで誤解が生じたようです。大丈夫でございます。よくわかっております。お手伝いいたします。大丈夫ですよ」「どう、大丈夫だというのですか。通訳の話しているのではありません。この書類には貴方のサインがちゃんと入っているではありませんか。なのに今、貴方は逆のことを仰っている。どっちなんですか？」「どちらということはございません。誤解なのです」「昨日と今日では話が違うのです。どちらが本当ですか？」「『四海皆同胞《はらから》』という言葉をご存知ですか？　孔子様のお言葉です。お疑いのご様子、まことに心外でございます。少々お待ち下さい。善処いたします。全く初めてのことでして。お調べに来られたのは貴方様が初めてでございます」「しかし、この机にある書類には貴方のサインがしてあり、『調査完了。取引成立。商品発送命令済み』と書かれている。ところが今貴方は、『積荷がどこにあるかわからない。部下の誰も聞いていない。だから積荷はありません』と仰っているのです」「何度も調査してみましたが、そのような物は全く見当たりません。部下の全員にも聞いたのですが」「しかしですよ。たった今、こういうことは初めてだ、と仰いましたね。ということは全く調査してないということではありませんか？」

「『四海皆同胞』と申します。私どもは、アメリカ合衆国を代表されるお方のお役に立ちたいと、常日頃誠心誠意尽くしております。直ちに調査いたしましてご報告申し上げます」

このようなやり取りを二、三時間した後、まだ調べる気があったら、例の役人の部下を護衛に付けて、積荷を探しに港へ行くとよい。この部下という者がまた曲者で、上司の前では黙っているが、聞くと驚くようなことを言い出す。「はい。課長は朝から役所にいらっしゃいまして、例の積荷に『アメリカの法により、アメリカの企業に没収されたように見せかけ、動かすな』という命令をお出しになったのです」と。

嘘を付きとおすことはできないし、まんまと騙されるような嘘もつけない。ただ質より量とばかりに嘘を連発するのである。この比類なき邪悪な嘘というものは、実際経験してみると笑ってしまうものばかりである。十歳の子供でも、中国に住んで中国人の手の内を心得たらもう騙されることはない。ある新聞の論説委員などは政府に「中国には、手練手管に長けた嘘つきに取り込まれない、賢い外交官を派遣せよ」と要望している。確かに、間抜け者しか派遣してこなかったのは事実ではあるが、完全に手玉に取られるような愚か者だけはいなかったと信じている。

「嘘も方便」という言葉があるが、なるべくなら嘘はつきたくないものである。ところが中国人の嘘は、嘘が嘘ではなく「答」なのである。面倒で不愉快な相手を不安にし、やり込める手である。こうまでいうと言い過ぎになるかもしれないが、少なくとも相手の非難をかわすためのものであるには違いない。この点では全く見え透いているから、流石にだまされ続ける者はいない。こういう全く途方もないばかばかしいことを咄嗟に思いつくのである。言葉遊びが根っから好きで、ばれるまで言葉巧みに取り繕うが、いよいよだめだとなると、顔色一つ変えず、また同じく前言と矛盾する嘘をつく。

そしていよいよ追い込まれると新手を繰り出す。諺の連発である。諺好きも困ったものである。

大昔から変わっていない。数百年の公式記録『北京日記』に毎日の出来事がこと細かに記されている。いわば『旧約聖書』である。誰かが誰かを殺害したとか、どこそこで子供が生まれたと事細かに記されている。現代と同じ中国人の嘘や言い逃れが多く記されている。古代史までは記録がないが、似たような資料にも同様の記述がある。もっと古い記録には、嘘、言い逃れ以外のこともたくさん記されている。これまで紹介したように、とにかく中国人の性格は四千年全く変わっていないのである。

幼稚で見え透いた嘘は、とても本書一冊で網羅できないが、ほんの一例を挙げよう。知り合いの話である。外出する時はいつも食料品を貯蔵庫にしまっていた。ある晩、夕食会に出かけた。途中で忘れ物を思い出し、帰宅してみると、一階の自分の部屋にいるはずのコックが貯蔵庫の前にいるではないか。片手に籠を持ち、床には食料品の瓶が散らばっている。瓶から少しずつ中身を抜き取っているのは明らかだった。ドアの鍵はかかったままだったが、蝶番ごと外して、壁に立てかけてあり、ドライバーがコックの側にころがっていた。「何しているの？」と聞いた。

「はい、奥様。部屋でぐっすり寝ていたのですが、貯蔵庫のドアが倒れる音に目が覚めたのでございます。元通りに直そうと、ドライバーを持って飛んできたのでございます。ドアが倒れておりましたので、一つ一つ食料品を数え、整理しているところでございます。微力ながら全力を尽くしておりまする」

今度は私の話である。たまたま地下室に行ってみると、使用人が燃料をくすねていた。よくあることである。相手も、私が「知らないふりをしている」のをわかっていて「捕まらなければいい」と思っているのである。こちらとしても、見つけるまでは「完全に信頼している」というふりをしているのである。まあまあ満足のいく使用人なら、あまり詮索はしないのが得策である。ところが、いわゆる現行犯逮捕ということになったので、「どこに持っていくのか？」と聞くと、こう説明が来る。「だんな様の燃料がすぐなくなるので、私たちの分を持ってきて足しているのです。いつものことですよ。だんな様のご恩を思えば何でもないことです。一々ご報告するまでのことではないと思いましたので」。たまたま彼らの奉仕活動を発見してしまったので、彼らの方は大喜びで、今まで黙って奉仕していたことを告白したというわけだ。私は感謝をして「ただでやってもらっては申し訳ないね」と言った。それで双方とも了解した。

少々のことなら我慢するが、どうしても許せない現場を発見して「もう我慢ならん。お前はクビだ！」と言うこともある。その時彼らはどうするかがまた面白い。平蜘蛛のように謝り、先輩格の仲間でも何でもいいからとにかく誰かにすがって、仲裁を頼む。そこで何とか許してやる。面白いのはこれからである。わずか数時間後には「どうも田舎の母が病気らしいのです。年でもありますし。お願いします、お手当てを下さい」と来て、手当てを懐にして出て行ってしまう。これが彼ら流の面子の保ち方なのである。

面子を保つことは上流階級にもよくある。役人の場合、「直ちにクビ」にしたい部下をどう辞めさせるか。まず辞表を出させる。出させておきながら、すぐには受け付けない。二度三度と出させてようやく受理するのである（出さないと「月夜の晩だけではないよな。命は大切にしろよ」等と言う）。「情け」である。すべてこういうわけではないが、似たり寄ったりである。これはあの金科玉条「何事も自分にしてもらいたいことは他人にもしてあげなさい」とは違うものである。妥協とか遠まわし、そ知らぬふりとかいうものが沁みこんでいるからである。また勝者と敗者は天と地ほどの違いがあるからである。本気で怒られると引っ込み、とにかく相手を怒らせまいとするのが中国人である。

嘘に振り回されるアメリカ領事

どんどん紹介しよう。福清の近くのミッションスクールの話である。私もこの事件には随分悩まされた。このミッションスクールは校舎近くに空き地を持っていた。この空き地の近くにある中国人学校の偉い人たちが何人かで来校してこう言った。「お宅はあの空き地をお使いになられてないご様子ですが、どうでしょうか、お宅で使うまで当方に貸してもらえないでしょうか？」と。

校長は同意したが、これが災難の始まりとは知る由もなかった。相手は中国人である。抜け目のない外国人ならそうたやすく返事はしなかったのだが、空き地は中国人に貸し出された。「必要となったら無条件でいつでもお返しします」という条件付きであった。ところが、この空き地を校庭として使い始めると、周りに塀を建て出した。中国では「塀を建てる」とは、「所有権を主張する」ことなのである。これを見たミッションスクールの校長は心配して直ちに抗議した。が、何の効果もなく、一日一日と、塀は高くなっていった。それればかりか、抗議をするミッションスクール関係者に、中国人学校の子供たちまで石を投げかける始末である。地元の警察に頼んでも何にもしてくれない（アメリカの慈善団体から大きな利益を得ている地域でさえも、住民は排外的である。）もし文明国家でこのようなことが起こったら、皆で一斉に押し出して塀を撤去するところである。ところが中国では、そうしたら、何をされるかわからない。暴動にまではならなくても、放火ぐらいは覚悟しなくてはならない。それ以上に宣教師というのは神の子である。たとえ中国人が神の慈悲にすがることを忘れ、己の怒りを爆発させたとしても、直接的行動には出られないのである。

さて、ミッション側の抗議をよそに、中国人学校は塀を完成させ、堂々とその所有権を主張した。現地解決は不能となり、福州のアメリカ領事に持ち込まれ、そこで「規定に従って公明正大な調査を望む」旨の要望書が、いつものように何度も提出された。それでも何の変化もなく塀は手付かずであった。アメリカ政府と連絡をして、福建政府へ強硬な要望書が提出された。そこで中国側はどうしたか。長文を認め、怒りを露わにするのが常であるのに、今回は簡潔明瞭なメモ程度のものを北京のアメリカ大使に送った。というのも、ちょうどその頃、北京政府はアメリカと友好関係を結び、対日戦争の援助を画策していた。福建も、北京側に立ち、それ相応の分け前を手に入れ、抗争相手を倒そうとの目論見があったのである。

さて、何週間も経ってから、責任者から「塀を直ちに撤去する」旨の通達があった。その間、本件以外にもさまざまな案件で電話や書簡が取り交わされてはいた。ところが通達後も塀は撤去されなかった。「いつ撤去するのか」問い合わせると「即刻」と返事が来る。そこで福建政府に、より強硬な要望書を何度か出した。すると今度は「塀はすでに撤去され、完全復元済み」と書簡で連絡が来た。ところが出向いてみると「全くの手付かず」であった。その旨報告すると、また同じく「撤去済み。現場でご確認願いたし」と手紙を寄越した。「それなら」と出かけたが、何の変化もなし。業を煮やして福建政府に強硬に詰め寄った。そこでようやく、責任者は誤りを認め、空き地の写真を添え「復元完了」を通達してきた。その間、不動産譲渡証明書を何枚も添付した文書を何十枚も提出させられたのは、言うに及ばない。

確かに写真には空き地が写っていた。しかし道路の向こう側から撮られたもので、もし塀があったら、邪魔になって校庭が写らないような角度で撮ってあった。こういう証拠写真を受け入れてはならない。危うく騙されるところであった。急ぎ駆けつけたミッションスクールの校長の説明を聞いて一同愕然となった。校長が撮った写真は違うのである。校長の写真には例の塀がしっかり写っている。ただし、塀には一メートル近い穴が開いていた。現地に駆けつけて納得した。つまりこういうことだ。穴を開け、そこから中を撮ったのである。

この役人、「撤去済み」の署名を入れ、証拠写真を福建政府に送り、澄ましている。いくら証拠をつきつけても澄ましたもので、「こんな無理難題を突きつけられるのは初めてです。ただでは済まないところですが、しばらくお待ち下さい。お調べして、もし万が一、塀が建っていたとしたら、撤去させましょう。しかし先ほども申し上げたとおり、このようなことは全く初めてのことですから、よく調査してからご返事を差し上げましょう」と来た。そうしておいて、山ほど手紙を寄越してきた。ただの紙くずである。もちろん言い逃れだというのは承知の上で、一年近くも報告書を送りつけてきたのである。それでもようやく塀は撤去された！

ところがこの塀を取り壊す時、彼らはこっそり礎石を二、三個残しておいた。ミッション側がこの礎石の上に建物を建てたら「石を返せ。弁償しろ」と無理難題を吹っかけようというのである。しかし一年ほど前同じことがあったので、同じ手は通じなかった。

アメリカ領事はアメリカ国民のためありとあらゆる援助を惜しまないものであるが、中国勤務がほとほと嫌になり、辞める者が後を絶たない。先ほど述べたようなことが毎日のように起こるからである。ただ嘘を隠すための嘘をつかれ、些細な事件でも数ヶ月、数年もかかる。中国流の生き方に溶け込めない。中国人がのんびり構えているところを、アメリカ人は「嘘や言い逃れをして引き伸ばすな」と怒る。中国人にしたら単なる「一件」なのに、アメリカ領事がきてあれこれ言われるから、彼らにとってははなはだ迷惑なことなのである。それでもやむなく重い腰を上げて、うるさいアメリカ人をとりあえず二、三日でもいいから追い払うため、あれやこれやともっともらしい嘘を並べ立てる。それから急進的国民党員に顔を売るために「アメリカの悪魔をこうして撃退しました」と報告書を提出する。それから、団扇を使い、お茶を飲み、阿片を吸うのである。こういう連中が相手では、いかに意志が強く元気でも、心身ともに磨り減ってしまう。それもこれも、教会勢力に牛耳られる国務省の対中政策が甘いからである。そういうわけで、ソコビン領事は疲労困憊し、病気を理由に福州を去らねばならなかった。また前任者のアーネスト・プライス氏も数年の激務に疲れ、アメリカ政府の対中政策に無力感を感じ、辞職し、今、アメリカで教員をしている。優秀でありながら、中国人に振り回され、半狂乱になった人の例は枚挙に暇がない。

中国人は誠実で正直であるというのは大きな間違い

「中国は誠実で正直である」と子供の頃から聞かされてきたが、はたしてそうであろうか。野蛮で時代遅れの中国の現実を知らないから、そう思い込んできただけである。現地に行って見るといい。上海には『チャイナ・ウィークリー・レビュー』など中国人が出しているアメリカ人向けの新聞があるが、想像を超えた野蛮で時代遅れな記事ばかりである。現実に目を向けよ。昨日まで中世さながら、混沌とした分裂国家であった国が、今日は、活気にあふれた道義国家、愛国心漲《みなぎ》る統一国家と思われている。が、実は、食うものもろくにない大昔さながら「節約こそ美徳」の王道を歩んでいるのである。

情報があまりにも少ないのである。私の子供時代、学校で地理の勉強をしたり、教会の日曜学校で中国人のために祈りをしているのを聞いたり、異教徒をどう導くか宣教師が熱く語っていた頃と同じである。それどころか最近は、新聞や国際慈善団体向けに「夢の中国」と「現実の中国」を一緒くたにして、ますます世間を混乱させている「善意の人」までいる。

しかし中国人は演出家であり、辛い立場に追い込まれても見事に演じきれる素晴らしい役者である。役柄になりきり、厳しい現実を忘れさせることなど朝飯前である。またそのスピードが素晴らしい。例えば車夫。ぼろをまとい寒さにちぢこまり、作り笑いをして物貰いをしているかと思うといきなり、悪魔の如く、大声で怒鳴り散らし、つばを吐きかけてくる。もし世界一周旅行で上海に一日寄って、一人で町を歩いたら、嫌というほど恐ろしいことが体験できる。

これは船で見た話である。金がある者は個室切符を買うが、金のない者は甲板に乗る。この甲板にいた中国人の演技が見事であった。居並ぶ外国人乗客から、お得意の演技力を発揮して、見事に涙を誘ったのである。空涙を流すのは朝飯前。騙される方も初心《うぶ》である。船に乗り込んだ後「乗船賃がない」と言って叫び、呻き、痙攣までする。「親が病気になって、すぐ帰らなければならないのです」とか何とか、例の台詞である。滝と流れる涙は真に迫っていた。そこへ屈強な警備隊が出てきて「海に落とすぞ」と脅した。すると、パッと金を出して何事もなかったかのように、荷物の竿やら籠やらのところに戻り、おしゃべりに興じたのである。

「中国人の言葉は本心から出たものである。真面目一筋、嘘偽りがなく、言行一致とはこのことである」とは真っ赤な嘘である。確かに「言行一致」の者もいる。それはごろつき連中である。

虚しい形式主義と面子

数千年前、いわゆる有職故実、式典細目ができた。不磨の大典ともいうべきものである。例えば「寡婦は夫の死後○○日間泣くべし」「婚礼細目」「儀式席順」「○才をもって成人とし、○才をもって老人とする」その他もろもろ、事細かに定めており変更は一切許されない。不磨の大典であるから、形の踏襲に汲々としている。

また、若者には若者向きの指南書がある。困った時のお手本が出てくる。ある若者が父と一緒にある家に招かれた時の話。この若者、部屋に誰もいなくなると「これ幸い」とばかり、机の上の籠に入っていたミカンを全部、袖に押し込んだ。そこへ皆が戻って来る。ミカンがない。「盗ったのか？」

「知らぬ。存ぜぬ」の一点張りだが、「もはやこれまで」となり、袖からみんなぶちまけ、知恵を絞って涙ながらに「母のためなり」との申し開き。一同これには「孝行息子じゃ」と褒め上げる。ところであのミカンはどうなったか、母親が「ミカン食いてえ」と泣いていたのか、本当に母親がいたか、どこにも書いてない。つまり「親孝行のためとなれば、許される」ということである。

実際中国に暮らす時、注意すべきことをお話しよう。使用人なり調理人が「母親が遠くにいまして、歳も歳ですから、そろそろ見舞いでも行こうと思います」と言ってきたら要注意。まず「何か物がなくなっていないか」調べることである。私自身似たような経験がある。この話を聞いたことがあったので、使用人が「母が病気で」ときた時、家中調べたが後の祭り。すでに使用人の姿はなかった。

「お前はクビだ」と脅されたらどうするか。大抵は、面子を保つため二、三日はそのままでいるが、そのうち「母が歳で病気で二、三日暇を貰いたい」と来る。「今日限り辞めます」とは絶対言わない。もちろん「親の病気」を信じてくれるとも思っていない。方便である。「裏の意味」がある。これを読み取ることは難しい。例えば、弟が死んだとする。友達にはそのまま「弟が死んだ」とは言わない。「弟の家が風で倒れた」というような表現をするのである。

昔からこうである。言葉巧みに忠孝やら真実、信頼など誉めそやすが、全く意味のない言葉の羅列に過ぎないのである。

スポーツはもちろん、武を嫌う民族

数百年前、中国は近隣諸国より軍事的に優勢であったが、マレーの海賊が中国の南の海岸を脅かしていた。時々海岸の村々を襲い、堂々と住んでいた。これを撃滅せんと、皇帝は布告を出した。「海辺の者は内陸部へ数キロ移動せよ」と。「海賊が来ても取る物がなければ、この中華帝国を悩ますこともなくなるであろう」というのである。当時理論上、中国は地上最強の国であったが、裸のマレー人に襲撃されると逃げ回っていたのである。もし海賊が海岸線に住み着いたらどうするか。そこは中国人の智恵の見せ所。マレー人をうまく取り込み、中国人と結婚させ同化させてしまうのである。ところが戦となるとそうはいかない。何千倍もの武力がありながら、恐れおののくばかりである。

百年前、モンゴルを旅した人の日記がある。この日記にモンゴルが中国に征服され貧困に喘《あえ》ぐ従属民になった理由が記されている。中国人は武器を取って戦うことは絶対しないから武力で負けたのではない。ただ、口先のうまい商売人や行商人などの甘言、嘘八百にやられたのだと。

この世には許し難いことがいろいろあるが、中国人の覇気のなさほど許せないものはない。激しい体の動きを伴うものは何でも嫌う。体を動かすスポーツをしている中国人は見たことも聞いたこともない。大民族でありながら、筋肉を躍動させ、友と競い合い、爽快な気分になる競技というものが全くない民族である。「なぜテニスをするのか？」とか「特に当てもないのになぜ馬に乗るのか？」とか聞かれる。「苦力を雇って球を打たせ、座ってご覧になればいいではないか」と言うのである。体育館を備え体育の授業もある海外の学校に、何万人と通っているのに運動選手が育たない。また外国人を雇って指導しても運動はやろうとしない。アメリカの大学でテニスをするつり目で黄色い顔した者はまず間違いなく日本人である。中国人はやらない。中国内にある外国人学校では屋外スポーツを奨励しているが、全く中国人の性に合わないようである。

もちろん中国にも手品師や曲芸師がいるが、世襲制であって最下層の職業とされ、浮浪者扱いである。つい最近までは彼らを取り締まる法も存在したくらいである。金のためであって、身体を動かしたくてやっているのではないのである。

体を動かすことになんの喜びも感じないから、戦争になっても手柄を立てられない。「科学知識を身につければ即座に世界の大国になる」という向きがいるが、全くの的外れである。というのも、有能な外国人が軍事顧問になり、武器弾薬工場が多く建ってすでに七十五年にもなるが、契約が切れ、工場がアメリカの理系大学で学んだ中国人に引き渡されたらどうなったか。あっという間に工場は錆び付き、潰れてしまったのである。動いている工場も生産高はがた落ちである。軍の士気というものはどうであるか。それについては特に第一次世界大戦後、元ドイツ軍人が安く雇えるようになり、彼らの指導のお陰で、中国軍の装備は充実したが、宣教師が中国人の人格形成に失敗したように、ドイツ人顧問も士気を叩き込むことには失敗したのである。これはただ単に中国人が無知であるとか訓練不足だからではない。インドを見よ。インド北西部の部族は中国人と同じく無学だが、イギリス軍に編入され勇敢に戦っているではないか。

敵の面子を潰すための自殺

言葉も契約書も信じられない。中国海軍（英国海軍の元艦長、指揮官が指導している）の英国人顧問は全員が俸給の六ケ月分を前払いで外国の銀行に振り込ませている。経験上こうしているのである。中国人は契約の抜け道を探す天才で、信じられないからである。

中国では契約書を交わすということがなかった。そういう法がなかったからである。書面だろうが口約束だろうが、双方とも油断はできない。時には自殺することも間々ある。負債を支払わない者に意趣返しをするためである。

イタリア人やキューバ人やメキシコ人は直接、相手を殺すが、中国人はめったにしない。どうするかというと、相手の面子を汚すために自殺するのである。すると「自殺させるほどの悪人であった」という噂が流れる。奥さん連中も何百年も前から同じ手を使って亭主を牽制してきた。「死んでやる」

と脅すと、いかに横暴な亭主でもピタリと止むのである。女房が死のうが何しようが、代わりはいくらでもいるから一向に構わないが、自殺となると一大事である。実家の連中から法外な葬儀代を迫られる。葬儀は実家が取り仕切り、料理から招待客まで何でも決めてしまう。横暴な亭主を世間の笑い者にしただけでは収まらず、ここぞとばかり高価なものを大量に注文し、事実上破産に追い込むのである。こういうことは今でもかなりの地域で見られるそうである。また一度嫁いだら、どんなに娘が「酷い亭主なのよ」と泣き付いても、出戻りは許さないそうだ。「他家にやった者にただで食わせるわけにはいかない」と言うのである。

そういえば、百年前、広東娘の大ストがあった。アメリカのフェミニストが聞いたらそれこそ大喜びしそうである。今でもそうだが、当時の娘は結婚相手を自分で決めることができなかったので「結婚拒否。死んでもいや！」と気勢を掲げた。というのも、新妻は一族の下働きとなってこき使われるからである。三十人から百人もの一族である。これを嫌って、新婚夫婦が新所帯でも構えたら、それこそ「親不孝者」呼ばわりされ生きてはいけない。もちろん金持ちは別である。

昔の中国の刑法では、親に逆らうことは重罪とされ、親が「お上」に訴えでもすれば死罪となる。親に手を上げたりするような重罪は拷問され、死罪となった。

「嫌がらせ」もよくあることで、あの孔子でさえ平気である。ある時、招かれざる客が来たので居留守を使った。諦めて客が帰ろうとするのを見て、孔子は窓辺に出て胡弓を弾いた。「ああ、孔子様は私のことをこういう風に扱っていらっしゃるんだなあ」とわからせるためであったという。

さて、ほんの数ヶ月前のこと。福州で付き合いのあった高名な奥方が、ご主人の面子をつぶすため、首吊り自殺をした。聞けば、子供の躾のことで喧嘩になり、亭主に文具で頭を殴られたようである。これを根にもって首を吊ったのである。お陰でご主人の面子は丸つぶれとなったのはいうまでもない。

金がすべての現実主義者

近年、アメリカ人の娘が中国人の家庭でホームステイをする話が本になって、意見を求められることがよくある。もちろん、アメリカ人でも何不自由なく暮らせる家庭があるにはある。しかしいくら「ある」とはいえ、なにせ中国には四億からの人の暮らしがある。「何不自由なく暮らせる家庭」はごくごくわずかである。ここでは具体的な話はとてもできないが、実際見た例を申し上げる。中国でなら「超」上流の家庭でも、育ちの良いアメリカ人にはまことに不快極まるものである。しかし、もし中国人が同じ家庭にホームステイしたら、そんなには不快ということもないだろう。「超」上流でこうだから、純中国風にされたら、逃げ出したくなるはずだ。

「中国人は質素であり、気高い民族である」と言われるが、とんでもない。好きで質素に心がけているわけではない。挨拶を見てもわかる。「給料はいくらでしょうか」が挨拶代わりである。また、家に来ると、まず「お家賃はおいくらでしょうか」とか「お家屋敷はおいくらしたんでしょうか」などと切り出すのである。特に不躾なことではない。礼儀に適った立派な挨拶である。「収入を聞いて対応を決める」ためだそうである。

「金がすべて」であり、それこそ宗教に近いものがある。もうけ話になるとどんな苦労でも厭わない。また、友人や家族の誰かが死んでも顔色一つ変えない人が、金を失くしたとなると大騒ぎである。

これは私の使用人の話である。爪に火をともして千八百ドルも貯めた者がいた。並の中国人にとって一財産である。ここまでは見上げたものである。しかし、中国人らしくてよくわからない話が始まるのはここからである。よせばいいのに、よく知らない博打か株に手を出し、貯めた金をすっかり擦ってしまった。しかもよく知らない男に頼んでやらせたようだ。あまりのショックに死にそうなくらい落ち込んでいた。よくある話だが、可哀そうになって事情を聞くとこう答えた。

「私、モウ行ケナイ、友ダチノ家ニ。友ダチ皆、飲ンデ、笑ッテ、楽シソウ。デモ、私、声出ナイ、笑エナイ、食ベラレナイ。私、何モデキナイケド、心臓ダケ、ドッキンコ、ドッキンコ、時計ミタイニ、鳴ッテイル。ココヨ、ココ（と言って胸に手を当てる）。夜、睡眠ゼロ。心臓ダケ、ドッキンコ、ドッキンコ。私、声モ出ネェシ、涙モ出ネェ。デモ、心臓ダケ泣イテイル」

ところが、この同じ使用人、コレラで死んだ友の話となるとガラッと変った。いかにも可笑しかったというように大笑いしながら、こう話したのである。

「二日前ノ晩ダッタ。私、アイツノ家ニ行ッタ。アイツ、マサカ、自分ガ、死ヌトハ、思ワナカッタ。ソレカラ、コレラガ来タ。カカッタ。四時間モシナイデ、昨日、死ンダ」

と話した後、大笑いしたのである。

「これぞ中国人」という話のほんの一例である。古い宣教師や商人の日誌にも同様の話がたくさんある。芝居見物してみるといい。可哀そうな場面、例えば、息子が死ぬ、嵐に家を吹き飛ばされるなど、涙を誘う場面がある。ところが何と驚くなかれ、ここで大爆笑が起こるのである。私自身、何度も芝居小屋に足を運んだから間違いはない。芝居だけではない。現実も同じである。何事にも鈍感なのに、金の話になるとヘナヘナっとなるのである。

葬式も面白い。参列者はお金のスタンプを押した紙をたくさん買う。これを燃やしてあの世への駄賃とするのである。よく墓石には馬を彫る。馬は背が高く逞しいから、あの世で楽できるからである。

犯罪者の一族郎党を残酷に処刑する

昔の中国の残酷な刑罰を何度も紹介したが、あれはあれでよかったのである。「これぞ中国人」と言うべきものなのである。上級官吏に賄賂が横行し、腐敗したため、あのような残酷な刑罰をもってしても犯罪は減らなかったのではあるが、名目上、国を一つにまとめるためには充分その役目を果たした。中国人の特質を実に見事に利用した制度であった。例えば、重大事件が発生すると、事件現場の近くの家は全部打ち壊される。「そんな馬鹿な」と思われるかもしれないが、当たり前のようにやってしまう。今でも変わらないが、中国人は誰も同じだから、何かしたら、すぐばれる。昔は悪事を企む者を、隣近所で思いとどまらせた。隣にも累が及ぶからである。だから全家屋を打ち壊すことはそれなりの効果があったのである。また別の方法もある。犯人の家族の一人を捕らえる方法である。家族、一族を重んじる伝統を巧みに利用した制度で、抑止力として効果絶大であった。人の命など虫けら同然なのだから、犯人が逃げたら父や兄弟はただでは済まない。重大犯罪、例えば反乱などの場合は、血族のみならず姻族まで拷問され処刑されることもある。これこそ親不孝の極みである。だから、二の足を踏んで、決起をためらうことになる。また、「目撃証言」も今のアメリカとは全く逆である。アメリカの法廷では、目撃者は「自分が有罪になる可能性がある」から宣誓証言を免除されることがあるし、ところが昔の中国では「一同、情け無用」とばかりに取り調べる。口を割らないと、裸にして吊るし、白状するまで打ちすえる。確か、アメリカにも拷問があったが、ここまで過酷ではなかったはずである。

「何事も前例にならえ」。これが真面目な中国官僚である。この理念の下に残虐な刑罰を平然と執行する。白状しないと、大きなハンマーで足首を叩き潰す。容疑者であろうが、目撃者であろうがお構いなし。「激痛のあまり意識を失って取り調べにならないのでは」との心配は御無用。ぎりぎり意識はあるのである。さすが中国人。「亀の甲より年の功」である。見事な拷問を考えたものだ。無学で遅れた国ながら、効果があったのである。

こういう具合にりっぱな刑法がありながら、まともな「お裁き」がないから、「出るところに出よう」

と言う者は一人としていなかった。犯罪は多発していた。警察の取締りは杜撰《ずさん》で、国自体は貧乏、国民は自制心のかけらもない。これでは誰もが強盗、窃盗、山賊になりたがる。

犯罪が多いのに不思議と「復讐」は昔から少ない。「心中」も同じ。日本では心中が大きな問題になるから多分、東洋で一番多いのではないか。

ある国を知るのにいい方法がある。その国の国民がどういう罪を犯し、それをどう裁くか、である。中国の場合は紙の上では、拷問は存在しないことになっている。しかし現実は、昔と同じである。

現実離れした科挙制度

中国には法律家がいなかった。ということは珍しく平和な国であったということになる。当時、証拠調べや刑を決めたのは上級官吏であった。彼らは法律の専門家でなく、ただ古典に精通しているのみであった。古典とは旧約聖書やユダヤ教の聖典タルムードに類するもので、詩歌、諺、論語、年代記など膨大なものである。官吏登用試験は西洋諸国より進んでいた。ところがこの制度には致命的欠陥があり、実際の役に立たなかった。試験科目が現実離れしていたのである。当時の高級官吏は建築も、法律も、民百姓の扱いも、もちろん道徳も何でもできることが理想であった。ところが、これを採用するはずの試験が、暗記試験である。チョーサーや聖書等に類する膨大な古典の暗記である。これでは理想と現実がかけ離れるのも無理はない。官吏の世界は、怠け者で無関心、汚職が蔓延する世界であったのである。すべてに秀でる者はおろか、一芸に秀でる者さえ稀であった。

刑法は誰が定めたのか。もちろん清廉の士たる官吏である。彼らは国の求めに応じて立派な法を定め、これに基づき「類稀なる正義」を貫いたのである。

確かに、現在のアメリカにはまだるっこしいことが多い。例えば、上級裁判所が下級裁判所に命ずる事件移送命令、当事者に裁判所出廷を命じる身柄提出命令、職務執行命令などという下らない制度があるおかげで、刑がなかなか執行されない。また弁護士のおかげで判決が伸びている。「海外の逮捕状は国内では無効である」とか「インクが違う」などと言って判決を引き伸ばす。「審議不十分につき再審」ということもある。しかし当時の中国にはこういうことは一切なかった。

判決を不満として皇帝へ直訴することも「無きに等し」である。それこそ命がけであったから。「御目通り」を許される前に、嫌というほど鞭打たれ、「考え改めよ」と追い払われる。懲りずに「今一度」と行くと「御意にかなわねば死罪であるぞ。証拠不十分も同罪である」と脅される。したがって二度「鐘を鳴らした」ら最後、死を覚悟しなければならない（「鐘を鳴らす」とはこういうことである。何事につけ儀式の国である。直訴の合図にも古式ゆかしく、皇帝の頭上に設えた鐘を鳴らしたのである）。「裁判に負けたぐらいで宸襟を悩ますとは不届き千万」ということだ。

軽犯罪の場合は「竹の鞭打ち」があり、回数が決まっていた。また「首枷」もよく行われた。これは丸い食卓のような木材で、中央に穴が開いていて大きさを調整できるようになっていて、その穴から犯罪者の首を入れ、隙間ができないように調整する仕掛けである。巨大な襟を付けているようなものだ。手で顔を触ることができなくなり、座ったり横になったりして休むこともできない。罪状を書いた札が付けられ辻に晒される。時に役人が現れ、「罪を犯すとこうなるぞ。慎むように」と触れ回る。最後に「畏み給え」とお触書が貼り出される。そこは民も賢いもので、「仰せのとおり」というふりをする。今も中国には「裁判沙汰になると、ろくなことにならない」という類の諺が実に多い。

驚くべき忍耐強さ

中国人は忍耐強い。顔に書いてある。子供でも同じだ。刺繍工場に子供がたくさんいる。細かい仕事を飽きる素振りも見せないで続ける。日曜日がないから一日も休まない。じっと目を近づけ、十時間でも十二時間でも手が動く。まるで機械だ。

学校も同じだ。昔は、夜が明けると同時に始まり、昼休みを挟んで、暗くなるまで勉強だ。「勉強しているふり」をするため、教科書から片時たりとも目を離せない。「黙読はだめ」だから音読である。

農民も職人も同じだ。「もう飽きた。疲れた」という素振りも見せず、夜遅くまで働く。確かに、仕事は速くないし、「急げ」と言っても聞きはしないが、過労で精神に異常を来たすことはない。体が参ることはあっても、神経が参ることはないようだ。そういえば、騒音も全く気にならないようである。例えば会社。改修工事中であろうが何であろうが平気である。大工が自分の椅子の真下の床でガンガンやっても何とも思わない。まるでゴビ砂漠の真ん中にでもいるかのように、平然と帳簿を付け、タイプを打つ。「気が散って仕事ができない」とぼやく人はいない。

勤務時間がどんなに長くても平気である。事務員でも家政婦でも、全く疲れを知らない。不平を言わないで、顔色一つ変えず働く。

アメリカの政府機関や企業に勤める者も同じだ。休暇希望がほとんど出ないから、雇う方は得だ。アメリカ領事館には、今年（一九三三年）まで一ヶ月の有給休暇があったが、取る者はいない。領事の機嫌を損ねるのを恐れたのである。中には二十三年間で二、三日しか休まなかった者もいる。それも冠婚葬祭だった。三十七年間、一日も休まず、領事から香港旅行のご褒美をもらった者もいる。

テニス、乗馬等も全くやらない。目の前の仕事以外は目に入らないのだ。よほどのことでもない限り平気なものだ。幼稚園や小学校でも同じだ。遊びたくて、飛び跳ねてむづかる子供はいない。遊びは凧揚げや人形くらいだ。野良犬を追いかけて遊ぶこともあるが、アメリカ人の子供のように興奮して跳ね回るということはまずない。

まだまだある。漢字だ。「点」、「撥ね」、それぞれ意味がある。漢字はおよそ四万と言われるから一生かかる。読み書きに規則がない。部首にだいたいの意味があり、これに細かい線や点を加えて全体の意味を表す。しかし、古文書や詩の現代訳は学者にも難しい。こういう難しい漢字をとにかく書いて覚えるのだ。記憶力がよくなり、観察力、忍耐も身に付く。集中力は抜群である。自然観察、医学、天文学の専門書は大したものだ。が、観察だけで、そこから論理的に何かを導き出すことができない。「知識」はあっても「知恵」がないのである。これは何も国内組だけではない。留学組も同じである。

学問不毛の国

ギリシャに哲学者が生まれ、物事を論理的に考察した。アラブでは数学が発達した。紀元前、ギリシャに数学者ユークリッドが生まれ、フランスに哲学者であり数学者のデカルトが現れた。しかし、中国には誰も生まれない。単純な物理を使ったり、自然を利用はしたが、「発明」というより「偶然の発見」である。

物事には原因があって結果というものがある、ということに気づかなかったのだ。ちょっとわかればそれで満足する。一歩進んで何かしようとしない。羅針盤を発見し、硝石と炭と硫黄を混ぜて火薬を作り、紙を作ったのは中国人だ。他にもたくさんある。ところが幾何、代数という数学が苦手だった。十進法もなかったから今でも店では値段を計算するときは算盤を使っている。単純な掛け算・割り算はうまいが、複雑な計算は全くだめである。

西洋人より早く鉄を使ったが、ぜんまい時計を作ったのは西洋人である。滑車の原理を発見したがそれを活かせなかった。アーチを利用して建物は建てたが、ガラス細工は作れなかった。

装飾品も豪華だ。絵の具や染料、漆、木の細工、絹織物と多彩だ。肥料も使いはしたが科学肥料はできなかった。蒸気を発見したようだが活かせなかった。動物のウィルスが天然痘に効くのを発見したそうだが、これも活かせなかった。これが紀元前二二〇五年に始まる悠久の歴史を誇る中国人である。「文明競争のスタートライン」には一番乗りだが「用意、ドン」となってもスタートはせず、スタートラインをうろうろしているだけである。

金持ちの親戚にたかるろくでなし

混迷を極める歴史の中で変わらぬものがある。それが家族制度である。政府への忠誠心は猫の目の如く移るが、家族に対する忠誠心だけは変わらない。しかし、これは「両刃の剣」とも言えるもので、社会の秩序を保つと同時に進歩も阻んでいるのである。

家族は両親、祖父母、子供、叔父、従兄弟、一族揃って同じ屋根の下に住み、一つの村である。仕事で離れても家族に対する思いは変わらない。金は一族みんなのものだ。泥棒しようが何しようが、金のある者はない者に分ける。独り占めはできない。最近「これはおかしい」と言う者が多くなった。ほんの一握りの、たまたま運良く大金を手に入れた連中である。金を家族に分けなかったらどうなるか。そんなことは世間が許さない。たとえ不精で、仕事があっても働かないで、「金くれ」とだけしか言わない「ろくでなし」であっても、世間は肩を持つ。だから、博打好きの放蕩者、阿片中毒、怠け者等が、働き者で金持ちの叔父や従兄弟に寄ってたかって気ままに暮らせるのである。

「こんな連中に金はやれない」と言ったらどうなるか。「うちの叔父さんは人でなしだ」と世間に向かって騒がれる。門前に、筵や毛布を持ち出して泊り込み、行きかう人に、言いたい放題、あることないこと、訴え、「人でなし」と罵られるのである。

いくら鈍感でも、世間体だけは気になる。私が調べた限りでは一人もいなかった。コロンビア大学法学部卒で上海では有名な弁護士ヘンリー・メイ氏も「この『たかり』は最大の問題で、世の中がよくならない最大の原因はここにある」と言っている。メイ氏はアメリカ生まれでアメリカ育ちだから、中国人というよりアメリカ人である。市民権も持っていたが、それを捨て、先祖の国籍を取得し、香港で弁護士として活躍するようになった。その彼でさえ、このしがらみから抜け出せないでいる。香港に来るまで一度も会ったこともない親戚、会わなければ良かった親戚とのしがらみである。

「俺たちはもらう権利がある」と言って金をせびる。袋やらカバンを担いで、子供まで大勢引き連れて好きなだけ泊まる。鍋釜布団を持ち出し、敷地に好きなだけ寝泊りする。以下の話は私が行く前のことである。ある人が財をなし、私の近くに家を借り、洋式の暮らしを始めた。するとたちまち、例によって例の如く貧乏な親戚が押し寄せてきた。あまりの多さに食費が嵩み、米代も払えなくなったが、かといって追い出すわけにもいかない。やむなく贅沢な暮らしを諦め、中国風の家に戻り、いかにも「貧乏しています」という風な暮らしに戻ったものである。

外国人居住区以外は、いかにも「金はありません」という格好の家ばかりである。中は贅沢でも、壁や門等はほったらかしで修理しない。まるで貧民街である。金がありそうな外見をしていると、盗賊に狙われるばかりか、役所にまで目を付けられる。普段は隠しておいて、信頼の置ける友人や客が来た時だけ大盤振る舞いする。

これを見事に突っぱねた男がいた。私の知り合いの中国人である。この男にも例の如く田舎に親戚がいて、なんだかんだと悩まされていた。我慢ならなくなったこの男、お上に「恐れながら」と訴えた。そこでお上は捕り方を引きつれ、親戚の家に出向き、取り押さえ、首を撥ね、木に吊るした。しばらくしてこの男、私を夕食に招待してくれた。『これで一安心』という様子であった。彼のような「進んだ」猛者はごくまれである。

貧困の国でありながら餓死者が少ないのはなぜか。答えはここにある。親戚から食べ物をもらえるから飢え死にまではしないのである。もらえるといっても、生半可な頼み方ではもらえない。「頼む」というものではない。あの手この手で攻め、それこそ命がけである。やる方だって、そうそう簡単にやるわけにはいかないから「やるものは何もない」と白を切る。はなはだしい場合は、家中取り囲んで脅すこともある。

感謝の気持ちはさらさらない。当然の権利だと思っている。忘れないでくださいよ、慈善団体の皆さん。「有難うございます」と言って、後ろで舌を出しているのである。骨までしゃぶるつもりである。

役人に無能が多いのもこのせいである。ある程度の地位に昇ったら、一族の就職口を世話しなければならない。空きがなければ新しい職を作ってやらねばならない。甥やら姪やら、実力に関係なく、世話しなければならない。その他、数えたらきりがない。

これが本当の中国人である。だから、あらゆる点で我々と一致するわけがない。数百年来の性格が変わるはずがない。機を見るに敏である。言葉は丁寧であっても、目的のための手段である。

第五章　進歩のない布教活動

口先だけの道徳

古来、「人は川だ」とよく言われる。難しいことも何かにたとえるとわかりやすい。

中国に行くと改めて納得させられる。やっぱり「人は川」である。どこもかしこも人のいる所、「黄色い川」に見える。しかも果てしなく続く激流である。皆同じ顔をしているから見分けがつかない。

顔も同じだが性格も同じで、親譲りの頑固一徹、人の話を全く聞かない。たとえ英語が上手で、一見「アメリカ人かな？」と思える人でも同じで、もって生まれた性格は変わらない。

なぜ変わらないのかわからない。民族の血か。それとも過酷な環境か。いずれにしろ、この二つであることは間違いない。

「過酷な環境」とはこういうことである。自分で自分の一生を決められるようになってから、かれこれ数百年になる。ただし「自分で決める」といっても「何でも決められる」ということではない。「死ぬか生きるか」を「自分で決められる」ということである。ぎりぎりの暮らしをしてきた親を継いで自分も頑張らないと死が待っている、ということである。

いかに努力しようとも、逃げ道はおろか、ほっと一息つく場さえない。頑張れば何とか生きてはいける。少しでも怠けると、死が待っている。ただし、いくら頑張っても無駄で、やらない方がまし。日ごろの行いにしても同じだ。心がけがよければ牢屋に入ることはない。少しでもよくないと引っ張られる。ただし正義感に燃えるのは考えもので、かえって憂き目を見ることになりかねない。だから、道徳観念など全くない。だからとうの昔に、世界一、計算高い人間になってしまったのである。ところで、「アメリカ人もこうなっているのではないか」と宣教師たちは警告している。

「花より団子」と言う。「背に腹はかえられぬ」とも言う。とうの昔に、中国人は「花より団子」、「心より物」である。四億の人間がいては「霞を食って」は生きていけないのである。現実は厳しい。賢い者が勝つ世界であることは百も承知。口には出さないが、道徳などというものを馬鹿にする。何にもならない、そのうち消える、世間知らず、というわけだ。

およそ考えられることは何でも起こる。洪水、凶作、飢饉、戦争、イナゴが襲ってくる。これだけではない。人まで襲ってくる。人といっても悪代官だけではない。隣の人まで襲ってくるから「蓄え」の余裕がない。これじゃ「頑張ろう」という気もなくなる。善人ぶっても何にもならない。目的のためには手段を選ばない。生きるためならあの手この手と智恵を絞る。生きるためだけではない。つかの間の快楽を得るためにも同じこと。悟りを開こうという求道者もいたのはいた。これとて風見鶏に変わりはない。

運良く学者になる者もいた。聖人君子の名言に精通した。「座右の銘」が残るのは彼らのお陰である。裁きの庭で使われた。座右の銘は便利なものである。「かくあるべし」とは誰でも知っている。

ただし、これは建て前の話。誰も見向きもしない。しかしこの建て前は使える。自分にではなく相手に、である。立派な建て前を持ち出し、法に従うふりをするのである。「錦の御旗」である。何かというと旗を振りまわす。しかし誰も騙されない。自分もやっているから。「義を見て為さざるは勇無き也」と言われても「へぇ、ごもっともでござんす」で終わりである。そんな古臭い言葉を信じる者はいない。「誠心誠意」ともよく言うが、まともに受け取る者はいない。○○大先生とか閣下、殿、尊師など大そうだが、「こんにちは」くらいの意味しかない。

言葉は何の意味もない単なる儀礼になってしまった。これはアジア全般に共通することでもある。商売人は「嘘だったら死にます」と言うが、見え透いた嘘である。しかし「アジアチャンピオンは中国人」である。バラに棘あり、言葉に裏あり。

それでは中国人の嘘つきは直せるのか。できなくはないが、簡単ではない。例えば「有言実行」と言ったら「おっしゃるとおりでございます」と即座に答える。もちろん、こちらを疑ってはいない。ただ、まさか「本気だ」と思わないだけである。単なる外交辞令だと思うから愛想良く返事をしただけのことである。

宣教師の「アリガテェオ話」も同じである。「別ニ新シイ話ジャネェ。大昔カラ聞イテルヨ」というわけだ。

フランス人の貧乏人は、臭いをごまかすため香水を使う。中国人は立派な言葉を並べる。例えば、誘拐事件。身代金要求の手紙は立派なもの。名言、金言を書き連ねる。逮捕されて、証拠を突きつけられても、びくともしない。火山でも爆発したかというくらい、まくしたてる。

誘拐犯にしてこうである。「況や善人に於いてをや」。教会に集う者の反応は押して知るべし。宣教師の教えに「アリガタヤ、アリガタヤ」とひたすらひれ伏す。ただし、心底「ありがたい」とは誰も思わない。昔から耳にタコができるほど聞いているからである。

もういいでしょう。頑固な中国人、厳しい環境に翻弄される中国人、とうの昔に本来の意味をなくした言葉の面白い言葉の使い方、等など。ここらで終わりにしよう。というのは、これから我々自身のことをお話したいからである。といっても残念ながら失敗談である。全く違う民族である中国人の啓蒙に失敗した話である。「敵を知り、己を知れば百戦して危うからず」である。

精神一到何事かならざらん

アメリカ人の特徴を一つ挙げるとしたら、それは信念である。「一致団結。恐れるものなし。時は味方なり。必ずや成就せん」という強い信念である。ところが中国人は違うようである。「猿真似」も一部いるが、信念を持つ者は多くないようだ。それどころか受け付けられないようでさえある。口でいくら「信念」と言っても、もって生まれた性格は変わらない。

アメリカの歴史は浅いが、この三百年で飛躍的進歩を遂げた。これからも、世界と手を組み、突き進むことであろう。この数百年は人類の歴史に比べたらほんの一瞬ではあるが、栄える国あり、滅びる国あり、まさに栄枯盛衰の数百年であった。しかし、おかげでアメリカは信念を得たのである。どんな大きな壁も乗り越えられるという信念を。これはただ幸運の女神のなせる業ではない。我々には古代ローマ人、チュートン人、デーン人、ノルマン人の「不屈の精神」という血が流れている。二千五百年前に新天地を求め開拓が始まった。森を開き、鉱山を掘り、ヨーロッパを駆け抜け、大西洋を跨《また》ぎ、アメリカを東から西へと開拓してきたのである。そしてこの五百年間に布教活動も政治改革も推し進められ、人は目覚め、手を取りあうようになり、全体が豊かになり素晴らしい世界になった。ただ一つ「利己主義」をなくすことはできなかったのが残念である。

不屈の信念があればこそ今がある。ネズミのようにただチョコチョコ動いていたら今の繁栄は望めなかったのである。アメリカは「夢の国」である。夢を実現できる国である。そして近年、その夢を分かち合って来た国である。一生懸命働けば子供に財産を残せる国である。こうして古代ローマから培われた「精神一到何事か成らざらん」という「不屈の精神」は揺るぎないものとなった。これはもう盲目的信仰になっている。繰り返すが「盲目的」である。ことによってはできないこともある。相手がはっきりしている時は良かった。相手がインディアンやバッファローだった時は良かった。しかし今は違う。全く違う国とぶつかっているのである。不屈の精神を植えつけようとしても全く受け付けない国が相手である。

　ところで先ほど「精神一到何事か成らざらん」と言ったが、これは十三世紀南宋の有名な儒学者「朱熹」の言葉である。博学の士で朱子と崇められ、その学を朱子学というほど、中国では隠れなき人である。「少年老い易く学成り難し」「一寸の光陰軽んずべからず」等の名言は誰でも知っている。ただし知っているだけであって実践する者は誰ひとりいない。こういう国が相手だということだ。

　ところが、現実のアメリカは何をしているのか。このような、歴史も何もない国に「苦労は必ず報われる」と説いているのである。我々が説いている「キリスト教」とは何か。それは「万民の幸せ」である。これに「キリスト教」という「新しい名前」をつけただけの話である。なぜなら、キリストの生まれるはるか以前、「万民の幸せ」を目指す戦いが、ギリシャ・ローマの時代から始まっていたからである。キリスト教は弛《たゆ》まぬ努力を続けたギリシャ・ローマ文明の賜物である。ところが、中国人は「弛まぬ努力」というものを信じない。努力しようが怠けようがどうにもならない国だからだ。「現実は厳しい。生きるためならどんな手を使おうとかまわない」としか考えない。どんな悪事を働こうが「良心の呵責」というものは微塵も感じない。神仏を祭っているのはひたすら「生きるため」である。信仰のためではない。キリスト教も同じである。「信じる者は救われる。嵐は収まり、病は治り、死者は甦る。パンを与えよう。求めよ。さらば与えられん」と聞いて信者になっただけのことだ。

　ただ信者になっただけで努力をしない。それでは病が治るものではない。いくら信心しても嵐は吹き、死ぬ者は死ぬ。米櫃も空っぽである。そうなると「キリスト教もだめだ」となる。何でもかんでも神頼みで、努力というものを知らない。損得勘定しかないのだ。

宣教師という者は信念の人である。「いかなる困難にも打ち勝ってきた。中国人でもその気にさえなれば、必ずやってくれる」と堅く信じている。だから中国人にも「やってください」と説いている。

布教活動の実態

はたして効果はどうか。伝わるほどの効果は出ていない。情報というものは全く当てにならないものである。「期待以上の成果」というがとんでもない。現実が知れたら、支援が減らされる。

いま少し説明の必要がある。

現地の模様を伝える情報紙はたくさんあるが、いずれも「きれい事」ばかりである。しかし、経験者は自分が書いた記事を見て「俺はこんなことを書いていたのか」と暗い気持ちになる。つまりこういうわけだ。誰だって新人記者として現地の教会に派遣されると、「熱烈歓迎」される。そこでつい、いい気になって「きれい事」ばかり書く。ところが実情を知るにつれ、「これでいいのか」と思うことが多々ある。しかし、「宣教師の生活がかかっている。書いたら大変だ。新人の頃は面倒見てもらったしな」というわけだ。個人的感情に流され事実を書けないのだ。「悪いことは悪い」と訴えなければ記者とは言えない。しかし、これが実情である。こういうわけだから、自分が書いた記事を見て何も言えなくなるのである。

ところで、中国では慈善活動に従事する者はすべて「宣教師」と呼ばれている。一度も教会で説教したことのない医師や社会活動家も「宣教師」である。本書でも広い意味で「宣教師」を使うことにする。

宗教的意味での宣教師とはどういう人か。それは読んで字の如く、神のお言葉を「宣」言し、民を「教」え導く「師」である。教え導く情熱があるから宣教師であり、これさえあればどこでも通用する。あとは冒険心があれば完璧である。いずれにせよ、真の宣教師たる者は、話のわかる人を相手にするのを潔しとせず、飲み込みの悪い異教徒に神の教えを叩き込むためならどんな山奥でも出かける。

中国に来たのは、こういう真面目な宣教師であった。確かに初めの頃はそうであったが今は様相が違ってきている。今では目に見えない信仰より、逆に目に見える生活改善に情熱を注いでいる。アメリカ国内と同じである。布教より生活改善である。特にプロテスタントは、アメリカ国内よりもこういう傾向が強い。百年前の宣教師は魂の救済に力を注いだものだが、今は本来の目的に加えて、衛生面、農作物の生産性の向上等、生活の向上に力を入れている。仕方なくやっているのだ。目に見える餌が必要である。神の教えだけでは食いついてこない。例えば、ミッションスクールは無料である。無料なら子供が来る。勉強を教えながら聖書を教えようというのだ。これでは、まるで不動産競売に出る無料弁当だ。

不毛な布教の歴史

布教の歴史を見ると勉強になる。

マルコポーロが中国を旅した十三世紀、中国全土にネストリウス派のキリスト教信者がいた。主な大都市には寺院があり盛んであった。ローマカトリック系ではなかったが、地中海から東側に勢力を伸ばし、インドに前からいたキリスト教徒と協力関係にあった。であるから、七世紀ごろには小アジア、インド経由で宣教師が入っていた。

ローマカトリックが中国「元」に入ったのは十三世紀の中ごろだった。皇帝フビライはローマ教皇に親書を送り、宣教師の派遣を要請した。中国に渡った宣教師は「熱烈歓迎」され、活動を開始した。ただ、前述の如く中国にはネストリウス派の信者が大勢いた。また、ギリシャ正教徒も多かったので対立が起こった。

こんなことはどうでもいいが、大切なことは次である。

十三世紀に中国で隆盛を誇ったキリスト教も、ネストリウス派が本国で衰退したため、宣教活動も自然、下火になった。それから二百年後、双方の関係が復興する間、中国のキリスト教はどうであったか。あれほど盛んであったものが、消滅していたのである。もともと性に合わなかったのだ。よほど助けてやらないと続かない。

それは現在の中国も同じである。戦乱、騒動のため宣教師が任地を離れると、その間、信者もいなくなっているということがよくある。だからもし、宣教師がいなくなり、助成金も入らなくなると、あと数十年で中国には信者が一人もいなくなるだろう。歴史にそう書いてある。現在の状況からしても、間違いない。

たまたま手にした一九三三年七月六日付けのニューヨーク・タイムズに次のような記事があった。「中国のキリスト教離れ五万人」(「レイメン海外宣教師調査報告書」より)。「混迷の中国でキリスト教離れ。内乱と反キリスト教運動が原因か」とある。五万人という数字はプロテスタントだけのようだ。プロテスタントは四十数万。そのうちの五万である。ちなみに、中国で教派を問わず「信者」と称する者は二百五十万である。

書くべきことが書かれていない。それはこういうことである。騒乱が起こると宣教師が避難する。教会は閉鎖。補助金も減額。となると信者はどうなるか。何も貰えなくなる。こういうことが多発しているのに、なぜ書かないのか。

伝えただけでは消滅してしまう国が中国である。ユダヤ教、ネストリウス派、ギリシャ正教、ローマカトリック、いずれも消滅した。仏教、イスラム教があるが、いずれも「名前」だけで、本来の教義は消滅している。儒教でも道教でも中国でなかったら立派な宗教になっていたであろうが、残念ながら儒学、老荘と言われる学問の域を出ていない。中国には宗教というものが生まれなかったし、外部から受け入れたこともないのである。中国で消滅した宗教が他では根付いている例はたくさんある。アルメニア、エチオピア、インドがそうである。援助がなくてもキリスト教は続いている。対照的に中国は宣教師の墓場、宗教終焉の地である。このこと一つをとっても、いかに中国人の精神構造が特異であるかがわかる。

「知らぬは何とかばかりなり」とはよく言ったもので、宣教師はのんきだ。おだてられてその気になっている。とんでもない間違いに全く気づかないのだから。

しかし中には、こっそり打ち明けてくれる人もいる。

「確かに虚しいことばかりです。中国人が神の国に入れるとはとても思えません。ですから、いくらやっても無理だとはわかっています。それでも、私たちは神の国へ向かってひたすら歩かなければならないのです」

「馬の耳に念仏」とはこのことである。聖餐式でイエスの「最後の晩餐」に倣い、「これは私の身体である、私の血である」と言って信者にパンと葡萄酒を配っても、「有難ウゴザンス」と言って、「ただで酒が飲めた。パンが食えた」と喜ぶばかりで、聖体拝領の意義がわからない。聖書も祈祷書も難しすぎてさっぱりわからない。もう充分その職責を果たしたことは神も認めるところではないか。充分種を播いたのである。石ころばかりでぺんぺん草しか生えない畑であっても、自分のせいではない。やるだけはやったのだから、たとえ花が咲かないとしても怒られることはない。こう開き直ってくれるといいのだが、そうはいかないのが宣教師である。

閑話休題。布教史に戻ろう。まずカトリック。喜望峰周り航路が発見され、ヨーロッパと中国との関係が再開した。一五八二年、イエズス会のマテオ・リッチがマカオにて布教。これを契機に三百年ぶりにキリスト教が蘇った。一六一〇年、マテオ・リッチの死後も布教は続けられ、十七世紀中期には皇太后始め、貴族も多く入信した。一七〇〇年にはその数三十万人に達した。

プロテスタントはどうであったか。一八〇七年、ロンドン宣教師協会から派遣されたプロテスタントの一派「長老教会」のロバート・モリソンが初めて広東に来たのをもって嚆矢とする。以後数十年間、宣教師は増加の一途を辿り、七年めにしてようやく信者が「一人」生まれた。これに勢いを得て派遣が増強され、二五年後には信者もしくは信者と称する者の数は「十人」に膨れ上がった。十倍である。大成功。しかし、以後は入信者が頭打ち。信者になっても「うまみ」がないからである。最近ようやくミッションスクールができた。学費はただである。しかも就職に強い。となれば反応が早いのは当たり前だ。

一九三三年現在、自称クリスチャンは約二百九十万と言われている。うち、約四十万がプロテスタント（ただしこの中には最近減った五万から七万五千という数は含まれていない）、二百五十万がカトリックに登録されている（これも同様だがその数不明）。ただ、中国の人口は四億であるということを忘れてはいけない。

信者でなくてもミッションスクールに通っている。プロテスタント系の学校、大学に約二二万五千人、カトリック系に約二九万人である（数字は関連資料を参考にした。正確な学校数は不明）。

宣教師の活動の大部分は、慈善活動を含む宣教関連事業である（洪水、飢饉等の短期救援活動ももちろんある）。この膨大な組織を維持するのに年間一千万ドルを要する。この中には約五十万人分の教育費も含まれている。アメリカでも生徒数五十万という州は少ない。ヴァーモント、デラウエア、ワイオミング、ニューハンプシャー等の州の教育予算と同額である。中国一国への援助額は、中国以外の国への援助総額を超えている。この援助額の多くはアメリカでも教育が遅れた州、特に貧しい南部からのものである。南部には信心深い人が多いので援助を惜しまないのである。

地味で研究熱心な宣教師

この支出が妥当なものかどうかは後で検討することにして、関係者の様子を見てみよう。

宣教師は、在留アメリカ人の中では群を抜いた教養人である。教育があり、(自分の天職以外の)世界事情に通じ、難解で抽象的な話が得意だから一目置かれている。「世間知らずの宗教馬鹿」と思われているが、そんなことは決してない。幅広い教養を備えた者が多い。大卒は少ないが、いないこともない。統計はないが、プロテスタントはほとんどが大卒である。中には三つの大学で学位を得た者までいる。高等教育機関の先生は四三%が修士号を持ち、十%が博士号まで持っているそうだ。カトリックには大卒は多くない。ほとんどが神学の基礎だけ学んでその道に入っている者が多い。いずれにせよ、アメリカ本国の公立高校や大学の先生よりはるかに優秀である。全く教養のない宗派もあるが、全体のレベルは群を抜いている。

その証拠に、彼らは中国関連の論文や書籍を多く出し、最大の情報源になっている。宗教だけではない。芸術、歴史、民話、言語、と幅広い。しかも年を追うごとに増える一方である。ただし、パール・バックは逆のことを書いている。

宣教師は「真面目人間」で通っている。パーティでもやって楽しくやろうとしても、堅いことしか言わないから奥さんたちの評判は良くない。だから、一般人はあまりお付き合いしない。ダンスはもちろん、トランプ等も賭け事もしない。若い世代も、やりたくても仕事柄やるわけにはいかない。中にはやっている者もいるだろうが、ばれたら大変だ。

　宣教師は普通の人にはできないような、それらしい暮らしをしている。普通の家庭ではお客さんが来たら熱烈歓迎するものだが、宣教師の家ではそうはいかない。堅苦しいだけで口数少なく愛想がない。ドアがキイキイいうかと思うと台所はガチャガチャうるさい。使用人もあか抜けない奴で気が利かない。子供の躾はもちろん厳しい。あれもこれも仕方がない。収入が少ないからいい服を買う余裕等はないのである。きれいな服を着て新しい家に住む人はいない。「だから駄目だ」とは言えない。宣教師として立派に務めは果たしているのである。

　暮らしは地味だが研究熱心で、話は面白い。地域住民と一番接しているのは宣教師であり、彼らのことを一番知っている。と同時に教育もあるから話が面白いのである。専門の宗教や慈善事業には盲点があるが、それ以外は誠実一筋。研究、判断力は素晴らしいものがある。「巧言令色少なし仁」。いくら「地味で愛想がない」と評判が悪くてもかまわない。

　ある種独特の雰囲気があり、二キロも先でもそれとわかる。「顔に書いてある。みんな目が飛び出ている」そうである。言われてみると確かに「宣教師顔」とでも言うべき特徴がある。太平洋航路のウエイターでもわかるらしい。「このお客さん、宣教師だな。これではチップは半分しかくれないな」となるそうだ。全体的に宣教師は暗い表情をしている。また、中国勤務の女の宣教師は一番丈夫で長生きだが、皺だけは寄るのが早くなる。

　見ず知らずの僻地で長く勤めると何かとストレスも多い。知り合いがいる所でものんびりできる時間は少ない。たまに集まっても暗い讃美歌を歌うだけである。聖職として許されるのはせいぜい原っぱや川岸にピクニックに出かけるくらいである。そういう時も、まず祈りを捧げ、神のお許しを得てから始める。さもないと、斧で頭を割られ、炎の中に投げ込まれるからである。

最近赴任した者の中には進歩的な者もいるが、前述したように、赴任すると、口調は厳しくなり、厳しい掟を守る百年前の厳格な伝道師に早変わりする。楽しみと言えば祈祷集会、賛美歌の集いなどである。寝ても醒めてもイエスキリストの話である。生贄の子羊、嵐の海、永劫の業火、十字架等など、息つく暇はない。

これでは「一目でわかる顔」になるのも無理はない。特に若い女宣教師にストレスがたまる。それならなぜ彼女たちは中国まで出かけるのか。「刺激を求めて」である。「アメリカにいては先が知れている。中国へ行こう」というわけだ。純粋な宗教的理由で渡った者は少ないはずだ。しかし、一度渡ると帰ってこない。もともとアメリカを見限って行ったのだから。

そして運命に身を任せられるようになる中年になると変わってくる。信仰心が熱く湧き上がり「伝道こそ我が命」と決意を新たにするのである。しかし、ここまでくる者は少ない。多くは道に迷い信仰を捨てる。中国で五十過ぎても清らかに神に身を捧げられる者は少ない。いるのは若い男と高齢の女性宣教師がほとんどである。

中国でもアメリカ人はよくパーティを開くが、宣教師はこうした「お楽しみ会」にも出ない。「悪魔の誘いには乗らぬ」というわけだ。そういえば、その昔、キリストが断食していると悪魔が来て、「パンでも食べたらどうだ」と誘う。そこでキリストは、「人はパンのみにて生きるにあらず。神の言葉にて生きるものなり」と拒否した話が聖書にあった。私の知り合いの領事の奥さんが友達を呼んで「お楽しみ子供パーティ」を開いたことがあった。宣教師の子供も友達だから招待した。ところが、奥さんに断られた。「お宅にはお酒がありますよね。子供のパーティにはよくないわ」と言うのである。こう言われては領事の奥さんも黙っていない。「確かにお酒はありますよ。でも十二、二の子供に酒を出すはずないじゃないの」と大怒り。こうした場合にカトリック(カトリックには子供はいない)は、変な思い込みはないようで、大らかである。

教会自体に問題あり

大らかな反面、あまりにも酷い面もある。こういうことがあった。一部始終、関係者一人ひとりまで私が調べた事件である。あるカトリックの神父が、中国に来て三ヶ月も経たないうちに「性格に合わない。身体を壊す」と思い、「渡航費用とこれまでの奉職手当て全額お返しします。またご迷惑をおかけしたお詫びに、僅かですがお支払い致します」と申し出た。ところが「教育的指導」が与えられ、三ヶ月、留め置かれた。「宜しいですか? このまま帰国すれば破門ですよ。貴方の命は貴方のものであっても貴方のものではない。教会のものです。どういう結果になろうとも、それは神の御意志ですよ」と脅され、そのうち本当に心身ともにぼろぼろになった。確かに環境に順応できない「不適切者」だったかも知れないが、許してやるべきではなかったか。「精神錯乱の恐れあり」という医者の診断書が出ても聞いてくれない。ようやく「願い」が叶えられ帰国した時はすでに手遅れで、精神病院に入院した。まことに悲惨な事例である。これこそ、中世の拷問ではないか。ところが不思議なことに、これが「まことに寛大な処置」とされているのである。

彼はプロの運動選手にもなれるような体格をした人間であった。中国にさえ行かなければ普通の神父として神に仕えたはずである。屈強な男がぼろぼろになり、泣き崩れ、見えない影に怯え精神病院送りになるとは実に無念である。「博愛」とは一体何だ。さっぱりわからない。

男女ともにやる気のない宣教師には中国は最悪である。来る日も来る日も賛美歌とお祈りばかり。たまに一人になろうにも、町は中国人でごった返し、出る気になれず、また危ないから出るわけにもいかない。上海等の港町には映画館等遊ぶ所があるが、何百キロも離れていてはどうにもならない。聞こえるのは聖書だけ。見えるのは黄色い中国人。これでは精神異常をきたしてもおかしくない。軽度の異常は多い。寂しさに耐えられず精神異常予備軍もいる。勇んでサンフランシスコを出た時は思いもよらなかった現実に放り込まれ、神と出会えなかった者が犠牲となるのである。

女の宣教師にも精神異常がたまに出る。苦しい時、家族ほど安らぎになるものはない。人としてごく自然のことである。こういうごく自然な慰めがない。あるのは不自然な形の慰めである。さらに環境の違いから来るストレスも大きいからなおさら良くない。ある女子大が危うく閉鎖されそうになった。女の先生に精神異常が広がったためである。似たような問題が中国全土で生じている。敬虔なクリスチャンとして許せない行為に及んだわけではない。原因に気づかない校長の責任は重い。責任の一端は中国人にあるのではないか。衰弱してよぼよぼの老人のようになることは西洋ではない。

プロテスタントとカトリックはあまり交流がない。カトリックは規則が厳しく、カトリック以外の者との交流はしない。カトリック以外の宗派は緩やかで家庭を持ち、他の家族とも付き合い、男女の仲も開けたものである。逆に、カトリックは修道の道を歩むから、自然、柵ができる。だからカトリックに敬虔なクリスチャンが多い。話し方でも違いがわかる。「この世の楽しみを捨てれば捨てるほど天国へ近づける」と言うのである。

こういう自己催眠が高じて一昔前の「殉教の世界」に入り込む者がいる。己の話に陶酔し、目は輝き、声は上ずる神父にお目にかかったのは一度や二度ではない。いくら「父と子と聖霊の名において」と言っても、これでは中世の化石というしかない。今でも「私は死を恐れない。むしろ喜んで死のう。拷問にも耐えよう」と言っている者がいるのではないだろうか。

キリストは、「主よ、この者たちをお許しください。自分がしていることがわからないのです」と言って十字架に架けられた。宣教師は現実に、自分がしていることがわからない「神の子」が剣を振りかざし、斧を突き上げ押しかけてきても目が覚めない。なんと美しい夢の世界か。究極の栄光の世界か。殉教者気取りも甚だしい。

プロテスタントとカトリックの布教競争

修道女もたくさんいて子供の教育に尽くしている。幼児から思春期までの子供の面倒を見る。その仕事から面白いものを一つ紹介しよう。「赤ちゃん買い」というものがある。「間引き」されそうな女の赤ちゃんを二五セントから五十セントで買うのである。しかしこれは、考えてみればおかしな話である。教会によれば、水子となって流された子は地獄に落ちることはないそうである。ということは、何も知らないで死んだ方が幸せのはずだ。逆に五十セントやそこらで買われ、神の救いを教えられても、本当に魂の救いを得られる者は少ない。これならむしろ買わないでそのままに置いた方がいいのではないか。このような考えは、子供に限らずすべての中国人に当てはまるのではないか。つまり、同じ死ぬにしても、神の救いを知って死んだ方がいいのか、知らない方がいいのかの問題である。教えても守らないのであれば、知った方がかえって不幸になるのではないか。

いずれにせよ、間引かれる直前にわずか数セントの金で買われ、「捨て子院」で育てられ学校に入る子が多いのは事実である。

プロテスタントとカトリックはお互いライバル意識が強いが、この子供買い競争ではどうやら、カトリックの圧勝のようである。

次に、カトリックとプロテスタントの布教姿勢を比較しよう。真偽の程はなんとも言えないが、プロテスタントに言わせると、「カトリックは中国人に甘い」らしい。あるカトリックの位の高い司祭に聞いた話だが、これは総本山のヴァチカンの方針のようで、今後ますます甘くなりそうだ。現場の中国で反対意見が出ても「総本山の教皇ピウス十一世の決定なら仕方ない」ようである。「将来のため一人でも信者が多い方がいい。厳しいことは言わない方がいい」のだそうだ。一九二六年、教皇は中国布教方針を審議する会議において、新しい方針を発表した。それによれば、司祭、司教その他に中国人を大幅に登用する等さまざまな改革を推し進めた。名前だけでもいいからとにかくカトリック教徒が増えれば中国全体が豊かになる。国が豊かになれば名前だけの信者が真の信者になる。それは、取りも直さずカトリック教徒の生活の向上にもつながるという寸法だ。これに対して中国現地からは、「質より量というのは信仰を蔑ろにする」と反対意見が多かったが聞き入れられなかったそうである。

まぁそういうものなのだろう。確かにカトリックは強い。組織はしっかりしており、教義も統一している。予算はあり余るほどある。宣教師はどこへ派遣されようが「僻地手当て、赴任手当て」等を要求しない。たとえ異国の土になろうとも「神に選ばれた名誉」としてどこへでも喜んで飛んで行く。ところがプロテスタントはそうはいかない。中国勤務の損得勘定をする者が多い。

つまり、プロテスタントはカネのために働く者が多い。フォードやゼネラルモーターズに引き抜かれることも多々ある。ところがカトリックの場合は、生活水準が低いフランスやスペイン出身が多いから、アメリカ人が行きたがらない中国でも何とかなる。あれやこれやで、カトリックの方がはるかに異教徒救済に貢献している。

カトリックにはもう一つ「強み」がある。「偶像の活用」である。中国人は「目に見える物」がないとわからない。どこの家にも仏様の一体や二体は置いてある。ところが、それは宗教的意味合いのものではなく、単なる「厄除け」「福招き」のお守りである。目に見えない「神の教え」を説いても全くわからず、遠い昔の神話としか考えていない。モラルというものもわかっていない。米が取れないのも子供が病気になるのも悪霊のせいだから、鉦や太鼓を叩き、爆竹を鳴らし、加持祈祷をする。脅したりすかしたりで、訳もなく収奪する軍隊を追い払うのと同じだ。こうしたご利益のため、ちゃちな紙や木、粘土の仏様を飾っている。幸運を招くという「ウサギの足」や「トチの実」と同じ迷信である。とにもかくにも中国人は目に見えない物は信じない。プロテスタントも、ライバルのカトリックに負けたくなかったら、考えてお守りやらペンダント、掛け軸を作ればいい。高い物を作る必要はない。安物で充分。インド人と違って、中国人はこういう物に金をかけない。

信者数でカトリックに水を空けられたプロテスタントも黙ってはいない。社会福祉に力を入れている。目につく物はプロテスタント系だ。新しい寄宿舎、研究所、図書館、病院等、信者でなくても利用できるから大入り満員。知識層にしかわからない小難しい書籍は置いてないからなおさらである。

布教活動は後回し、福祉優先となる気配である。しかしカトリックは「布教第一」の姿勢を堅持している。結局、プロテスタントは「子供狙い」、カトリックは「大人狙い」ということだ。

一九二二年度の北米海外宣教師評議委員会によると、カトリック系の中国派遣宣教師は六千人。在籍生徒が十四万四千人。信者数二百万。ということは、生徒数は八％にも満たない。一方、プロテスタントは信者数三七万五千。そのうち二十万が生徒である。ということは、カトリックは学校に行かないでも信者になるが、プロテスタントは大半が学校へ行ってから信者になるということだ。信者数は六分の一なのに、大学生はカトリックの二倍だ。

教員数もカトリック系の外国人教師は約千二百人、中国人教員が一万一千人である。

比率を見ると、中国人学生全体の十五分の一の教育をプロテスタントとカトリックが担っている。施設を拡張しているから、今日ではもっと多くなっているはず。中国人経営の学校は（学校数自体正確には分からないが）残念ながら、政治的干渉やら教員の給料不払いや劣悪な教育設備などで荒廃しているからなおさらだ。

最新の情報では、プロテスタント系の生徒が二二万五千人という。信者数はここ数ヶ月で五万人減少したから三五万人。信者の五分の三が生徒ということになる。

ミッションスクールのからくり

一九三三年、パスカル・M・デリア神父の報告によれば、一九三〇年の段階でカトリック系ミッションスクール全体の生徒数は十六万二千四百八十五人。高校が三一四校。男子は六千五十六人が信者、信者でない者四千三百三十三人。女子は信者が三千三百九十六人、信者でない者四千四百五十一人。カトリック系の三大学の学生千三百八十四人のうち、信者でない者が千七十五人。ということは大学生のほとんどが信者となっていないということだ。本来なら信者のための大学のはずだが、実に寛大である。数年前の激減の説明はされていない。

ほとんどが、アメリカの援助によって作られたミッションスクールに通っても信者にはならない理由はただ一つ、「学費が安い」である。私の知っている高校、大学では信者はたったの四分の一だ。「社会福祉のためにあるようなものだ。信者でなければ入学させないという方針を採ったら元も子もなくなる」ということらしい。

なんとまぁ寛大なことか。そうならそうと、情報操作は止めて、現地の実態をそのまま報告してもらいたい。写真入りの報告書には中国人生徒がミッションスクールで学んでいる様子が写っている。これを見たら「信者になって真面目に勉強しているんだ。もっと寄付したらもっと信者が増えるはず」と誰しもが思う。だから、何とか工面して寄付をするのである。まさかトウモロコシや豚の品種改良や、クリスチャンにならない者に算数を教えている等とは夢にも思わない。これはもう、情報操作というより「確信犯」だ。

教員もそうだ。アメリカ人は「僅かでも、たとえそれが僅か十セント、十五セントの小銭でも、数ドルでも、布教の役に立っている」と信じればこそ寄付を惜しまないが、プロテスタント系のミッションスクールに雇われている中国人教師の中には信者でない者が多い。一九二八年版『チャイナ・イヤーブック』の苗博士（中国クリスチャン教育事務局長）の「プロテスタントのミッションスクール報告」によると、ミッションスクール（中国では中学校と呼ばれている）の先生の中でクリスチャンは二六％に過ぎない。男子生徒は一五・四％、女子生徒は四三％である。最新情報がないから確たることは言えないが、現在でもさしたる変化はないだろうが、小学生は減少している。ミッションスクール関係者は「当局による宗教の自由の制限」を理由に挙げている。確かに中国当局は教育課程を作り、キリスト教教育を排除しているのである。

ミッションスクールで学べるだけ学んで、めでたく卒業すると、キリスト教とは全く無関係の世界に就職する。民間企業だろうが公務員だろうが、盗賊であろうが、とにかく儲かりそうな仕事だったら何でもいい。それはそれで仕方がないが、「これぞ中国人」ということがある。ミッションスクールでお世話になったにもかかわらず、いつの間にか「反米」になってしまう。「これぞ中国人」である。

真の意味で社会福祉事業を行っているキリスト教団体もあり、支援を要請しているのも事実である。ヤリ（中国のイェール大学）のような有名な機関があり、多くの中国人に教育を施し、西洋文明を植え付け、国家に役立つ人間の育成に当っている。

宣教師の経済事情

「中国にいる宣教師はアメリカではできない贅沢をしている」と思われているが、現実はどうだろうか。残念ながら、これは現地事情に疎い人の単なる想像である。確かに同じ給料ならアメリカでは無理だが、中国では女中や使用人を一人か二人置いている。贅沢といえば贅沢だが、好きで置いているのではない。使用人の一人、理想的には二人か三人だが、置かないとあの国ではやっていけない。あの国では炊事洗濯は下男下女の仕事であって、偉い人はしてはいけない。そういう国である。郷に入っては郷に従えである。土地の風俗習慣に逆らって「いや、自分でやるから使用人も女中も要らん」と言っても始まらない。かえって反感を喰らい、本来の活動の邪魔になる。しかし、なんといっても人件費が安い。何人置いても困らない。コックといっても料理は下手、女中といってもノロマだが、二人置いても月三ドルか四ドルで済む。二、三人で話し合い、日にちを決めておけば、それこそただに近い。

宣教師の給与は低い。イギリス人の女宣教師は月二十ドルという低賃金で中国にやってくる。ところがアメリカ人の女宣教師（教員経験があり、複数の学位を持つ）は、少なくとも五十ドル～六十ドルである。管理職の年収は三千ドル。これはかなりの高給である。常勤の教師（中には有名大学の学位をいくつか持つ者もいる）、宣教師千二百人の中には、扶養手当も含めると月給百二十五ドル以上という者は少ないようだ。全宗派の最高額は、ニューヨークに本部のある長老教会派のロバート・E・スピアー氏とクレランド・B・マッカフィー氏の年収七千二百ドルだ。これが全世界の長老教会の最高監督者に与えられる額である。下はどうなっているかわからないが、友人の話では、微々たるもののようである

「現地従業員」（中国にある外国大学を卒業した中国人）のほとんどが、各種手当てを含め、月二十五メキシコドル（USドルにすると五ドルから六ドル）以下である。

現地の生活費を説明しよう。手に職を持つ中国人は月二十五メキシコドルほど稼ぐ。これでなんと

か生活できる。といっても、アメリカ人には耐えられない貧乏暮らしだ。平均的ミッションスクールの下宿費は月六メキシコドル（一・二五～一・五USドル）。舶来品は高い。化粧品、書籍、机、鉛筆、タイプライター等は、アメリカでも高い物だが、中国でも同じかアメリカより高い。靴も高いが、洋服は少し安い。輸入品は品薄だが中国製品はあふれていて、物価はアメリカの三分の一以下。それでもアメリカ人は、つい、輸入品を買ってしまう。アメリカと比べたら二倍もする。油、小麦粉、米、何でもかんでも缶詰になって「輸入価格」。しかし家賃には非常に助かる。上海は別だが、ほぼ中国全土で、洋式のしっかりした造りの家が月十二から十五USドルで借りられる。

ここで面白い話をしよう。アメリカ生まれの中国人（したがって国籍はアメリカ）女宣教師の話だ。このお方、昨年、福州のミッションスクールに月給百メキシコドルで赴任したが、ひと悶着を起した。「中国人の食べ物は口に合わない。食べられる物を買うと給料がすべてなくなる。生活費が安いと聞いてきたが、これでは詐欺だ」と言うのだ。これを聞いた学校側も黙ってはいない。

「貴女の履歴書には不備がありませんか。貴女は職務に支障を来たすことを隠して書いていませんね。拝見するところ、貴女はお体に障害があるようです。中国人は障害者には偏見を持っている。そのお体で、迷信だらけの田舎を回ったら危険です。命の保障はできません」

それでどうなったか。学校側がシアトルまでの帰りの旅費を持つということで一件落着となった。双方ともに賢い選択だ。

中国系アメリカ人でも中国勤務には向かない。同じ民族であっても横柄で、人を馬鹿にしているようで腹が立つらしい。

宣教師は七年ごとに一年の有給休暇がもらえるが、この休暇も年々切り詰められている。一九三〇年から給与も下がっている。退職者が多く、死亡や病気により上級職が空席となっても後任がなかなか見つからないことが多い。

一九三〇年までは、給与はなるべく抑え、その分を学校施設の拡張に当てるという方針だった。

ところが、裕福な中国人は教育に冷淡で全く貢献しない。文明開化がひとえに宣教師の肩にかかっている。国の存亡さえかかっていると言ってもいい。そういう国でありながら、この冷淡さは一体なんだ。

宣教師にまったく感謝しない中国人

「訳のわからない布教活動には反対だ」と言うのならわかる。だが、医科大学等は福祉事業の一環であって、宗教色はとっくになくなっている。看護婦のほとんどがミッションスクールの卒業生である。その数二千五百。その他、国家有為の人物がほとんどそうである。これほど宣教師に恩義がありながら、「外国人打倒。宣教師打倒」が国策である。外国人が襲われようが殺されようが、見て見ぬふりである。

国の存亡さえ宣教師の肩にかかっていると言ったが、昔もそうだ。十九世紀の中国は列強に分断され、まさしく国家存亡の危機であった。これを救おうとする同情論が英米両国で盛り上がった。誰のおかげか。宣教師のおかげではないか。結果的にどうだったのか。「列強の植民地になった方がはるかに良かったのではないか。少なくても今より悪くなることはなかろう」と言う意見が圧倒的だった。これほど宣教師に恩義がありながら、敵意しか抱かない。中でも「国家統一、自主独立」を旗印にする自称愛国者ほど、この傾向が強い。「国家統一、自主独立」のためには宣教師こそ、今も昔も、最大の味方である。これがわかっていない。

この根強い宣教師嫌いはどこからくるのか。特に宗教上の理由で宣教師を嫌っているのではない。

中国に宗教の力を信じる者はいない。宗教などどうでもいい。だから宗教上の理由で宣教師を嫌うはずがない。

宗教観というものがない

中国人の宗教観は独特である。中国人が一番尊敬する人は孔子だが、純粋な神という意味合いではない。学問の神として崇め奉っているだけである。儒教、仏教、道教というものがあるが、その奥義を知る者は少なく、宗教と言えるほどしっかりした教義を備えているとは言えない。だから「宗教は何ですか？」と聞いてもポカンとしている。少数ながらイスラム教の教義はしっかりしている。「アラーの神の他、神はなし」と勇ましいイスラム教も、いったん中国に入ると尻すぼみだ。

インド、イスラム諸国、黒人社会、ラテン諸国、アメリカの南部諸州とそれぞれに独特の宗教観があるものだが、中国人にはない。まず坊さんに情熱がない。経典も庶民を相手にはしていない。庶民は字が読めないから「四書五経」等立派なものとは無縁で、坊さんに敬意を表する者はいない。お寺はもっぱら慰霊祭、子供の誕生日のお祝い事等に使われている。後は、作物が順調に育ち、魚が釣れさえすれば、神のことはどこ吹く風。警察や医者、質屋と同じで、「困った時の神頼み」以外の何物でもないのである。

昔から、中国人の知識階級にはヴォルテールに似た皮肉癖がある。彼らの好きな諺に、「宗教は多く、道理は一つ」というものがある。宗教に無関心なのである。目に見えない神に信心する者を「田舎者」と笑っているのである。こういう話がある。その昔、皇帝が「信じる者は救われると申すがどうじゃ」と御下問あらせられた。臣下が答える。「陛下、例えば、法を犯した者が裁きの庭で、ただ『陛下、陛下』と何百回、何千回、命乞いをしたと致しましょう。それだけでその者の罪が許されるのでしょうか」と。

孔子がもう少し早く生まれていたら良かったのだが、残念ながら生まれるのが遅かった。生まれた時、すでに学問がかなり進んだ時代だったのだ。もう数百年早く現れていたなら、儒教が単なる学問ではなく宗教になったかもしれない。どんな宗教でも、宗教になるにはそれなりに神秘的なヴェールが必要である。また、創始者が「神の子」でなければならない。そういう意味で、孔子の出現は遅すぎた。すでに民衆は批判する力を持っていたのである。宗教が生まれるには、それなりの「時」というものも必要である。原始時代が終わり、ある程度知識が発達した「時」である。つまりある程度、知恵は付いたが、まだまだ神隠し、祟り等を信じる、そういう時に、宗教は生まれているのである。だから、孔子が生まれた時はまさに「時遅し」。儒学の祖として崇め奉られはしたが、宗教の「教祖」までにはなり得なかったのである。

それでもなお、「何らかの宗教を教えた方が良かったのではないだろうか」と考える向きもあろうが、これは単なる「あてずっぽう」である。キリストはマタイ伝でこう言っている。「聖なるものを犬にやるな。豚に真珠をやるな。恐らく彼らはそれを足で踏みつけ、向き直ってあなたに噛み付いてくるだろう」と。価値のわからない者に何を教えても無駄であるばかりか逆効果である。例えばお隣のインドはどうか。釈迦が現れた時、インドは中国より文明がはるかに遅れていたおかげで、釈迦の教えが「仏教」という宗教となった。ところが、崇め奉るだけ崇め奉って、実践が伴わない。結果として、あれほど信心深い国でありながら、宗教の何一つない中国より生活レベルは低いではないか。

「儒教は宗教になれるか？」なれるはずがない。なぜなら、中国人に宗教を受け入れるだけの包容力がないからである。包容力どころか、全く無関心としか思えない。だから、孔子がどんな時代に生まれようと教祖にはなりえず、単なる哲学者にしか過ぎないのである。いずれにせよ、孔子が生まれたのはキリストより五百年も前、今から約二千五百年も前のことである。儒教が宗教になれなかった理由が「その時すでに中国人が素直な子供ではなく、新しいものを受け付けない大人になっていたから」というのであれば、現代の中国人は二千五百歳も大人である。新しい宗教を受け入れるはずがない。

中国人は、神だの道徳だのとは全く無縁の国民である。が、ある点では、性に合っているとも言える。元々道徳のない者が、いくら道徳を論じても混乱するだけで、さらに「神とは何か」と論争してもますます混乱するだけである。宗教と道徳を一緒くたにしてとんでもないことになっているのであるから、これは分けて考えた方が良い。

宗教に限らず、中国人ほど心の広い人はいない。例えば人との付き合いでは、知り合いが何を考えようが、泥棒だろうがスリだろうが、自分にかかって来なければ、一向に構わない。宗教ならなおさらのこと。相手が何宗だろうと全く気にならない。良い方に解釈すれば、先祖代々の宗教がないというわけだから、キリスト教を教えやすいということになる。悪い方に解釈すれば、元々、宗教観のない者に宗教を教えることはできない相談だということになる。ここがお隣のチベットや日本、インドと違う点だ。

歴史を思い出そう。無知で仲間を思いやる気持ちがないから残酷な刑ができた。「地獄へ堕ちるぞ」と脅してきた。もちろん、両方をうまく使って脅してきたのは言うまでもない。人の情に訴え、人心を掌握するということはなかった。恐らく情に訴えても「糠に釘」だからであろう。そこでまた、お人好しの宣教師はこう考える。「キリストの教えを説いたら、行いを正すだろう」と。一理あるかもしれないが、大の大人の考えではない。落とし穴に気づいていないのである。歴史を思い出そう。いくら宗教的なものを植えつけようとしても、全く受け付けない国民であったという歴史を。

頑固一徹。どんな宗教も、特にキリスト教は全く受け付けないのが中国民族である。

知識人のキリスト教観

庶民は無知だから仕方ないとしても、心の広い知識人、篤志家はどうだろうか。

現代のいわゆるキリスト教には、厳密な意味では宗教とは言えない、西洋的な価値観が多少なりとも含まれている。イエスキリストの生地ベツレヘムに源を発したキリスト教が、数百年かけ、さまざまな民族の手を経て西へ伝えられたものだから、そうなるのは自然である。これをいくら教えても、彼らには理解できないのである。

もちろん、彼らでも、宗教抜きには西洋文明は語れないことは重々承知している。しかしすぐ揚げ足を取る。宗教は科学者を迫害してきたではないかと。コペルニクスの地動説を、また、これを支持したガリレイを宗教裁判にかけたように。そしてどうしても理屈で負け、認めざるを得なくなってようやく認めてきたではないかと。さらに遡ると、キリスト教は時代により「揺れ」が激しくなる。だから彼らには「これだ」というものがますます見えなくなる。そして、結論はこうだと思うようになる。つまり、「キリスト教」とは、残忍な王の下で、貧しくとも清く信仰に生きる「奴隷の宗教」だと。また華美を極め、権力を笠に信徒を迫害する教皇に追われる「殉教者の宗教」だと。上に立つ者次第で猫の目のように変わるものだと。何百万という人間を奴隷扱いしたかと思うと、血で血を洗う奴隷解放戦争を始める。矛を収めたかと思うと、罪なき者を大量に焼き殺し叩き殺す。魔女狩りで罪無き女を火あぶりにしたかと思うと、「受難者を無料で治療するために募金を」と呼びかける。元々の教えであったはずの平和親善は「右手に剣、左手に鉄砲」で広めたのではないかと。「心の安らぎ」の看板を上げながら大虐殺を行ったではないかと。

情報通の中国人の中にはこう言う者もいる。四十年前、アメリカの辛口の批評家ロバート・G・インガソルが「主の愛と慰め」を批判しているではないかと。「人の魂を捕らえるために永遠の蜘蛛が糸を紡いでいると喜んで宣言してはならない」と。それ以来キリスト教は大きく変貌したのではないかと。民衆は口を大きく開ける地獄のことを考えなくなったので、聖職者たちも地獄についてはあまり強調しなくなった。有名な聖職者がこのインガソルの言葉を引用しても新聞記事になることもなく、信者が日曜日の教会でのお祈りを済ませ、食事に出かける時も話題になることはなくなったのではないかと。キリスト教は変貌を続けているのではないかと。初めは「剣を納めよ。剣を取るものは剣によって滅びる」と教えた。まさに下層階級の貧しい奴隷、農民向きの慎ましい教えであったが、二百年も経つ頃から上層階級、武装集団にも浸透するようになった。ところが「剣を納めよ」では戦争はできない。そこで妙案を考え出した。宗教を戦争目的に掲げ、軍歌を作った。『リパブリック賛歌』や『キリスト兵士よ、前進』等、今も歌っている。また布教も民族風俗に合わせてきたのではないかと。例えば、同じプロテスタントでもバーモンドとテネシーとで違いがある。カトリックも然り。モントリオールとリオ・デ・ジャネイロでは違う。確か、偶像崇拝は禁止だったはずだが、聖人の像を作り、十字架やロザリオを作っているではないか。変貌しているだけではなく、対立までしているのではないか。インガソルは「永遠の蜘蛛」と言ったが、これまたカメレオンの如くコロコロ変わるものではないかと。

中国人は元々疑い深い人間であるから、西洋を疑いの目で見てしまう。熱烈なキリスト教精神は彼らの民族性と全く合わないものだから、矛盾点ばかりに目が向くのである。理論といわゆるキリスト教は一致しないものであり、単なるペンネームのようなものであると。元をただせばさまざまな源があり、都合よく受け入れやすい表題のようなものである、ということを示す根拠を探しているのである。

第一次大戦まで、西洋人はお互いに数百万単位で対立し、相手の絶滅を図ったのではないかと。しかも同じ神の名の下に。例えば、ドイツ人は勝手にアーリア人は優秀であると宣言している。同じ聖書を読むにしてもその解釈はいくらでもある。違う宗教ではないかと思えるほどである。例えば、裸で行進するドーホボル（霊の戦士）がいるかと思えば裸体自体が罪であるとするローマカトリックがある。地球が平らであるとするシオン、クリスチャンサイエンス、長髪のダビデの家、裸足のバプチスト、大声のメソジスト、寡黙のクエーカーなどさまざまである。キリスト教だと言わなければわからないほどである。聖書の教え自体は結構なものだが、いざ実践となるとそう簡単にはいかない。募金運動をするかと思うと、一方では黒人をリンチする。確かに同じキリスト教という旗印の下に、精神の向上を掲げる反面、血みどろの戦いを繰り広げてはきたが、これもあれも、人類が進歩する原動力となってきたことに中国人は気づかない。西洋諸国の民族性が形となって現れたものがキリスト教であるが、中国人には理解不能であるだけでなく不愉快なものである。こうした彼らの気質というものはどう説明していいかわからない。

中国人はキリスト教を必要としない

そもそも、キリスト教を必要としている中国人はいない。キリスト教を裸にし、元の教えだけにしたら儒教や道教と同じ（実践はしていないが）ではないかというのだ。確かに、熱心なクリスチャンでもキリストと孔子の教えを見分けるのは難しい。本質的な教えは同じである。だから、西洋諸国の生活水準の方がはるかに高いのは宗教の違いではない。キリストの生地がベツレヘムでなく中国であろうが、最後の晩餐が中華料理だろうが結果は同じである。大切なのは理屈より実践である。だから儒教の教えを半分でも実行したら、たとえそれがキリスト教の十分の一だとしても、進歩するものと言える。しかしこれは単なる仮定であって彼らに実行力がない。

本質的差異はないことは宣教師も認めるところである。教えに従い行動すればそれで結構である。たまたま先生が宣教師だっただけのことである。中国人はこう思っているから、キリスト教だろうが儒教だろうが同じだと思っている。

だから、識者も愛国者も宣教師に非協力的なのである。

キリスト教を宗教として嫌っているわけではない。宗教自体に関心がないのである。教義自体は「立派なお手本だ」と認めている。「キリストの教えは実に奥が深いですね」と絶賛している。が、それで終わりである。世界にこれほど「口先だけの人間」はいない。褒めるだけ褒めて、行動が伴わない。

嫌いではなく無関心である。難しいことを深く考えない、無視する、そういう民族なのである。今までこの「無関心の壁」を打ち破ろうと何千人の宣教師が命を捧げてきたが、びくともしない。

今日の西洋社会は、時代精神と宗教とは相反するものだが、中国ではそうではない。

我々と中国人とでは交わるところがない。交わるどころか平行して進むところさえない。だから、我々の考えが彼らの役に立つかどうかは怪しい。「中国人でも我々の考えを理解できる。できなくても、努力することぐらいはできる」と考える向きもあるかもしれない。しかし逆のことばかり起きている。何の根拠もない単なる空想である。確かに、西洋文明を取り入れることはできる。ただし物だけである。他民族の内面的なものをそっくり取り入れたということは世界史上にも例がないのにもかかわらず、中国人は例外だろうと信じてきた。逆に、こういう信念が我々の民族性を象徴しているとも言える。いかなる障害だろうと乗り越えられるという信念である。しかし、宣教師はボタンの掛け違いをしてしまった。確かに、開拓時代には森を切り開き、町を作った。しかし森の木は切り倒せても、インディアンの心までは変えることはできなかった。確かに、彼らは我々から真珠のネックレスを買い、鉄砲や酒を買った。しかしイエスが厩で生まれ、かいば桶に入れられた話や、イエスが山に登り弟子に「心の貧しい人たちは幸いである。天国は彼らのものである」等と教えた、いわゆる「山上の垂訓」の話になると、「ヘェ、イイ話ジャノオ」で終わりである。

中国人も同じではないか。もし、豊かになって車を買い、飛行機に乗り、電話も普及し、舶来のスーツを着るようになっても、左団扇《うちわ》に、お茶、いやコカコーラを飲みながら「キリスト教ッツウノハヨ、ヨクデキタ話ジャノォ」と笑って終わりである。

第六章　宣教師の心

宗教に精神性を求めない中国人

宣教師たちは、信者獲得のためさまざま努力している。その一つにミサがある。ところが、このミサが逆に「暗い」と敬遠されている。アメリカでも同じである。中国人は、世界でも一番陽気な民族である。どんな苦しい時でも笑いたがる民族である。「悩んでもどうにもならないなら笑ってしまおう」というわけだ。しかし、一端宣教師に取り込まれたら最後、貴重な時間を取り上げられて、重苦しい祈りの集会に行き、暗い夜やあの世、苦行の道、神を信じない者の最期等の讃美歌を歌わされる。慰労会や募金大会等の方は少しはましだ。宣教師のご苦労はわかるが、「小さな親切、大きな迷惑」ということにも気づいて欲しい。

ヒンズー教徒でもキリスト教徒でも、魂の救いを求め、裸足で巡礼に出るが、中国人にはいない。何の罪もない人が撃ち殺され、飢え死にし、略奪される国であるのに、全く平気である。確かに、教会に集まるとお祈りを捧げ、賛美歌を歌いはする。そればかりか休憩時間にも、「教会に来ると本当に楽しいですね。来ない人は可哀そうですよ」と何ともまぁ満足そうである。が、内心では十中八九まで、「あいつら今頃、神のお導き等関係なく、どこかの店で飲んだり食ったり楽しくやっているんだろうな。俺も行きてぇ」と思っているのである。

これだけで驚いてはいけない。宣教師とて同じである。いくら根が陽気で機転のきくアメリカ人とはいえ、その変わり身の早さには舌を巻く。こういうことが何度かあった。宣教師たちはあちこちの集会に出かけ説教をする。私も同行したことが何度かある。集会所に向かう途中の宣教師たちの陽気なことといったらなかった。ところが、教会のオルガンが聞こえたとたん、がらりと態度が変わる。真剣な顔つきになり、その言葉も古めかしいものとなり、「悔い改めよ、天国は近づいた。マムシの子らよ、神の怒りから逃れられると、誰が教えたのか」と始まる。口だけではない。全身でそれこそ迫真の演技である。神の怒りに触れ、罪の重さに耐えられず背中は曲がり、己を激しく責める。まことに見事な変身である。今の今まで、あんなにはしゃいでいた同じ人間とは思えない。

宣教師の評価基準は「演技」である。採点基準は声の上げ下げ、言葉遣いである。つまり、弁護士、船乗りの類と同じだ。違いは、重苦しく悲しみに充ちている点だけだ。ネタはいくらでもある。テーマは何でもいい。焦熱地獄、燃える森、ライオン、得体の知れない恐ろしい獣など手当たりしだいである。信徒を悔い改めさせるために、得体の知れないあらゆるものを動員する。

この苦しい「親交会」が終わると、元の陽気な人間に戻り、鳥や天気、あるいは福祉活動の話になる。それにしても、なぜ知識も行動力もある優秀な方々が、あのような葬式じみた無駄な集会をやるのか。「決まりだから止むを得ず」としか思えない。しかし、「決まり」としてやっているうちに、自分でも「神と交わる至福の一時」と思うようになるのではないか。

宣教師が「悔い改めよ。行いが悪い者は皆火に投げ込まれます」等と演技しようと、中国人には全く通じない。「信仰の喜びを分かち合おう」と誘われても、暗い話ばかりでは行く気になれない。いくら間抜けでも、嫌になる。「何を宣教師は嘆いているんだ？　別に生活に困っている様子もないのに、何であんなに苦しそうなんだ。俺なら笑って暮らすのになぁ」というわけである。確かにそういう意味では正しい。彼らの辞書に「殉教」はない。嫌なことは絶対しない。目端《めはし》が利く大才である。ヒンズー教徒は信仰のためなら進んで生き仏になり、針のムシロにもイバラの床にも伏す。これと正反対なのが中国人。ただ一言、「金にならないことはしない」。

「宣教師は駄目。貧乏で、高級品は買わない」と、使用人や行商まで馬鹿にしている。貧乏といっても、自分たちよりはよほど豊かであるのに、こんな目で見ているのである。なぜか。それはこういうことだ。彼らにしてみれば、湯水のように金を使うのが外国人。ところが宣教師は違う。「しみったれ」だ。「しみったれ」は恥である。だから「宣教師は駄目」になるのだ。キリスト教を馬鹿にする理由がここにもあったのである。つまり、すべてが「金」である。彼らは金にかけてはユダヤ人にも劣らない、世界一である。こういう目で宣教師を見るとどうなるか。外国人は皆立派な家に住み綺麗な服を着ているのに、宣教師だけは暮らしは質素で、着るものはズダ袋だ。これでは評価されないのも無理はない。

外見で判断しているだけではない。教えそのものがまた嫌で、素直に受け入れられない。彼らの好きなのは、一に大食、二に女、三に噂話である。一の大食は庶民にはできない相談だが、二の女は何とかなる。三の噂話は只だからいつでもできる。キリスト教では大食を特に禁じてはいないが、伝道所関連の職に就かないとままならない。二つ目の楽しみは聖書で厳に戒められている。しかし何とも余計なお節介である。最後の楽しみの噂話は厳禁というわけではないが、集会に参加すれば仲間とは疎遠になり、事実上できない。「博愛、隣人愛をもって始まったキリスト教が、今では博愛も隣人愛も禁じ、純潔を唱導している」と笑われている。有難迷惑なのである。

入信させても無意味、かえって有害でさえある

入信しても旨味がないとすぐ辞める。こういうことがあった。去年の夏、香港の対岸の九龍で、宣教師たちが集まって信者の獲得と脱落防止の対策を話し合う会合でのこと。ある女宣教師がこう言った。「伝道所関連に就職できた者は熱心ですね」。これには一同が頷いた。「米《こめ》クリスチャンばかり」だそうだ。下心があって入信した「にわかクリスチャン」である。もっといい条件があったり、「お前さかクリスチャンになったんじゃないだろうな」と仲間に聞かれると、さっさと辞めるのである。

面白い対策がある。従業員に週七日分の給料を出すのだ。もちろん六日しか働かないが、日曜日に教会で出席を取り出勤扱いするのである。当然、欠席者はその分差し引かれる。

熱き期待。これだけは共通である。「かくも情熱にあふれた青年」とか「キリストのため、また中国の将来を担う前途有望な若者」等である。ところが調べて見ると、十年、二十年、いや五十年も前と何ら変わっていない。昔から、変革の核と目される優秀な信者の教育に血道を上げているが、核は未だ現れない。私まで、「現在の学生こそ、久しく待ち望まれた、素晴らしい改革の原動力、目的を達成する戦士ではないか」と思っていたものである。

この五十年間、若者に期待する文章が山のように出されたが、結果がどうなったか聞いたことがない。ただ美辞麗句の山となって英米の公立図書館や伝道施設にうず高く積まれているだけである。数万の学生の中のほんの一握りしか期待に沿う者はいない。大部分は風見鶏の軍人や盗賊になっているのである。

「前途有望」と持てはやされながら、見事に裏切った人物の一人にジョージ・シュセン師がいる。彼は孫文の秘書であったが、伝道師として名を馳せた人物で、宣教師から信頼された人物である。ところが百八十度転換し、国民党の誘いに応じ、あろうことか、一九二六年のクリスマスに漢口で反キリ

スト教週間を組織したのである。スローガンに曰く。

　ミッションスクールを閉鎖、接収するかせよ。

　学生に退学を勧告せよ。

　クリスマス休暇中に学生の反キリスト教運動を組織せよ。

　キリスト教組織を内部から崩壊させよ。

　キリスト教学生を国家行事に参加させるな。

　扇動された群衆が町に繰り出し殴りかかったので、外国人はほとんどが町を捨て揚子江を下り、上海へ避難せねばならなくなった。

　他にも同じような人がいる。あの有名な馮玉祥である。クリスチャンを称することが有利だと察した彼は、配下の全軍を整列行進させ消防車で放水して洗礼を受けさせた。ところが詐欺、恐喝はする、日本と中国に二股をかけると、やりたい放題でクリスチャンとしての勤めは疎かになった。やむなく宣教師たちは彼とは手を切った。

　クリスチャンとして美味い汁を吸った後で、キリスト教を捨てた者の名簿を作ったら電話帳一冊分になる。

　それでも、「我々に与えられた試練である。失望することなかれ。新たなスタートだと考えよう。神の王国実現のために耐え忍ばねばならない」と宣教師たちは言っている。

　宣教師は盛んに中国人を誉めるが、中国人のどこを誉めているのだろうか。業績を誉めているのではない。「見込みがある」だけで誉めているのである。試しに、ご自分の学生時代のことを思い出してみるといい。「前途洋々」と教授に誉められた中国人留学生がいなかったであろうか。彼らは今どうなっているか。その答は、今日の混迷を極める中国の中にある。留学という貴重な体験をした選りすぐりの人間が大勢いるのに、あのざまである。理由はこうである。留学組はごく少数だから就職先がすぐ見つかる。限られた都市に集中してしまい、逼迫した国状を無視し、権力を振りかざすのである。「確かにそうかもしれないが、そういう嫌味な見方はクリスチャンには相応しくない」と宣教師たちは言っている。

現実に目を向ける者があまりにも少ない。

国民党の監視下に置かれるミッションスクール

宣教師の忍耐強さにはあきれるしかないが、現実はもっと厳しい。アメリカでは知られていないが、一九二七年から宣教師は国民党政府の監視下に置かれ、不本意ながらも従っており、小学校ではキリストの教えを教えることはできなくなっている。大学レベルでも学生の要望がある場合に限って、選択教科として教えている。これではミッションスクールの名が泣こうというものだ。ミッションスクールは、「中国にキリスト教を」というスローガンの下、アメリカで集められた基金で経営されている。スローガンを純粋に信頼して寄せられた基金である。小作農、綿工場の子供、貧しいながらも誠実な工夫たちが額に汗して稼いだ中から、なけなしの金をはたいて寄せた金である。断言するが、全く役に立っていないのである。

運営経費はすべてミッションスクール（ということはアメリカの慈善団体の費用でということだが）でありながら、もうひとつ制限がある。「校長は中国人でなければならない」というのだ。この条例は一九二七年、国民党が作ったものである。これによりアメリカ人校長は追放され、代わりに党公認の中国人が校長となった。アメリカの資金で経営される学校の校長は中国人。アメリカ人は、校長としての器量もない中国人校長の下で働くという奇妙な現象が起きている。もちろん校長の給料は我々アメリカ人が出した金である。病院も中国人に明け渡されるようになり、その結果、例の中国人的経営方法を採ったお陰で運営がうまくいかなくなった（募金のパンフレットにこういう実態は一切公表されない）。

まだまだある。一八六八年の条約には宗教の自由が謳われてあったが、一九二八年、国民党は、これを反古《ほご》にした。お人好しの宣教師はさしたる抵抗を示さなかった。これに気を良くした国民党は、次に「国民党の党規を教えろ」とまで命令した。国民党は現在は有力政党ではあるが、排外勢力や共産主義（表向きは否定しているが）、その他さまざまな政党の寄せ集めの党である。アメリカにたとえると、ある日突然、あらゆる学校に民主党なら民主党の、また共和党なら共和党の宣伝をしろと命令を下すようなものである。これほど凶暴な政党はアメリカにはない。KKKも真っ青である。適切ではないが、強いて似ている例を挙げれば、ニューヨーク市で公立私立学校を巻き込んで繰り広げられた慈善共済組合タマニーホールのカリー派とオブライアン派の騒動くらいであろう。

話を元に戻そう。こういう国民党の命令を、宣教師たちは言われるままに受け入れた。いや受け入れただけではない。「これこそ神が与えた有り難い試練である。喜んで耐えようではないか」とまで言い出す始末である。「主よ、我に試練を与えよ」と祈るのは勝手だが、「試練」を蒋介石の司令室から頂いているのである。

何たる命令だ！　キリスト教が消え、国民党が盛んになるにつれ、学生は興奮し、全土で暴徒と化している。教師の話を聞かない、規律には背く、ソヴィエト紛いの勝手な委員会を次から次へと開く。アメリカ人が建てた学校を乗っ取る。授業はすべて中断。政治屋たちが、大衆受けを狙った、まったく無意味な戯言をまくし立てる。

校長が中国人だから、宣教師は羊のごとく黙っている。事実がアメリカに伝わることを恐れ、できるだけ隠そうとする。しかし人の口に戸は立てられない。怒った宣教師たちの話から、徐々に事実が明るみに出ている。

毎週月曜日の朝には全校集会がある。そこでは、あの滑稽で、有名な「三民主義」の提唱者、排外主義の頭目、親ソ派である孫文の肖像に最敬礼する儀式があるが、宣教師も最敬礼している。

排外的教科書で糾弾される宣教師

教科書も国民党情宣部の手になるものである。排外的内容に満ち、アメリカ人教師を罵倒するものである。アメリカ人が作った校舎内でこうしたことが起こっているのである。影響された学生が教師を侮辱するから、学期の終わり頃になると泣きたくなるそうである。領事館では、こうした教科書を英訳して保存しているからどなたでもご覧になれる。まともな内容なら良いが、全くでたらめである。

具体例を挙げよう。今は亡き孫文博士の提唱した「三民主義」に外国資産に関する件がある。そこで孫文は、「外国人を追放すれば資産はすべて中国人のものとなり、その恩恵は国民全体に行き渡る」と力説している。そして、一人当たりどれくらいの額になるか具体的数字まではじいている。「エンパイア・ステート・ビルディングは六千万ドル。これを国民で山分けしたら、一人当たり五十セントになる」というようなものである。ただただ排外運動に目がくらみ、金では買えない価値があることに気がつかない。確かに、倉庫や埠頭は外国人の所有ではあるが、あれもこれも彼らの要望に応えたものであり、従業員も中国人が圧倒的に多く、外国人相手にもしっかり利益を上げている。フランスには共産党の機関紙『ユマニテ』がある。これによると、「がめついアメリカ人がフランスのレストランや店で買い物をする。おかげでフランス人の買う物がなくなる。彼らが買わなければ、フランス人が買うから、フランス人のためになる」らしい。国民党が作った教科書は、これと機軸を一にするものである。そもそも、アメリカに物を売りたがっているのは彼ら中国人である。アメリカ人の指導なくしては購入手続きも船積み方法もできないのである。こういう現実を無視して反米プロパガンダを煽っているのである。

「攻撃されている方が、攻撃している方に金を出し、あろうことか、先生自身までが攻撃の対象とされる」という珍現象が起きているのである。つまり、金を出して反米プロパガンダをしてもらっているのである。珍現象というしかない。

福州の話を紹介しよう。アメリカの民間人から非難の声が上がった事件である。国民党の支配下になってからのことであるが、ある高校で二人の生徒がカンニングをしたので、アメリカ人の女教師が厳しく叱責した。欧米とは違って中国ではカンニングはたいしたことではない。しかしこの女教師は、「今こそキリスト教の理念を教える好機である」と踏ん張った。これが裏目に出て大騒動となった。逆恨みをした二人の生徒が、例の如く生徒会や校長とグルになってこの女教師に迫ったため、生徒総会の席上で謝罪させられたのである。屈辱感に打ちのめされ帰宅した先生は、神に祈りを何時間も奉げ、「何事も神の御心」と諦めるしかなかったそうである。

去年の感謝祭に「夕食でもどうですか」と知り合いの宣教師を誘ったところ、「学校があるから抜けられない」という返事をもらった。なんと、国民党はアメリカの祝日まで認めないのである。

宣教師迫害の具体例

私が行く前の福州の話だが、もっとひどい話を聞いた。敬虔な女宣教師の話である。慎み深い方だから子供がなかったので、奴隷扱いを受けている中国人の男の子を引き取ってかわいがり、学校に入れ、大きくなったら「神の御使い」となってくれるのでは、と期待していた。ところが、折悪しく吹き荒れた排外運動の嵐に吹かれ、「期待の星」はどこかへ消えてしまった。ますます騒がしくなったので、ささやかな家財道具を持って避難しようとしていたところ、暴漢どもが玄関に現れた。ここまではよくある話である。何と驚くなかれ、真っ先に略奪を働いたのは誰あろう、自分が拾って面倒を見てやったあの子ではないか。命からがら逃げ出し、その日一番の船でアメリカに帰り、二度と戻らなかったそうである。

アメリカ人宣教師だけではない。イギリス人宣教師も同じような苦い経験をしている。拾った女の子に精一杯愛情を注ぎ、教育を受けさせても、この子があちこちで「お母さんの財産は全部私のものになるよ」と言うからかなわない。実の親以上に何不自由なく育ててもらい、仲も良いのに、この発言である。どれほど育ての親ががっかりするか考えない。結局は財産しか目に入らないのである。「どういう価値観を持っているかでその民族の良し悪しが決まる」と、どこかの哲学者が言ったが、そのとおりである。

今度は兵隊の話である。全く嫌味な中国兵の話には事欠かないが、今度は教会を無断借用した延平の兵隊の話である。あそこの兵隊は中国兵にしては今時珍しく、アメリカ人に対して友好的ではあるが、やはり嫌な奴らに変わりはない。宣教師や中国人信者が日曜日に教会で礼拝するのを知っていながら、前日から教会に泊り込んで汚してしまう。おかげで宣教師と信者で丸一日かけて掃除する羽目になった。これぐらいのことは日常茶飯事でニュースにはならないから、私が知ったのは相当後になってからである。

こういうことを宣教師は報告したがらない。手に負えなくなるまで隠している。「身内の恥を曝してはならない」のである。あたかも「うちの子供に限って」と悪ガキを庇う母親だ。普段、良い点だけを見て、「どこの国にも面倒を起こす人はいるものです」と言っているからできないのである。

ある日、福州の施療院に勤めるアメリカ人女性が領事館を訪ねて来た。「怖いので何とかしてくれ」と頼みにきたのである。施療院近くに駐屯した中国兵が彼女の家の塀によじ登り、素っ裸で歩くのだそうだ。来客があると必ず露出狂が出る。それはそれで良いらしい。神が与えたままの姿だから。ただ、「危ない人が大勢いるので何とかして下さい」とお願いにきたのである。そこで、領事が所轄の警察に「ほんの少しで良いから警備にまわしてもらいたい」旨を要請した。結果や如何に。彼女の家の玄関に貼り紙が張られた。匿名の。もちろん漢字で。「外国人は出て行け」と。因みに、この施療院はもう何年も宗教、人種の隔てなく、怪我人、病人の治療に当たり、地元住民にはなくてはならない純然たる慈善施設である。

もう一つ、例を挙げよう。凶暴な排外主義者が、近くの教会を「疫病神」として焼き討ちした話である。本人が犯行声明を出し、教会職員数名（中国人）の証言もあるから犯人は明らかである。普段、被害者がアメリカ人の時は、腰が重い警察だが、今回は違った。上層部には国民党の息がかかった連中がいた。国民党は上海事変後、アメリカの協力を取り付けたい。そこでやむなく重い腰を上げ、逮捕状を携えて放火犯宅に向かった。行って見ると、結構な資産家である。ここから話がややこしくなる。警察は屋内にしばらくいてから出てきたが、逮捕状の名前が一人から三人に書き換えられていた。三人とは証言をした教会側の人間であり、うち二人は逮捕されてしまった。私が福州を去る時もまだ監禁されたままで、「金を出せば何とかしてやる」と言われていた。犯人は明らかであるが、何のお咎めもなし。このような事件では、アメリカ人が賠償を要求したり、犯罪訴追手続きを取ることは不可能に近い。「袖の下」を使えばどうにでもなるが、宣教師にはそれができない。

これもまた同じ福州の宣教師受難の話である。ミッションスクールの校庭に、中国人一家（もちろん信者となった一家である）が住みつき「立ち退き拒否」を宣言されてしまった。ことの経緯はこうである。数ヶ月前のこと。敷地内の空き家を貸してくれとお願いされたので、「空いている期間に限り」という条件を出して貸した。家賃は貰わない。全くの善意だった。ところが、一旦居座ったが最後、こちらの善意に付け入り、立ち退きを拒否した。「隙あらば」というのが中国人である。反対に宣教師は騒ぎになるのを恐れて「何事も穏やかに」だから、領事へ名前も何も報告しない。私が福州を去る時になっても、この一家は家賃無しで悠々としたものであった。

堂々と中国人と渡り合った二人の宣教師の話

暗い話ばかりが続いたが、今回は頼もしい宣教師を紹介しよう。その名はヴァンス・マロニー師。福州の安息日再臨派（キリストの再臨と土曜安息を主張するアヴェンティスト派）である。屈強なテキサスの騎馬警備隊員然とした人物で、私の知る限りでは、中国で基本的権利を堂々と主張できる数少ない宣教師の一人である。このマロニー師が一九三一年、休暇を得てアメリカへ一時帰国する時、同僚のアメリカ人に自宅の管理を頼んでおいた。この同僚というのが、単純というか騙されやすい性格で、中国人との付き合いには不向きであった。うっかり、当面使っていない庭を、向かいに住む中国人に一シーズンただで貸してしまった。この中国人、しばらくすると、庭の石壁に出入りできる穴を開け、庭に面した部分は塀をめぐらした。中国では「塀イコール所有権」である。この友人、不安ではあったが、おとなしいから抗議することができず、そのままにしておいた。さあ、帰ったマロニー師は忙しくなった。庭を閉鎖し、中国人に立ち退きを命じた。ところがこの中国人は、「作物も作ってあるから土地は自分のものだ」と言い張る。領事館の登記簿には十八年前、購入した時から名義変更がされてないから、紛れもなくマロニー師の所有である。彼らはそれくらいで怯《ひる》むようなヤワな人間じゃない。名義も権利も全くお構いなしである。未使用の土地、いやいや使用中の土地だろうが何だろうが、何の警告も理由もなく、脅迫まがいのことをして「寄越せ」というのだから敵わない。

地元の警察に頼んでも何もしてくれない。業を煮やしたマロニー師は領事館に使者を送ったが、この使者もギャングに捕まり、あまつさえ「こんなことをすると女房子供の命も危ないぞ」と脅迫された。事ここに至ってはさすがに領事館も黙っておれなくなった。ただむやみに動くわけには行かない。いやしくも中国を主権国家として扱っている関係上、国際儀礼に則り、警察が動かない理由を調査した。全く馬鹿げたことである。まず第一に、中国当局が外国人に親身になるはずがない。第二に、もし警察が動いたとしても警察自体が頼りにならない。いくら頼んでも動かないから、私が何度も警察署に足を運んでようやく重い腰を上げたのである。さて、現場に駆けつけた警察は何をしてくれたか。何かするどころか、ギャングに追い払われて逃げ帰ったのである（中国の警察は「帰れ！」と野次られたくらいで逃げ帰る弱腰である）。庭を囲うためにマロニー師が雇った人も連中も逃げ帰ってしまった。そこで仕方なくマロニー師が自分で庭の囲いをすることになり、私は棒切れをぶんぶん回して護衛に付いた。中国人はこちらがちょっとでも強硬な態度を見せると、怖気づいてしまう。ギャングどもが師と私の気迫に恐れをなし、いなくなったので、囲いの壁を作り直すことができた。

「右の頬を打つような者には、左の頬も向けなさい」とイエスは説いた。しかし中国人が相手では全く通じない。左の頬を出されて、「あ、可哀想なことをした」と反省するどころか「えっ、左まで出すの？　それじゃ」と思いっきりぶん殴るのが中国人である。「どうして宣教師は気づかないのか」と領事館員は嘆いている。こういう卑屈な姿勢がかえって中国人を甘やかすことになる。おかげで、文明国家では当然の権利である外国人の権利を平気で踏みにじる。「宣教師が甘やかすおかげで我々民間まで仕事をめちゃめちゃにされ、面目丸つぶれだ」と、民間には怒りの声が絶えない。

閑話休題。ここで救世主が現れた。その名はW・L・ビアード師。米国海外宣教委員評議会の会員で、「キリストの慈悲とは甘やかしではない」とはっきりしている人物である。温和だが意志堅固、中国宣教歴四十年のベテランであり、最近のヘナチョコ連中とは違う古き良き時代の宣教師養成所の出で、ジョン・モット（米国YMCA指導者。一九四六年ノーベル平和賞受賞）派の軟弱政策は時と場合によってはよろしくないと思っている人物である。

さて、「十八年前に購入した土地の登記簿に証明印をお願いします」と福州当局へ送ったところ、あろうことか、登記簿を没収し、「返却を希望するなら百ドル出せ」と言ってきた。その時に力になってくれたのがビアード博士である。博士は一歩も譲らず、筋を通し、登記簿の返還交渉に当たってくれた。博士は福建語ができたので非常に助かった。今後の前例となる働きである。アメリカ領事は「中国当局の見て見ぬふり」に慣れっこになっていて、事が起きてもなかなか動いてくれないが、彼はこれを逆に利用した。中国側は、今日は「登記簿は紛失」と言ったかと思うと、明日は「間もなく返却の予定」という具合に、だらだらと引き伸ばしにかかったが、時あたかも神風が吹いた。上海事変以来、抗日戦争を続ける南京の国民党中央政府としては、どうしてもアメリカと友好関係を保ちたい。そのためには中国内部で反米騒動を起こされては具合が悪いから、それなりの「手当て」をしている。福建当局の役人は、ある意味では「失業手当」をもらっている身だから南京の機嫌を損ねたくはない、という風だったのである。そこで、福州当局は数週間経ってからようやく登記簿を返却してきた。体面を保つため数週間必要だったのだろう。ところが、これには「落ち」がある。お上のご意向で登記簿を返却するということはどういうことか。百ドル儲けそこなったということだ。これでは役人は収まりがつかない。何をしたか。登記簿と一緒に「ごろつき」も大勢寄こしてきた。「何だろう」と思っていると、「外国の悪魔」に土地を売った者の家を打ち壊し、何から何まで一切合財持って行った。

ちなみに、このビアード博士はミッションスクール内の反米運動とも堂々と渡り合ったから、過激学生に狙われることもしばしばであった。ある日のこと、排外主義学生集会を収めようと出かけた。校舎に爆弾が仕掛けられてあり、博士が入ると爆発したが、幸い、死傷者は一人も出なかった。同じ週にミッションスクールの井戸が何者かによって汚されるという事件も起きた。

アメリカ人はまことにオメデタイもので、優秀な大学の中国人留学生を呼んで話をしてもらう。呼ばれた学生は、決まって言葉巧みに「アメリカには感謝しています。なお一層のご理解とご協力をお願いいいたします」とお追従を言うから拍手喝采である。何を隠そう、「ご協力」とは中国人が湯水のように使い、反米運動に使われるカネである。「ご理解」とはなにか。理解されることはないが、もし本当に「理解」されたら、今まで簡単に中国に流れていた協力金が止まってしまい、中国人は大損することになる。

学生に焼き討ち、略奪されるミッションスクール

ミッションスクールが中国人学生の焼き討ちに遭うことは珍しくない。これは私の個人的意見ではなく事実であり、中国全土の領事館にも、北京の文書館にもワシントンの国務省にもしっかり記録として残っている。アメリカにいると何にもわからないが、ミッションスクールだけではない。宗教色があまりなく、布教運動をしない病院までも見境なく焼き討ちされている。地域住民の健康を第一に考えている病院が、である。実態を知ったら本国では怒りが沸騰するだろうが、私の知る限りアメリカでは全く知られていない。逆に、「国情不安定により」被害を受けたという風な表現がまかり通っている。まるで軍事行動に伴う偶発的事故とでも言わんばかりである。

我々には何かに付け「お世話になっています」という気持ちがあるのだが、中国人にはこういうことは全くない。宣教活動が失敗する一因はこのあたりにある。このままでは、いずれアメリカ国民が

実態を知り、支援者は中国を見切り、援助の手を他に向けるようになる。そうなれば布教活動は大打撃を受けることになる。支援者は「感謝されたくて」支援しているのではない。何がしかの役に立つと信じればこそ支援しているのである。感謝はともかく、まさか「しっぺ返し」されるとは誰も思っていない。こういうささやかな願いを無残にも踏みにじるのが中国人である。

代表例を挙げよう。慈善団体が援助する学校で、外人教師は交代して夜中に教室と宿舎の見回りをしている。「中国人学生の放火から校舎を守るため」である。中国人学生とは何者か。宣教師が救ってやった者ではないか。奴隷同様の境遇から救い、将来のため教育を受けさせ、高い寮にまで入れた子ではないか。こういう子が夜の夜中に寮を抜け出し、自分が学ぶ寮や教室に火を放ち、「くたばれ、帝国主義のヤンキー野郎」と叫ぶのである。イギリス人も同じ扱いをされている。福州では去年、貴重な校舎を三ヶ月で三つも失った。『福建管区マガジン　一九三二年六月号』に監督教会ジョン・ヒンド司教の奥さんの話が出ている。

「皆さん疲労困ぱいです。一晩中寝ないで空の教室を見回るんです。なんとも言えない妙な音がして眠れるものではありません。これで翌日、目一杯働ける人がいるでしょうか」

司教ご自身も、同じ号で次のように述べておられる。

「度重なる火事が偶然とか不注意による失火だったらまだ救えるが、残念ながら敵の仕業と思わざるを得ない。中から手引きしなければこのようなことはできないはずだ」

「正義は勝つ」ことをならず者に示すため（余計な出費は覚悟の上だが）、学校は通常通り運営することとなった。

出火時の責任者であった宣教師の一人はこう述べている。

「こういう恐ろしいことが起これば誰だって動揺します。しかし禍を転じて福となす、という言葉があるとおり、いっそう団結が強まり、ますます信仰が深まる結果となったのです。不幸中の幸いとでも申しましょうか。校舎だけですんだのです。身内の裏切りで教会を失うことに比べたら一、二万ドルの校舎を失うことなど何でもないということに改めて気づきました」

今回の事件で確かに団結は強固なものになった。それにしても、中国人は次から次へと試練を与えてくれるものだ。焼き討ちぐらいですむならまだよい。何百人も殺されているのであるから。めったにない話だと思われるかもしれないが、そうではないのである。嘘だと思われるなら公平な具体的数字を紹介しよう。例えば『チャイナ・イヤーブック』は一九二一年から具体的に報告している。またK・S・ラトーレットの『中国宣教師の歴史』にも興味深い事実が紹介されている。ただ、これにはこのところ何かと話題になる国民党の活動報告が不十分ではあるが。

私の知るところでは、一九二七年国民党が政権を握り、裏で排外政策を採って以来、略奪、放火などの暴力事件を含む学生暴動が起きないアメリカン・ミッションスクールは一つとしてない。国民党政権になった年、東部だけでも百八校あったミッションスクールのうち、四五校が数年間閉校となっている。

アメリカが出資するヤリ大学は、宗教色がなく、幅広い教養科目、専門課程を擁する社会福祉大学だが、ここもほぼ二年間閉鎖せざるを得なくなった。「うちの学生で兵隊になって一九二七年の略奪行為に加わった者はいない」とスポンサーが自慢していた大学である。汕頭では学生と中国人教職員が混乱に乗じて校舎を占拠し外国人職員を追い出した。普段は愛嬌を振りまく中国人が、好機到来と見るや豹変する一例である。

幻影を抱かず現実に立ち向かった宣教師

こういう宣教師ばかりではない。実情を冷静に把握し、「いくら導いても信者は増えない。それならできるだけのことをしよう」と割り切って活動している者もいる。彼らは信仰心が篤いからでも、殉教的目的のためでもない。また努力は報われると思ってやっているのでもない。ただ純粋に親切心でやっているのである。導きがいのある人間、世のため人のために尽くしてくれる人間はほんの一握りしかいないことがわかっていてやっているのである。不幸な人間を救おうという純粋な気持ちを持った人物として私の知っている方々を上げると、ウィラード・サットン、W・L・ビアード、チャールズ・ストーズ氏等である。彼らのような人間なら、どこであろうと、道が開けている。アメリカ国内なら赤十字社、貧しい人々の生活改善・教育に当たる隣保館等の福祉分野にこういう人物がいるはずである。宣教師も負けてはいない。例えばチャールズ・カルヴァーが運営する「クリスチャン・ヘラルド・インダストリアル・ミッション」がその好例である。彼らは中国人に生活向上に直接役立つことを指導している。援助するとしたらこういうふうにするべきである。こういう人物が少ないのは残念である。

国民党政策を反映した壁の落書きに憤慨して帰国した者は多い。国民党の支配下に置かれ、理不尽な命令を下され、撃たれ、放火されてまで布教活動を続ける必要はないというのである。それでも残り、活動を続ける者は、よほど堪忍袋の緒が強く、信仰の篤い者だ。「イエス様の教えを守り、右の頬を打たれたら左の頬を出して上げよう。ああこれでも足りない」と言うのである。

こうした軟弱な宣教師ばかりではない。毅然とした人物もいる。ポール・ウェークフィールド博士である。二十二年間、医療宣教師として尽力し、一九二七年帰国の際の言葉である。

無知な苦力連中は「外人嫌い」を吹き込まれ、学生は嘘をばら撒く道具にされている……。伝道施設は「帝国主義の手先」と攻撃されている。ここは無料の病院であり、学校の役目を果たしている。中国にはなかったものだ。

博士によれば、学生たちは表に出ない。表に出るのは金目当てか、動員された苦力だ。黒幕の学生には留学組が多いそうだ。

博士は長年の経験から次のように予言している。

委員会は中国人の面子を傷つけないよう四苦八苦しているが、今後もこのようなことを続けると、いずれは自分の面子をなくすようなことになる。

もう一つ例を挙げよう。ハレット・アベンドの一九三〇年の『虐げられた中国』からの引用である。アベンドは「ニューヨークタイムズ」の中国主任通信員を長く務めた人物である。

氷に閉ざされた大沽の沖合の小舟で、ある女医療宣教師がありのままを語った。

六二歳になって帰国するんです。希望が持てなくなってね。三十四年も片田舎で中国人のために医療宣教師として勤めました。義和団事件の頃だって病院を離れなかったわ。私には向いてなかったんですが、かれこれ三十年以上も病人を看病し、衛生指導に当たったたんです。六二の今になってようやく気づきました。「人生無駄にしたなあ」と。アメリカにいたら結婚して子供を産んで、それから近所の恵まれない人たちのお役に立てるようなこともできたのではないかと。ここでは何をしても無意味で、感謝もされないのです。本当に残念ですね。でもこれからは違うわ。アメリカに帰ったら若者に「宣教師として中国に行くなんて狂気の沙汰よ」と、命ある限り訴えようと思っています。

同書には一九二七年の国民党の台頭から同書が出版される一九三〇年までに宣教師に加えられた凶行が紹介されている。南京政府の職員が民衆を扇動し、伝道所へ向かわせ威嚇する。伝道病院にピケを張り妨害する、ミッションスクールを閉鎖に追い込む、等などである。ある時は、群衆が見るに堪えないスローガンを教会に貼る。そこには鉄砲を担いだ国民党軍が護衛についている。誰を護衛しているのかと思うと、群衆を護衛しているのである。

極端な話ではない。数字を見て欲しい。一九二七年から二八年、中国領土にいた八千人に上る外国人宣教師のうち五千人が退去させられている。どこへ退去したのか。日本である。しかし日本に避難したものの、日本人が好きになれない。可哀想な人間がいないからである。アメリカ人とは不思議なもので、可哀想だと思えない相手は好きになれない人種である。宣教師は特にこの傾向が強い。可哀想な人間を見ると、我が身の危険をも顧みず、救ってあげようという殉教精神が湧き上がるのである。だから中国人は全く有り難い存在なのだ。ところが日本は、ドイツに似て、規律正しく、町は清潔で落ち着いている。これでは宣教師の出る幕がない。だから宣教師に好かれないのである。

同書から反クリスチャンスローガンを紹介しよう。「特別命令」とあり、情宣部司令官の印もあるから、恐らく国民党の認可したものである。

元来キリスト教とは帝国主義による文化侵略である。よって可及的速やかに駆逐しなければならない。

十字架は中国人を粉砕する帝国主義の道具である。

剣を抜け。外国かぶれは皆殺しにせよ。

キリスト教に通じる者は中国民族にとって好ましくないものであり売国奴である。

国民党指導者の下、全力を尽くしてキリスト教を攻撃せよ。

若者を洗脳し、奴隷となし、社会の根幹を破壊しようというのがキリスト教育の狙いである。直ちにキリスト学校を攻撃しなければならない。

愛国運動の一環として反キリスト運動を実践すべし。反キリスト運動はすなわち国家革命である。この運動の成功が取りも直さず帝国主義の第一防御網の突破になるのである。

虐殺されても中国人をかばう宣教師

アメリカは、こういうプロパガンダ攻撃を次から次へと仕掛ける政府を「正統な中国政府」として承認している。しかし、この「政府」の影響の下、過激な学生や無知な民衆が、我がアメリカ人を多数殺害しているのである。「政府」とは国民党政府で、巨大な秘密結社のようなものである。高官の椅子を自由に動かし、反外国運動を焚きつけ、外国人殺害の裏で手を引いているのは国民党である。スローガンを見れば明らかである。

福州を流れる川の上流でのこと。高齢のイギリス人女宣教師が二人、追剥に捕まり「裁判され」、「帝国主義者」にされ、「残虐なる死刑」に処された。生涯を聖職者として現地住民のために捧げた二人に待っていたのは、体中を切り刻まれ、長時間悶え苦しみ殺されるという無残な最期であった。当然ながら、中国国民党「政府」は何もしなかった。政策の一環であるから、助けるわけがない。

対照的に、こういう反外国人、反キリスト教運動がいくら起こっても民間人は別段驚かない。冷静に見ている。中国人はいつまで経っても中国人であって、いくら表で愛想を振りまこうとも、裏では何をするかわからない人間であることを重々承知しているからである。

毎回同じことの繰り返しだ。クリスチャンに対する大々的な虐殺、略奪がしばらく鳴りを潜めると、宣教師たちは「とうとう中国人もキリスト教徒となってくれた」と喜びの声を上げる。一方、民間人は、「ちょっと待ってくれ。元の中国人にすぐ戻るよ」と。

数十年経っても同じことの繰り返しである。民間人の方が正しく、宣教師がトンチンカンな反応をしている。例えば、反宣教暴動が勃発する数週間、もしくは数ヶ月前の宣教師の文書をめくると、「これで反布教運動は終わった。目覚めた政府に導かれ、民衆は福音に目覚めたのである。これほど素晴らしい国民はいない。素晴らしすぎて褒め称える言葉が見つからない」とまで書いてある。

一九二六年にも暴動、虐殺があったが、二八年前の一八九八年の米国海外宣教委員評議会の中国派遣プルーデンシャル委員会は「熱烈歓迎」の模様を次のように高らかに紹介している。

長年の交流により、ついに自由の国、政治的に統一された国、学問を愛する国、そしてキリスト教文化が栄える国が誕生した。変化は穏やかではあるが着実である。首都や大都市だけではない。あたかも国土を護る解放軍の前進基地の如く、全国津々浦々の教会、チャペル、学校、そして宣教師の家庭も変わった。

世論に後押しされた政府は、中央も地方もこぞって宣教活動の「守護神」となっている。人民は福音の教えを崇め奉っている。奇跡中の奇跡である。数百年の努力の結晶である。救いの日が来たのである。神に仕える兵士たちよ、勝利の日は近い。新しい国家が生まれているのである。昔は教えを全く受け入れない、鈍感で意固地な民が変わったのである。海にも山にも、シベリアからビルマまで、キリストの御言葉を押し頂いている。川も道も鉄道も電報も大都市も各家庭もすべて西洋を向いている。心も目も耳もすべてが目覚めたのである。

ジャドソン・スミス
チャールズ・A・ホプキンズ
エドワード・D・イートン

同様の賛辞に騙され、数千人が二年後の一九〇〇年、血の海に沈んだ。「守護神」であったはずの政府が外国人撲滅運動を画策していたのである。いわゆる義和団事件である。

この事件で宣教師はじめ外国人追放運動に可能な限りの軍事援助をしたのがあの西太后である。いつもながらそのやり口が汚い。義和団が不穏な動きを見せていたが、政府は宣教活動の「守護神」として理解を示していた。そして義和団が無防備の宣教師を虐殺し、「できる」と見ると「君子豹変」した、数百の宣教師が殺害された。宣教師だけではない。「信者」のレッテルを貼られて虐殺された中国人は四桁にもなる。

同僚が惨殺されるのを何度も目の当たりにしながら、疑うことを止めないのが宣教師である。一九二六年になってさえも、国民党を中国人救済の最後の「盟友」と持ち上げている。おめでたい限りである。その一年後にはどうなったか。反クリスチャンの嵐が荒れ狂い、日本やフィリピンへと避難する羽目に陥ったのではないか。中国人の正体がわからないのか、知ろうとしないのか。攻撃体勢が整うまでは本心を表さない、手練手管に長けたのが中国人である。「同じ目的に向かい、手に手をとって進もうではありませんか」等と言われ、すっかりその気になるのが宣教師である。

「馬鹿は死ななきゃ直らない」と言うが、何度騙され、何度殺されても直らないのが宣教師なのだ。

調べると、十七世紀前半にもめでたい資料がある。中国政府が布教活動に協力し援助したと、小躍りしている。さて小躍りして出かけた宣教師はどうなったか。政府の許可を受けた暴漢に殺される者あり、「協力、援助」を約したはずの政府により処刑される者あり、と痛ましい最期を遂げたのである。どうしても殺せない相手には敬服し信服するのが中国人である。宣教師はこの辺のところを見逃してきた。何度死んでもわからない。

陰で国民党が虐殺の糸を引いていることが明らかであるのにもかかわらず、毅然とした態度を示さないからますます付け上がる。これでは犯罪が減るはずがない。次の数字は一九三三年「中国におけるキリストの証言」という表題が付いた報告にあるものである（数字はカトリック系の宣教師に限ったものである）。

捕まった者のうち三人は拘留中に死んでいる。逮捕の目的はもちろん「身代金目当て」である。しかしこれでは聞こえが悪いから、「愛国運動」の一環として逮捕したことになっている。プロテスタントに関しては具体的数字がないが、その数は少なくない。

年度	逮捕	殺害
1912	1	1
1913	1	1
1914	4	2
1915	0	0
1916	3	0
1917	1	0
1918	2	1
1920	2	1
1921	9	1
1922	10	1
1923	11	2
1924	11	1
1925	10	0
1926	16	4
1927	31	6
1928	38	1
1929	42	11
1930	77	7
1931	37	6
1932	13	1
合計	320	47

写真による情報操作

アメリカ国民は実態を知らない。知らないどころか、偽情報に騙されている。大量のパンフレットや写真がばら撒かれ、下賜休暇中の宣教師がスライド上映で「大躍進する布教活動」という嘘をばら撒いている。つり目の生徒がにっこり笑っている写真は説得力がある。「この中の何人がクリスチャンなの？」とか「十年前ここを卒業したあの優秀な学生さんはどうなっているの？」と聞く者はいない。校舎の焼け跡の写真を見て「何人焼き殺されたの？」とは誰も聞かない。真夜中に放火されたのである。放火魔はアメリカ人の先生の下、アメリカ人の金で外国人排斥運動を研究しているが、写真では愛嬌を振りまく好青年である。

宣教師はにこやかに笑いながら、「この子が魯君です。ある日、教会に来てくれてね。云々」という具合に褒め上げる。それから帽子を回して「魯君の将来のために寄付を」と来るわけだ。

　思わぬ効果を上げた写真の例を紹介しよう。ハリー・コールドウェル師の写真である。師は福州では名の通った虎狩である。中国人は生まれつき胆力がない。それで胆力をつけるさまさまな迷信が生まれたが、中でも虎肉を食うと胆力がつくらしい。だから一口食おうとそれこそ「虎視眈々」である。さて、件《くだん》のコールドウェル師が虎を仕留めて山を下りてきたところ、肉を食おうと苦力が押し寄せ大混乱となった。そこで師は、仕留めた虎に飛び乗り「公平に肉を分けるから並べ」と大声を張り上げた。例の写真はこの瞬間に撮られたのである。できた写真に虎は写っていない。写っているのは両手を突き上げ大音声を上げるコールドウェル師の姿と、師の声を聞こうと押し寄せる民衆である。これが後にアメリカに渡り、「ハリー・コールドウェル師の教えを聞こうと押し寄せる福建人の群れ」という表題がついて宣教関連の刊行物に登場したのである。効果は絶大であった。その気になって見れば、どの顔も聖書の教えを聞きたがっている「精神的に餓えた」顔に見えないこともない。

　これには後日談がある。コールドウェル師の名誉のためにお断りしておくが、師は立派な人物であり、師を知る人なら誰でも、師がかような間違った使用法を黙って見逃すような人ではないことはよく知っている。だが今回ばかりは、あまりのばかばかしさに師も腹を抱えて笑った。なぜこのような話を持ち出したかというと、実際の宣教活動とそれを伝える情報には、時として「眉唾もの」があるということをお伝えしたかったからである。

領事の影の努力を知らない宣教師

　閑話休題。話を我らが「盟友」国民党に戻そう。一九二七、八年、熱狂的排外の嵐が吹き荒れたが、その後、幾分沈静した。しかし地下活動は相変わらず活発で、時には大っぴらな妨害運動も繰り広げるから、一番困るのは宣教師である。一旦妨害命令が出ると徹底される。例えば去年（三二年）の冬の例を挙げよう。あるミッション病院にレントゲン撮影機を導入する計画が持ち上がった。これ自体は何ということもない仕事である。ところが、官庁からさまざまな横槍が入り、事務方は何週間も仕事にならなかった。一体、誰のためにレントゲンを入れるのか。「あなた方のためですよ」と言っても聞く耳がない。逆恨みほど辛いものはないが、こちらの好意に水を差すにも程がある。このような人間は中国人以外にはいない。「写真を取られると魂を抜かれる」等という迷信からやっているのではない。こちらの好意を知りながらやっているのである。首謀者は教育のある者であり、留学組も多い。なぜ妨害するのか。答は単純。「政界入りの切符」になるからである。熱心さが認められると、めでたく政界入りできる。それから今度は臆面もなく訪米だ。アメリカでは「中米両姉妹国友好親善万歳！謝謝！」と叫んで拍手喝采を浴びる。それからとんぼ返りで、情け無用の反米・排外運動に明け暮れる。

運動はあらゆるところに見られる。例えば、アメリカ人の生命が危険に曝されても見て見ぬふりをする、外国人と付き合う中国人の命を狙う等、影には必ず役人が付いている。私もさまざまな交渉に同席したがいずれも表で笑って裏では青竜刀を研いでいる。まともな扱いをしてくれる時もある。領事が「友好の鳩」として有力者を招いて、それこそ酒池肉林の宴席を設ける時である（もちろん費用は領事持ちである）。

酒の力を借りるわけではないが、酒を酌み交わせば四角い物も丸くなる。各地のアメリカ領事も、土地の有力な役人を選び、何かと配慮しているが、あまり効果はない。返礼として盛大な宴会を設け、食うだけ食い、飲むだけ飲んだら後は知らん顔の半兵衛である。

福建省の福州では警察署長の黄中佐が頼みの綱であった。頼りになる男であったが、強力な敵が現れ追い出されてしまった。同じ福建省のアモイのリン・フランクリン領事の頼みの綱は林大将であった。フランクリン領事はアモイ地区に住むアメリカ人向けに「アモイニュース」を流しているが、この情報源は「林大将の最新ニュース」である。読者は宣教師である。なぜなら、中国全土、福州もアモイも領事館も、住んでいるのはほとんどが宣教師である。彼らが曲がりなりに布教活動なり慈善事業を行えるのは他でもない、数少ない黄中佐や林大将のような人物のおかげである。

こうして、どうにかこうにか抑えているのである。生命財産を奪われないのは紹興酒やシャンパンのおかげだということを知らない宣教師が多い。朝、危険が去ると「祈りと信仰のおかげで助かった」と喜ぶ。塀の外を見よ。使用人が一本六ペンスの小遣い稼ぎに空き瓶を集めているではないか。

近年、と言っても特に一九三二、三年のことだが現実的見方をする人が増え、宣教事業を「もっと中国人の要望に合うものにせよ」と説いて回っている。代表的なものに「レイメン調査委員会報告」がある。それによれば、

新しい環境に対応できる宣教師を中国人は望んでいる。これは帰国した宣教師の要望にも合致したものである。

宣教プログラムを改善せよと仰るのである。中国人の舌がおいしい料理に慣れてしまったから、もっとおいしい、食欲をそそるものを出さないと駄目だというのだ。

おめでたい限りだ。宣教師が引き起こす揉め事の解決に日夜奔走した私からすれば、基本的なことがわかっていない。何点か提案しているが、その提案に一貫性がない。例えば、「社会科の授業重視」は結構である。しかし同時に、「国民党の感情を害しない」ともある。「国民党の方針に従うこと」というお達しがある中で、こういうことができるであろうか。不可能である。いくら世界共通とはいえ、中国ほど腐敗のひどい国はない。その中国で、社会や政治経済を真面目に授業で取り上げたら、国民

党の一党独裁、搾取、大弾圧しか「生きた教材」はない。「庶民の要望に応える授業」を実践したら、それこそ「権力者批判」とならざるをえない。

世界最高水準の教育を受けながら思想家が出ない不思議な国

ミッションスクールには社会科の授業がある。しかし基礎だけで、具体的問題に踏み込んで研究することはできない。学生の声を聞くために彼らが書いたものを何度か読んだ。すべてが中国人独特のわかりにくい文章である。決まったようにこう切り出す。「富が万人に行きわたる国家が理想の国家である。ただし富が一部に集中してはいけない」。それからだらだらと、「こうでない国家はよろしくない」ことを証明するために言葉を並べ立てたかと思うと、初めに返って、「富が万人に行きわたる。ただし富を持ちすぎてはいけない」と当たり前のことを書いて満足している。

九割はお粗末で進歩がない。「飢饉は嘆かわしい」とか「圧政は悪である」とか「いい政府は悪い政府より良い」という具合である。客観的観察に基づくものが何もないから五分も読んだら頭が痛くなる。わかりきったことの引用、要約である。独創性がないうえ、抽象的なことになると全く駄目である。新聞、雑誌も似たり寄ったりである。名作家の誉れ高きあの孫文にしても例外ではない。「やってはいけないこと」をやるように言っているし、やるべきことをやるように言わない。せいぜい「労働者が協力し幸せに暮らせる国になることを望む」程度のことしか言っていないのである。世界最高水準の教育を受ける学生が何千もいるのにもかかわらず、一級の思想家が生まれないというのは現代の七不思議の一つである。

中国問題を分析しているのは外国人、主に英米人である。中国人が、諸問題を客観的に観察した本はもちろん、広く深く観察した本は一冊もない。どこの国にでも、例えばロシアでも、自国の問題を論じる者が相当いるのだが、中国は頭数だけはそろっているのに駄目である。何をしているかというと、悲惨な現実を取り上げて公表しているに過ぎない。

ハーバード、コロンビア、イェール、コーネル、シラキュースなどの名門大学に留学生した者が多数いながら建設的な意見が出ないのであるから、設備も不十分なミッションスクールに期待するのは期待のし過ぎというものだ。地元住民は邪魔するし、国民党は工作員を潜入させ「アメリカ人教師をたたき出せ」とばかり放火魔まで仕組むのである。

政府による思想統制の具体例を紹介しよう。福州のキリスト教大学でのこと、「自由、平等」等を学んだある学生が「我等に自由を、平等を与えよ」と声に出し、運動を始めた。勇ましいことではあるが、政治的思想信条を表明すると国民党から関係者一同処分される。これを恐れた陳学長は退学を申し渡した（こういう微妙な問題は中国人に任せることにしてあった）。去年の秋、この学生は信念に燃え、福州の警察署長を訪ね、逮捕された関係者の釈放を要求した。対する警察署長は、「無礼者。俺を誰だと思っているんだ。話があるならまず跪《ひざまず》け」と命令したそうである。昔は「直訴」する時はこうしたものである。ところがこの頑固者の学生は政治思想を読みすぎたのか、命令を無視し、立ったままで、ただ「釈放せよ」と繰り返した。これを見た署長は、やおら拳銃を抜いて、その場で射殺した。それから「まだいるか？」と呼んだが、一緒に来た仲間は遠くにいたので聞こえなかったから助かったそうである。

ミッションスクールは政治の世界に深入りしてはいけない。「一寸先は闇」が政界である。「寄らば大樹の陰」と寄り添った「大樹」も明日は切り倒されることがままあるから、下手すると下敷きになりかねない。例えば、二、三年前、勢力拡大主義のため共産党中央部が大金をばら撒いたことがあった。金の力は絶大。さっそく「名ばかり」の共産党員が殺到し、「赤化」勢力が広がった。これに怒った国民党は、この「変節者」を家畜のように屠殺して回ったのである。

先ほど紹介した過激な学生は中国人にしては珍しい例である。ただ勇ましいだけで「先見の明」がなかっただけのことであり、信条のため身を捨てる殉教者たらんとしたわけではない。風見鶏で実利しか考えない中国人が政治や宗教に命を捧げるはずがない。

中国人の命がいくら軽いといっても「命あっての物種」。主義主張よりは大事である。「風向きがおかしくなりそうだ」という噂を聞いただけで、さっさと神への忠誠を止めてしまうのが中国人である。

巨額の援助を不満とする中国人

「適格な教師の派遣を」と言われるが、これを自虐的という。結果が現れないとすぐ「努力が足らん」と言う。しかし、すでに、少なくとも一億千万ドルも援助し、功成り名遂げた優秀な教師を数千人も派遣している。教師を殺害し、校舎を焼き討ちする国に、である。政府が音頭をとって反米運動をする国に、である。

演技のうまい中国人にコロッと騙されているのである。「期待していたアメリカ人に裏切られ失意のどん底に落とされた」と迫真の演技の中国人。「あぁ、期待を裏切ってしまった」と反省するアメリカ人。行商だろうが苦力だろうが主演男優、女優になれる。中国暮らしも長くなると、慣れっこになって、奴らの下心がわかるから、ガマ口だけはしっかり締め、大笑いするところである。ところがアメリカでは舞台裏の解説がないから、大方は演技とも知らずコロッと騙されるのである。

呆れてものも言えないが、現地ミッションスクールの教育成果が上がらないのもアメリカ人のせいにしているようである。しかし前述したように、アメリカの一流大学に留学しても、出来が悪いのは同じである。実は、彼らに本当に必要なものは「徳育」である。これこそ中国人に欠けたものだが、簡単にできるようなものではない。

　ミッションスクールの施設設備は概ね良好である。教育学、化学、現代科学、数学等の課程では米英で普通に使う教科書や、これを改良した教材を使用している。使える中国の教科書がないからである。図書館には予算の許す限り、雑誌、新聞、その他の書籍も置いてある。本部校の施設設備はアメリカでも珍しいほど充実している。何百とある分校ではアメリカでも付けないような立派な先生に付くこともできる。福州大学を例にとって紹介しよう。ある週末、同大学教授のウイラード・サットン博士のお宅を訪問した。珍しく大変明るくお元気な、こちらも元気になってくるような方である。化学学部を案内して下さった。比較的小規模とはいえ、実験室にはアメリカの大学の設備をはるかに凌ぐ設備がデーンと座っていた。

　現在ミッションスクールに学ぶ学生は推定約五十万人。数ヶ国が援助しているが、半分以上はアメリカの援助である。

　大金持ちがいながら、また税金は取れるだけ取りながら、教育に全くと言っていいほど金を出さないというのも変な国である。

「中国には指導者がいない。指導者養成のためには今まで以上の教育援助が必要である」とパール・バックなどは言っている。しかし、現在の中国のミッションスクールの学生数の方が、あの一七七六年の独立戦争当時の十三州全部の学生より多い。しかも施設は改善され、教育課程も充実している。しかしあの当時の方が、不足をものともせず、協力し勇気を奮い、業績を上げていた。つまり、いざという時頼りになるものは学力ではなく人格と思考力であり、この二つを蔑ろにした大学教育などというものはお飾りにしか過ぎないのだ。

民を思う指導者がいない

中国人に根本的に欠落しているのは「品格」である。それゆえに指導者が生まれず、風見鶏で、死ぬまで足の引っ張り合いをしている。だからアメリカ人に向かって「教育援助が足らない」と責め立てるのである（援助が足らないのではない。中国人の経営ミスで効果が上がらないのである）。何千といる学士様や修士様まで自分のことは棚に上げて、アメリカを非難している。要するに国会図書館を丸ごと頭に詰め込むほど知識を詰め込んでも、指導力のある人が出る可能性は全くないということである。

中国人ほど指導しやすい人はいない。確かに短気で喧嘩好きだが、安定した強力な政権の下では極めて従順である。特に望みもなく、むやみに締め付けなければ満足する国民である。それなのに為政者は、この国民のささやかな期待に目を向けず、覇権争いに走る。裏切り、妨害、足の引っ張りあいばかりで、大義の下にまとまることをせず、敵の寝首を掻かんと、離合集散の繰り返しである。

大学院卒や学者でもなければわからないという問題ではない。やっている本人が「悪いこと」と承知の上でやっている。無学な船乗りや小さな店の店主でもわかることである。なぜなら、やっている本人が「正義、公平、協力」等の大切さを訴えているからである。ということは、つまり「自責の念」があるということだ。それでも、表では「正義、公平、協力」を叫び、裏では実に見事に共謀、妨害、暗殺、略奪を働いている。「欧米の大学で市政学、政治経済、行政学等を専攻した学生は違うだろう」と考えるのは甘い。喜び勇んでこういう世界にのめり込むのである。また例の「我関せず」である。中には「違う世界であれば幸せになれるのだが」と、何を言っているのかわからないことを書く者もいる。

前章で何度も書いたが、無知な大衆の指導のために戦う指導者がいない。この辺のところをアメリカ人は全く誤解している。実情は全く逆で、戦っているのは無知な大衆の方である。ただし、命永らえるためだけに横暴な指導者と戦っているのである。「争いごとはご免だ。俺たちは小さな畑を耕せればそれでいいんだ」と言うのであるから、今の政権が消えた方が幸せになれる。

「教育に力を入れれば良くなる」という声も聞くが、全くの見当はずれである。指導層はいずれも教育のある人間だ。高学歴者が少しでも中国人の苦しみを和らげたか。そんな形跡が微かにでも見えたら、こんなことにはならなかったはずである。

自虐趣味のアメリカ人

調査委員会は、しつこいほど「柔軟性のある宣教師を中国に派遣するよう」主張している。どうも曖昧な物言いである。「良かれ」と思ってやったことの「お返し」が侮辱、脅迫、人格否定である。それでも笑顔で耐えているのである。これ以上どうしろと言うのか。「一日の授業が終わったら、直ちに消化バケツを持てるように」とか「月曜日の全校集会で、排外主義者の孫文の肖像に礼をする時、頭が地面につくまでお辞儀ができるように首の骨を柔軟に」とか、暴徒が定期的に襲いに来るが、同僚である中国人が助けてくれなくても「裏の窓からさっと逃げられるようにもっと身体を柔軟に」と言うのか。

ここまで来ると自責、自虐趣味である。クリーブランド最大の婦人クラブの講演会を紹介しよう。講師は「内幕モノを暴露する」と約束した上で、「なぜ中国学生がコーネル大学農学部に留学しないのか」について話した。講師によれば、コーネル大学農学部はアメリカ西部や中西部の出身の学生が中心であり、結果、大農場向きの研究しかできない。一方の中国農家はすべて猫の額ほどの土地しかないそうだ。そして、「何たる失敗！　何たる無知！　コーネル大学に中国の農業に合う農業科を作らなかったとは！」と叫んだ。一同下を向きシーンとなった。言うまでもなく、この演者はコーネル大学の改革を勧めているのである。

ある意味、こういう自責の念があるから宣教師への金の流れが止まらないのかも知れない。この十五年の国際問題に「一家言」ある人が「我々は自分のことばかり考え、世界の声を聞く広い心を持たず、世界中の人たちへの義務を果たしていない」と訴えるのが流行になっている。しかしアメリカの外交問題を振り返ってみると、逆にそのほとんどが、我々が自分のことを「考えなかった」から起こったのである。中国との関係も然り。彼らは、義捐金をさっさと受け取りながら、後で「これは米帝国主義的搾取の野望を込めた中国民族の精神と文化の破壊の証拠である」と騒ぎ立てる。慌てた宣教師は騒ぎを収めるため「金送レ頼ム」となるのである。送られてきた金を中国人が好き放題使う。しばらくして「中国民族の精神と文化の破壊の証拠」と騒ぎ立てる。これの繰り返しである。これでは国際親善どころか「悪の循環」である。

次に来るのは何か。

宣教事業は「黄昏に近い」と冷静に見る人が多い。私も同感である。この十年間はいい勉強になった。善意が必ずしも通じない場合もあり、価値ある事業が結果をもたらさないこともあるということも学んだ。無益というわけではない。何事も経験だ。「敵を知り、己を知らば百戦して危うからず」という言葉もある。何事も相手を見るべし。これだけでも学べたから「良し」とすべきである。

アメリカでは「本能から理想へ」が止んだとまでは言わないが小休止状態にある。「禁酒法」は失敗に終わった。アメリカの歴史上初めてのことである。ただ「理想の世界が存在する」とか「理想の世界は近い」と叫んでも何も実現しないという事件がこの五年間で頻発した。中国の布教問題も然り。一九二〇年代から三〇年代にかけて、実態を隠していたのでアメリカに真実が伝わらなかったのである。そろそろ真っ当な評価をする人が現れてもいい頃である。アメリカ国内でも、あの楽観的で事実を直視しないあつかましい連中に疑問を持ち始めている。外交問題にも同じである。例えばアメリカはキューバやフィリピンをスペインから救ってあげた。だから彼らは当然永久にアメリカを愛してくれると思っていた時代はとっくの昔のこととなった。また「もう結構ですと言われるまで与えよ」のスローガンを掲げ「世界の名誉の管理人」としてフランスを熱狂的に支持した時代もとっくの昔のことである。同じ過ちを中国で繰り返すことは御免願いたいものである。

中国伝道事業の援助は削減する方向へ向いている。プロテスタントは終わりそうである。甘い汁を吸った者はいたが、社会福祉面に尽くそうという知識層は現れなかった。甘い汁を吸った連中は吸うだけ吸って「世のため人のために尽くす」素振りさえなかった。

つまり、愛国者はアメリカ人宣教師だったのだ。彼らは中国人の十倍も中国の福祉を考え、百倍も実践して来たのである。

もっと言えば、恩を仇で返すのではこれ以上の援助は望めない。慈善事業に携わるアメリカ人より裕福な者がごまんといるのに、全く協力しない。彼らには慈善事業を引き継ぎ、宣教師たちが安心して帰れるだけの金はしっかりあるのである。

「これにて一件落着」である。もし「アメリカの慈善事業は素晴らしい。ぜひ我々中国人でやりたいものだ」と心から願うなら、宣教師を全員アメリカに呼び戻して、施設設備は「お餞別」として差し上げたらどうだ。中国には、教師としての力がありながら何年も遊んでいる者が何十人もいる。資産家が中国国内はもとより、アメリカ、ホノルル、マニラ、シンガポールにもいる。その気になればいくらでも寄付できる。慈善活動、教育活動が中国人の手でできるようになれば、これこそ宣教師にとって「出藍の誉れ」というものではないか。

　しかし悲しいかな、中国人に任せたらすべてがオジャンだ。だから何だと言うんだ。彼らが望んだことじゃないか。銃口を向けた報い、略奪した報いじゃないか。反米運動の結果じゃないか。国際摩擦解消のため、経費削減、人命救助のためにも、恩知らずの酔っ払いとはきっぱり手を切ることである。

第七章　果てしない混乱

混乱が途絶える日は一日もない

中国では混乱が途絶える日が一日もないが、人は良いが無知なアメリカ人報道関係者はきれい事ばかり言っている。中国に住んでいる人には信じられない記事ばかりである。

「目指すものが違うから戦う」ということは、中国ではありえない。目指すものは同じである。賄賂、略奪、何でも良い、ただ「金」である。ただし一般大衆にはできない。手下を集めることができる者で、政治的または軍事的利益を上げようと企む一握りの頭目だけである。こういう頭目に率いられた集団がどこにもいる。これに入れば、命の危険はあってもオマンマだけはしっかり食える。いつ、気まぐれな頭目に騙され、生け贄にされるかわからないが、それも承知の上である。「誘い」を断わる方がよっぽど危険である。

この（一九三三年までの）二十二年間、身の危険を感じることが多くなった。いっそのこと兵隊になったほうがよい。兵隊なら食いっぱぐれはない。銃剣を振り回せば食料調達は思いのまま。逆に庶民の方は、さしたる目的もない軍隊がやって来て、いつまでも駐留されると、商いはできなくなり、働き手を徴用され、真面目に働いて得た物まで没収される。これでは仲間に入って略奪する方に回るか、入らずに略奪されるか、二つに一つしかない。

入っても月々十か十二メキシコドルのお手当てがもらえないことが多いが心配御無用。鉄砲という「食券」がある。軍律もへったくれもあったもんじゃないから現ナマまで手に入る。当然、鉄砲を担いだ下っ端に政治的目的などあろうはずがない。たまに隊長の訓示を聞くことがあるくらいである。これとて面子を保つためだけのいい加減なものである。寝返りは当たり前。少しでもお手当てが良さそうな方に、いとも簡単に寝返る。お手当てがきちんともらえるとか、「草刈場」が広いとかいう程度の理由で寝返るのである。将校も同じ。一例を挙げよう。去年の共産党退治の話。広東やアモイも討伐軍を派遣したが、そのうち、数千人が共産党側に寝返った。ところが二、三日後、多くが元の鞘に納まった。統計にはないが、将校でこの三年間寝返らなかった者の数は限りなくゼロに近い。外国人が集まると決まって寝返りの話になる。株価の上げ下げの感覚だ。雨が降らない日はあっても寝返り、出戻りがない日はない。

数ある中から一つだけ紹介しよう（翻訳は知りあいの中国人。日付は一九三二年七月三日）。

福州の福津と長楽近辺にとんでもない者が現れ、住民を捕らえて身代金を要求したあげく、殺害する等して、住民を恐怖に陥れる者がいた。名を陳蔚といい、年の頃二十六、閩江下流にある閩侯県のタイイ村の出で、地元の中学校から、第四軍の軍官学校まで出た俊才であったから閩津のファン・パオ・ユン軍の副官に抜擢され、才能を見込まれ、三千メキシコドルを預けられ武器購入のため上海へ送られた。ここまでは良かったが、長楽へ帰らず、そのまま武器を手に閩津の両替商を襲い、一万メキシコドルを奪い上海へ逃げてしまった。しばらくして長楽で農民の暴動が起こると、騒ぎに乗じ密かに帰郷し、昔の手下を率い、略奪行為を欲しいままに働いた。ある時、アメリカ海兵に変装し、部下とケンチンのアメリカ船を襲い、ミス・ハルバースタットと乗客何人かを誘拐した。ミス・ハルバースタットは釈放したが、福建当局から五千ドルの懸賞金をかけられる「凶状持ち」となった。こうなると部下は風見鶏である。陳に見切りをつけ、続々と海軍第二団に移った。もはやこれまで、と悟った陳は、自ら願い出て部下を入隊させた。その後、共産党制圧のため、海軍司令官に任命された林ショウコウがアモイから福州に来た。風見鶏を取り込んでいた林には「渡りに船」である。行き場をなくしている陳をこれ幸いとばかりに取り込み、従兄弟が指揮する海軍第二団の第一派遣軍司令官に任命した。それからしばらく経った一九三二年の五月二十七日、陳に「共産軍制圧に林と共にアモイへ出撃せよ」との命令が下った。陳軍輸送のため、パゴダ・アンカレッジの海軍司令官の指揮するジャンク第八四団が長楽へ来た。そこで五月の二十九日、陳は護衛兵約六十人と将校二十人を率いて出立した。

ところが、パゴダ・アンカレッジに着くや、陳軍は武装解除され陳自身は捕らわれの身となった。牢獄で将校二人に手紙を認めたが梨《なし》の礫《つぶて》。もはやこれまでと、覚悟を決めた陳は年老いた両親と妻に悔悟の文を認めた。

六月二日の早朝二時、牢獄から引き出され数十人の兵に伴われ、ホウハンへ送られた。最期の希望でブランデー一本、タバコ数本と餅を賜わった。海軍将校の立会いの下、四発見舞われ刑場の露と消えたのである。

少々解説が必要だろう。林に誘われた陳が誘いを真に受け入隊した頃、頼みの綱の林は上層部に睨まれ除名された。こうなると自動的に林側の者はすべて反逆者扱いされる。係わり合いのない上層部の喧嘩とはいえ、林側の陳もただでは済まなかったということだ。公正なお裁きなどあろうはずがない。勝てば官軍である。簡単に言えば、正規兵の陳は、公金に手を付け、私兵を養う盗賊となったが、正規兵に戻った。戻ったかと思う間もなく、また盗賊に逆戻りし、村人をかどわかす。またまた正規軍に迎え入れられる。迎え入れられてすぐに反逆者扱いされ、刑場の露と消えたということである。

寝返りは陳レベルの者だけではない。上層部でもごく当たり前のことである。この七年間だけ見ても寝返らないものはまずいない。この三年で福建で付き合いのあった軍人のほとんどが二、三回は寝返っている。陳の如く、盗賊と正規軍を行き来した者も少なくない。私利私欲以外には考えられない。「世のため、人のため」と新聞はもてはやすが、真に受けるのは外国人だけである。

ビールの泡より早く消える愛国の士

彼らはアメリカ人をだますコツを知っている。横断幕やスローガンの本家はアメリカだが、海を渡って中国でも大流行である。いわば「本家が分家にだまされる」珍現象がアメリカでは起こっている。離合集散を繰り返すのが彼らの常だが、アメリカ人は「国家統一のため、血判状を認め、統一戦線に合意する指導者たち」という記事にコロッとだまされてしまう。それから一週間ほど、あと追い記事を読んでいると、半分以上が分裂し同士討ちだ。そもそも統一戦線合意の目的は「自分の縄張りを荒らされない」、ただそれだけである。ところが、中国人の名前はアメリカ人には誰が誰やら区別が付かない。「裏切り」の記事を読んでも誰なのかわからない。別人と勘違いし、「あの立派な愛国統一戦線を邪魔するとは何たることだ」と悲しむのである。

去年（一九三二年）、多方面から将校が南京に集結し、一致団結を誓う儀式を盛大に催し、「一致団結。抗日戦争に命を捧げる」と血判状を認めた。ところが今年の夏、分裂し、私利私欲のため個別に日本軍と和平条約を結んだのである。馮玉祥もこのならず者の一人である。劉コウタン将軍もしかり。この者は満州国軍に寝返った。帰順を促す使者はその場で射殺された。陸が陸なら海も海だ。五隻が脱走し、満州国へと向かった。一九三二年七月二十七日付けのニューヨークタイムズ紙によれば、数日後、この五隻、一転して南へ向かった。日本と取引に失敗し、南京政府に反旗を翻す広東人と取引しようというのは明らかである。途中、アモイに立ち寄り蔡延楷にも売り込むつもりであろう。

意地悪い見方だとお考えの向きは、お気に入りの将軍の記事を半年分、切り抜いてみるとよい。愛国者ぶっても長続きしない。三日坊主である。いや三日ともたない一日愛国者はいるわ、数週間愛国者はいるわ。シラミつぶしに調べたら一年愛国者もいるだろう。ビールの泡より消えるのが早い。

今年（一九三三年）のニューヨークタイムズの見出しを並べて見よう。


六月八日北京発。抗日が統一を促進。日本侵略軍を撃破したことにより五年ぶりに南京政権の結束が固まる。

六月二十三日上海発。北部中国の独立を将軍たちが宣言。南京政府を否定。河北省で南京政府の独裁を非難。……南京と対立する馮玉祥が実権を掌握中。

六月二十七日上海発。五隻脱走。新たな「独立地帯」へ向かう模様。

六月三十日上海発。青島軍の満州国流入阻止のため将校射殺……南京政府の隠密か。

七月二十一日上海発。南京政府、馮玉祥打倒のため六万人派兵。激怒した広東は反乱を示唆し抵抗。

七月二十三日上海発。馮将軍ドラノから撤退……全軍は解放され中央政府軍に吸収され張家口へ進撃。

八月二十三日上海発。反逆者の馮に高官の椅子を提示……南京政府は馮に三つの椅子を用意……馮も受ける模様。

八月二十七日上海発。湯玉麟が取引目的で都市を占拠。熱河省の元知事で裏切り者の湯玉麟は…

……。

　この湯玉麟は去年の冬、窮地に落ちた自軍を見殺しにしたうえ、補給用トラックを徴用し、大量の阿片を持ち逃げした御仁である。ところで、湯が持ち逃げした大量の阿片を新聞は「私物少々」と書いている。

　きりがないからこれくらいにしておこう。ただ忘れてならないのは、比較的大きな事件しかアメリカには伝わらないということだ。現地で耳にするのは、離合集散の繰り返しや暗殺の類ばかりである。ところが、アメリカの新聞は同じ事件を何週間にわたって報道することが全くない。明るい記事がぽっと出るともう大喜びして、「待ちに待った中国の統一が進んでいる」等とぶち上げる。読者は軽くだまされ、現実がどうか調べない。

現実を見る目がない宣教師

　宣教師の話に戻るが、現実を見ないのもいい加減にしてもらいたい。帰国する前、宣教師たちと話したことがある。彼らは、「とうとう中国の統一が達成された。何年かかってもできなかった奇跡（彼らが使った言葉である）が起きた。日本の侵略のおかげである！」と大喜びであった。中国と満州国との間の国境争いを指してそう言っているのであった。そこで私は、「抗日で団結したといっても数ヶ月以内に必ず不協和音が生じ、日本と密約を交わすものが出ますよ」と私見を述べた。これは卓見というほどのものではない。ただ、中国人の性格や過去を見れば誰にもわかることである。六、七、八月のニュースでこの予想がピタッと当った。中国人の行動には付きものの気まぐれさが頭をもたげたのである。内部抗争、派閥同士の抗争はもちろん、南京政府にまで反抗する様は抗日戦争に引けを取らない。こういう抗争の後に休戦状態が生じただけのことである。大げさに話しているのではない。

いくら愛国心を囃し立てても、結局こうなるのだということである。

最近の情報によれば、あの馮将軍（部下に消防車で洗礼を授けたクリスチャンだが）は、五万とも六万とも言われる兵力で抗日戦を戦っているが、仲間のはずの者には日本との停戦協定を結ぶ者がいる。そういうわけで、馮は南京軍と日本軍の両軍と戦う羽目に落ちている。なぜこんな馬鹿なことになったのか。二つ考えられる。一つは、「ただでやるはずがない」ということであり、二つは、「いずれ止めるだろう」ということである。中国人らしく何か面子を保てるようなことを言って数週間以内に手を引くであろう。そうしたら数百万ドル手にするということもありうるのである。

賄賂漬けで、愛国者がいないのが国家再生の最大の障害

多くの兵を抱えた頭目は、日本のみならずライバルの中国人にまで脅しをかけ、自分がいかに強いかを誇示する。強く見えれば見えるほど敵は恐れをなし、「ここはひとつお引き取りください」と袖の下を弾む。場合によっては「うちに来ませんか」と誘いの声がかかることもある。そのためには、強そうに見える兵を養わなければならない。そのためには金がかかる。

日本人にとっては、金ですめばそれに越したことはない。戦になれば武器弾薬に金はかかるし人も死ぬ。だから可能な者は買収する。その数はかなりになる。ここ数年、この手で成果を上げている。もちろん、多くの場合、買収された頭目たちが真剣に戦うはずがない。申し訳程度に戦い、戦死者が何人か出るとすぐ引き上げる。大軍同士がぶつかる中国の戦争とはそうしたもので、敵将が徹底抗戦の構えをとらないと見ると、大抵退却するか、多少の損害が出たところで「手を結ぶ」のである。

一九三三年の春、一致団結して抗日戦争を戦っているはずの連中が、それぞれ日本軍と和平交渉をした。はてさて中国軍とは一体何のためにあるのやら。

これだけでも驚きだが、これからが中国人の本領発揮。ばらばらに日本軍と和平条約を結んだ後、この愛国者ども、返す刀を己の本丸に向け、同胞から新たな「領地」を獲得したのである！

「戦が終わった」と聞いたら、カネが動いたと考えて間違いない。

力量により人の評価に差があるのはどこの国でも同じだが、「あの人はいくら、この人はいくら」と全員に値札が付いている国は他にはない。西洋では考えられないことである。例えば、第一次世界大戦はいうなれば資金力の戦いだったが、指導者が賄賂で動いたら、勝敗は逆になっていたかもしれない。もし賄賂が効いたら、金にものを言わせてアメリカが参戦し、ヒンデンブルク（ドイツの軍人・政治家。第一次大戦で連勝、ワイマール共和国大統領、ヒトラーを首相に任命）やマッケンセン（ドイツの陸軍元帥。第一次大戦でロシア軍、ルーマニア軍との会戦で活躍）やティルピッツ（ドイツの海軍軍人、政治家）に鼻薬を効かせ「病気により退役」させ、中立国で酒池肉林に耽らせたであろう。実際はこうはならなかったが、中国では日常茶飯事のことである。これこそが、中国の国家として早期再生を阻む致命的障害である。

勇気・愛国心というものが著しく欠けているから苦境を脱出できない。メキシコ人にも敵わない。メキシコも中国と同様、何年も騒乱が続き、識字率も同じくらい低い。私利私欲に走る悪党も多い。しかし勇者、愛国者も大勢いる。残念ながら中国にはこれがない。

「中国人は一対一の戦いには強い。負けるのは装備が貧弱だからである」と知ったかぶりで言う者がいる。もしそうだとしたら、一九三一年、満州で二十万の中国軍がわずか一万四百の日本軍に数週間で追い出されたのはなぜか。戦の常識として、自陣で戦えば、装備が貧弱でも、敵を苦しめることができる。例えば、満州国と同じ広さの、フランスの植民地であったモロッコはどうだったか。フランスは、飛行機その他の近代兵器を持ちながら砂漠のリーフ族に悩まされた。このリーフ族の武器は

「勇気」であった。イギリスはインド北西部の部族の抵抗に何年も手を焼いた。アメリカ南北戦争では、最後の数ヶ月、十分の一の兵力の南軍がリンカーンの北軍に頑強に抵抗した。またイギリスは、南ア戦争（一八九九～一九〇二）では、一握りのブーア人を鎮圧するのに、かつてないほどの大兵力を投入したのであった。

勇気と協力がなければ、装備の優秀な敵に攻められたらどうすることもできないが、中国人にはこの二つが欠けている。戦争目的などそっちのけで、妥協、賄賂など目の前の利益しかないからいつまで経っても混乱は収まらない。

中国人は、我々とは違った意味で現実的と言える。村の一つや二つ持ったら「良し」とする。これだけあれば、阿片も、愛人にも、食べ物にも事欠かないからだ。なまじっか危険を冒して高望みするより、この方が良いというのだ。強い奴と手を組んで領地を増やすことは考えない。「鶏口となるとも牛後となるなかれ」というわけで、中国全土を支配する政府の小役人になるより、例えば雲南の「頭」の方が良しとするのである。アメリカ人も似たところがあって、ワシントンで給料の安い内閣の一員になるより、田舎でも実入りの多い市の市長のが良いという人がいる。とはいってもその数は少ない。ところが中国人は上から下までこういう人間だらけである。

「お国のために」という気持ちがなく、自分と身内のことしか考えない。上に立つ者がこうだと困るが（中国では上に立つと絞れるだけ絞ることしか考えないが）、庶民はこれでもよいだろう。しかし国全体として見ると、情けない限りである。西洋人が公私共に優れているのはなぜかというと、大きな目標に邁進する気持ちがあるからである。これは長所でもあるが短所でもある。こういう気持ちが中国人にはない。ないどころか愚の骨頂と考えている。しかし、この何とも説明のつかない奇妙な性格、先祖代々受け継いだ燃える血潮があるからこそ、時には運悪く処罰された者もいようが、我が民族は世界に冠たる地位を築けたのである。逆に、中国人にはこういう気質が欠けているから今の混乱があり、将来改善される見込みもない。

世界史上類例のない中国の悲惨

これは世界史上類例のないことである。血の海に膝まで浸かり、村といわず町といわずことごとく絞られ荒らされ、死者、拷問、餓死者が毎年数百万もでるのに、何万という大学出の学士様は手をこまねいているだけで何もしない国。こういう国は世界のどこにもない。学士様の誰一人として、信頼の置ける指導者を探そうと考えもしないというのも他に例がない。

指導者はすべて己のことしか頭にない。世のため人のため尽くそうにも、支持者がいない。何かやろうとすると、いつ後ろから刺されるかわかったものじゃない。

世界の革命や動乱を見ると、己の利益ではなく世のため人のためを願い闘う者がいるものである。主義主張のぶつかり合いとも言える。ところが、中国にはこれが全くない。愛国の旗印を掲げる指導者も一人もいない。どこの世界にも「腐敗、堕落」はあるが、中国のような百パーセント腐敗、堕落している国はない。

蒋介石と宋一族

いわゆる「中央政府」は「宋王朝」と揶揄されている。中でも尊敬される優れた人物は、財務大臣の「T・V・宋」こと宋子文である。父はノース・カロライナで一旗上げたウィルミントンである。姉の宋慶齢は辛亥革命の父と呼ばれた、あの有名な孫文の後妻となった。辛亥革命で中国がどう変わったか。君主制は倒したが相変わらず混乱は収まらない。

妹の宋美齢は蒋介石に嫁いだ。宋一家は全員が留学している。蒋介石の妻となった美齢はウェルズリーカレッジ（マサチューセッツ州ウェルズリーにある全寮制女子大）に学び、宋子文自身もハーバード卒である。全員がクリスチャンである。にもかかわらず、官報で反クリスチャンを指導しながら恬として恥じない一家である。

宋一家の内輪もめは有名である。蒋介石はほんの数年前まで、熱心な共産主義者であり、中国の赤化を目論むソヴィエトが差し向けた工作員と共に動いていた。当時の中国中央政府は、ある意味（ロシアが差し向けた国民党中央執行委員会政治顧問の）ボロディンに牛耳られていた。蒋介石としては面白くない。そこで例によって対立した。これを見た孫文の未亡人宋慶齢は蒋介石を公然と非難する。それから怒りを静めるためモスクワへ行き、しばらくは帰って来なかったから熱烈な共産主義者であるのは間違いなく、一九二六年に国民党が共産主義を排除してからは、一族と疎遠になっている。

蒋介石は政略結婚で宋家の一員になった。留学経験もないから英語もうまくない。単なる軍閥の頭領に過ぎず、権力維持に必要な戦いしかしなかった男である。その経歴から見て「洞《ほら》が峠を極め込む」日和見であり、略奪者に近く、目的のためには手段を選ばない。

一方、宋子文は外国人には頗《すこぶ》る評判がいい。中央政府の中では珍しく、力があり、国全体のことを考えて行動する人物である。宋子文は国全体のために何をすべきか考える前向きな姿勢のようである。主な仕事は、中央政府の脅威となっている軍閥を宥《なだ》め、政府に刃向かわせないためにばら撒く金の工面である。貸付金がチャラにされ回収が困難だから、宋の苦労は並大抵ではない。

税関だけは正直な米英人を雇う

政府の主な財源は関税である。税関は外国人である。これは約七十五年前、清王朝の要望で取り入れられた制度である。外国人は正直でこういう仕事に向いているから、税関の「長」に頂き、全国の港に配置すれば不正がなくなるというのである。正しい判断だった。今でも外国人が配置され、うまく機能しており、南京政府への送金も滞ることがない。面白いことに、どの派閥も排外プロパガンダだけは横一線なのだが、この外国人監視制度だけは誰も廃止を言わない。おかげで皆が潤っている。感情を交えずしっかりしているから、疑う者は誰もいない。中央政府も、国土の一部しか掌握できていないから、全土に外国人の税関が配置され、しかも公正に集金してくれるから、大助かりである。政府に楯を突いてカネを脅し取っている連中も、この制度を廃止したら自分たちの「貰い」が減るかゼロになることを知っている。税関にはアメリカ人とイギリス人が多い。専門職だからかなりの高給で年金も付く。

ユニークな人物あれこれ

ユージン・陳という男を紹介しよう。外国事情に通じ、プロパガンダの達人である。故郷のトリニダードで名を上げた成り上がり者である。ブルース・バートン（米国の実業家・作家・政治家）ばりに抜け目がない。文章は中国語より英語が得意で、ブロードウェイの宣伝のプロに勝るとも劣らない。根っからの山師である。アメリカなら、石油を掘り歩き、グレープフルーツ農場のセールスマンやら投資詐欺師として成功するタイプである。中国に来てから、政界に潜り込み、見境なく派閥を渡り歩いた。誰であろうと役に立つと思えば擦り寄り、敵と思えば攻撃する人間である。

さて、南京政府が一応中央政府ということになっているが、これに従わない地方もある。広東がその一つで、中央政府の「日本製品不買運動」に与しないことがあった。そこで目端の利くユージン・陳は一口乗って密使として日本へ渡り「反南京政府運動」を画策したようである。もちろん日本側は相手にしなかった。失敗と見るや、南京側に寝返り、外務大臣となり「日本製品不買運動」を推進した。

陳は風見鶏の本領を遺憾なく発揮している。一九一六年には反日分子として投獄され、一九二六年には反南京である広東政府の外務大臣。一九二七年には反南京である漢口政府の外務大臣となり、その次に同じく反南京派で漢口の抗争相手でもある広東政府から同じポストを頂いている。その後、広東を出て南京政府の外務大臣を務めた。一九二八年からは国民党一筋である。

中国政治を見る時、権力者がその地位にあった正確な期間を確認しておかねばならない。敵側に寝返ったと思うと、ほんの数週間、いや時によってはたったの一日で元の鞘に納まることがよくあるからである。一九三一年の年末、学生がデモをして対日戦争を叫んだことがある。そのときあの宋一族は一月の間雲隠れした。もし日本がこの学生の「対日宣戦」を真に受けていたら中国の自殺行為となっただろう。しかし宋一族は、南京中央政府を責めようとはしなかった。後で、蒋介石が学生運動家の中の体格のいい連中に、「諸君は対日宣戦布告を叫んでいるが、本気な者は一歩前に出よ」と聞いた。すると蜘蛛の子を散らすようにいなくなった。同じ頃私が住んでいた福州の町の学生の話を紹介しよう。彼らは「授業に軍事訓練を取り入れよ」と激烈な「要望書」を出した。望みが叶い、汗と泥にまみれる訓練が始まった。三日も経たないうちに新たな「要望書」が作られた。「学生の本分を踏みにじる暴虐な軍事訓練の強制を中止せよ。教育への不当な介入である」というのであった。

どんどん紹介しよう。去年のある日のこと、広東の陸軍と海軍でいざこざが起こり、陸軍が海軍の砲艦への発砲を命じるという信じられない事件が起こった。午前中、港で撃ち合いとなり、関係のない船にも砲弾が降りかかった。しばらくして海軍側が尻尾を巻き、香港（もちろんここはイギリス領である）へ逃げ込み、例の如く、ほとぼりが冷めるまでじっとしていた。その後、両者は仲直りした。

次は満州軍閥、張学良の話である。「満州の王」気取りで、中国に「満州には手を出すな」と警告まで出すほどになった。こうまでされては中国政府も黙ってはいないと思うのだが、何もできない。ただ「反逆者、無法者」としただけである。だから張は我が物顔に満州で暴れまわっていた。ところが日本軍はわずか一万四百の兵で、しかもたった数日で二十万の張軍を撃退した。負けた張学良はどうなったか。広大な満州から搾り取ったから金に不自由はない。選りすぐりの美女二、三十人を秘書として従わせ、イタリア旅行へと洒落込んだのである。

ウェリントン・クー（本名、顧維鈞）は前コロンビア大学のディベートチームの一員で博士号を持つ人だが、どうも鼻持ちならない。外交官向きだと評判だが、全くの風見鶏である。今のところ表立った失策はないが、目元はユダヤ人、身のこなしは軽やかで、最も中国人らしい中国人という印象がある。たびたび大使に起用され、評判は上々である。恐らく警戒心が強く、一つの派閥に深入りしないタイプだろう。

ユニークな人物はいくらでもいるが、これくらいにしておこう。

いくつもある中央政府

中国には「中央政府」と名乗る政権が二、三ある。最近、広東は南京と張り合っている。また、四川地方には劉将軍がいて、海外には知られていないが、五千万もの農奴を酷使し悠々と暮らしている。自前の競馬場を持ち、外国人を呼んで競馬を楽しんでいる。もちろん私兵を養い外国人顧問を付け、飛行部隊まである。南京政府も一目置き、手出しができない。また、雲南も独立国家然としたものである。チベットに近い所にあるから、南京政府もどうしようもない。

中南部の江西と、隣接する福建の一部は共産党の拠点となっている。直接モスクワと通じ、ハンマーと鎌の赤旗（ロシア国旗）を掲揚している。港がないのが弱点で、しばしば省都福州を獲らんと攻め、去年はアモイの約十五、六キロまで迫った。去年は広東を攻めたから、頭目たちは警戒した。この共産軍撃滅のため、広東から大部隊が遣わされた。ところが、このうち数千人が高給を提示され、一も二もなく共産党側に走った。飛行機二十機も前線に送られたが使われず仕舞い。司令官の報告は次の如し。

「出撃命令を下せども発進せず。部下が小遣い稼ぎに、プロペラからスパークプラグにいたるまで全部品、外せる物は悉く外し、売ったからである。天命である。出撃命令を取り消す」

喜んだのは共産党軍。これ幸いとばかり、分捕れるだけ分捕り、山奥へ引き上げた。これで「双方めでたし」である。

諸外国は国民党を中国政府としているが、たまたま首都南京を制圧していたのが国民党だからである。数年前までは北京が首都であったから、各国公使は北京に住んでいて、首都が南京に移されても、動かなかった。気候は良いし、お互い顔見知りで住み心地が良かったからである。加えて警備の問題がある。引っ越せば警備体制を新しく敷かねばならない。したがって、居を構える北京が首都で、中国人には南京が首都である。おかしな話だが、他にいろいろあり過ぎて、この程度のことを「おかしい」と言う人はいない。北京、南京ときて、去年は「首都は洛陽にあり」とも言われた。これでは首都移転用のトラックや船が要る。

中国全土のうち、どれだけ国民党が支配しているかはわからないが、十分の一ではないかと思われる。しかし、国民党には他にない強みがある。前にも述べたが、諸外国は国民党を中国政府と公認し、関税を払っている。これを政権維持費に回せる。敵に寝返りそうな分子が党内にいて、これを引き止める金が数ヶ月も滞っているから、大助かりだ。

独立またはそれに近い政権はいくつもある。省をいくつも支配するような大きな政権も、離合集散を繰り返すからいくつあるかわからないが、恐らく十数個あるのではないか。また同じ政権内でも派閥ができ、小さな町を支配する者から数ヶ国相当の規模の地方を数ヶ所配下に置き、自治権を持つ支配者もいる。

食うために兵隊になるから命を懸けて戦わない

戦がまたいかにも中国的である。最期まで戦うことはまずない。戦闘参加人数に対して、戦死者は驚くほど少ない。例えば、それぞれ五万人の兵力がぶつかる戦では、二、三百人ほどの戦死者が出たら「勝負あった」となる。兵士には敢闘精神がない。日本人や欧米人とは違って、「闘争心」や「何が何でも勝利を」という気迫がない。相手を倒そうという目的が全くない。所詮、食うためにたまたま軍隊に入ったのだから、弾に当たって命を落としたら元も子もない。

両軍ただ睨みあうだけである。もちろん前線では小競り合いがあり、犠牲者も少々出るが、本隊は相手が自陣に攻め込まない限り、数ヶ月ものらりくらりして、本格的攻撃はしない。こういう時に活躍するのが「友好の鳩」と言われる者である。両軍を行き来し、いわば示談金の額を引き下げる。当然ながら自分の懐に入れる額は上乗せしている。まことに中国人らしい制度だ。仲人のようなものでもある。諸事万端、鳩を飛ばす。また自分が鳩になることもある。面と向かって話をするのを嫌がるから、それこそ人殺しから縁談まであらゆる場面で鳩が飛ぶ。場合によっては、鳩が三羽も四羽も飛んで、話を伝えるから、これぞ正しく「伝書鳩」である。

さて、両軍がにらみ合ったら友好の鳩がすぐ飛ぶかというと、そうはならない。一方が相手の戦力を十分把握してからでないと鳩を飛ばさない。圧倒的優位とわかっても「突撃！」とはならない。「負ける可能性もある」と考えるからである。戦って何もかも失うよりはカネで解決しようというのである。たまに突撃命令を出し実際の戦闘に及ぶ者がいる。こうなってはたまらない。「米る」という噂を聞いただけで、一目散に逃げるのが中国流の戦である。

犠牲者は圧倒的に住民である

もちろん、三百万もの人間が戦えば（三百万とは大げさだが、理論的にはいくつもの集団が集まって戦闘に参加するのだからこういう数字になる）、多くの死者が出る。ところが兵隊の死者はごく少ない。ほとんどは戦場となった地域の住民である。しかもほとんどが餓死である。米粒一つ残らず「友軍」に奪われるからである。一つ例を挙げよう。一九三一年の五月、江西省と湖南省における対共産党戦に関する楊将軍の報告である。

江西
　死者　十八万六千人
　難民の死者　二百十万人
　焼失家屋　十万棟
湖南
　死者　七万二千人
　焼失家屋　十二万棟

次は一九三一年十一月の湖北省での共産党の略奪報告（湖北省知事）である。

　死者　三十五万人
　家を失った難民　三百五十万人

焼失家屋　九万八千棟

これはほんの一部に過ぎない。この数字を疑う理由はない。数字にはないが、住民を守るべき軍が逆に食料を取り上げ、飢え死にさせ、あるいは焼き討ちにする。将軍たちはこういうことは報告しないのである。共産党の支配地区には「どちらもひどいが、防衛軍より共産党がまだまし」と言う者も多い。宣教師の家族たちも「その通りだ」と言っていた。私も福建で、共産党に追われた難民が徒歩で、また小船で逃げてくるのを目撃した。大混乱だったそうだ。福建や隣の広東では大虐殺はないようである。共産党のやり方はこうである。カネのありそうな者を拷問する、羽振りが良く資本主義者と思われる者は即刻殺す。だから金持ちは共産党が来る前にさっさと逃げる。貧乏人だけが残り、餓死者が出るのである。

数百万単位で人が死ぬことはざらにある。大洪水や大飢饉があると数百万単位で死者が出る。あの太平天国の乱（一八五一～六四年）では二千万人が消えた。この数字は外国人研究者がはじいた数字である。世界史上でも類のない数で、第一次世界大戦の戦死者数をはるかに超えている。あれから二世代経った今になっても、人口が元に戻らない地方がある。昔ながらの封建的荘園制度のままで、地主は他から苦力をかき集めて働かせている。太平天国の乱が起こっても後が続かない。中国国内の、この十五年の死者・餓死者は第一次世界大戦の全死者数を凌ぐと言われている。

昔はいざ知らず、現在の中国の戦では勝者が敗者を食い尽くすことはめったにない。占領地で食い放題、奪い放題しはするが、気怠げな感じで、最後まで行くことを恐れているように見える。大軍同士の戦では、両軍睨み合ったままで、小競り合いはあっても、何ヶ月も動かない。気勢だけ威勢良く上げるのである。最前線では敵も味方もなく、こっちについたりあっちに移ったりする。

共産軍撃破情報の真相

福建でこういう事があった。第一次上海事変の閘北の戦いで日本軍と戦い、活躍した蔡延楷将軍率いる第一九軍が共産党退治に来るというので大変な注目が集まった。これを聞きつけたのか、または別の理由があったのか共産党は退却した。蔡司令官は暫時待機し、共産党が退却したのを確認した後、登場した。ともかく蔡が軍を率いて到着する前に共産党は退却し終わったのである。中国の新聞もアメリカの新聞も「赤軍を撃退した蔡将軍」と大いに持ち上げた。が、これは嘘である。というのは共産党軍が町から約十六キロまで迫った当時、私はアモイにいた。蔡司令官が登場するかなり前から、アメリカの砲艦二隻を含む外国の砲艦六、七隻が国際租界の防衛に当たり、「一旦緩急あれば共産軍を撃退せん」と待ち構えていた。これを見て共産軍は後退したのである。初めから共産軍は福建を襲う気などなく、近くの「阿片の補給所」と化した町を襲い、阿片を手にしたら引き返す予定であったと見るのが正しい見方である。蔡も退却する共産軍に追っ手を差し向けていない。「地盤固め」のためアモイ近辺に止まっていたのである。後に「蔡将軍が福建の赤軍を駆逐」と報じられたが、全くの虚報である。一年以上経った今年の夏、赤化が進み、かつてないほど共産党が勢力を伸ばしている。

つまりこういうことである。蔡将軍自身は福建省南部の町アモイにいて、福州の共産党退治に七千人の部下を遣わした。ところがその時、共産党軍は福州から約二百四十キロも離れた山奥にいた。両軍の間に、劉ホーチン率いるどちらにも与しない半独立軍がいて、共産党退治のためだろうが何だろうが、自分の領地を通ることを拒否した。他人に荒らされたくなかったのである。第一九軍に抵抗し、福州の西門近くに塹壕を掘り出した。そして例の如く、小競り合いで戦死者が多少出たところで様子見となり、数ヶ月も動かない。ところが新聞は、「両軍協力して共産軍に猛烈な攻撃を加えた」と報道してしまった。何のことはない。共産軍はこの両軍に襲われることなく、山から下りてきて阿片の町を襲い、欲しいだけ手にして、はるか西の山奥に悠々と引き返しただけのことである。

蔡軍はもちろん、劉軍も南京政府の傘下である。しかし、劉軍は、蔡軍が共産党征伐という名目であろうと、自分の領地を通さないということは南京政府も承知の上である。劉は、「もしこの蔡の一九軍が自分の領土に入ったら、共産党征伐などそっちのけで、自分を追い出し、領地を乗っ取る」と思っていたのである。蒋介石が蔡と第一九軍をアモイと福州に派遣した理由は、関係者のみならず、外国人にもわかっていた。それは蒋介石のやり口で、政敵を鉄道から何百キロも離れた僻地に押し込めるためであった。

上海事変での閘北攻防戦を見るとよくわかる。世界のメディアはこの戦いを「中国統一完成。国民精神高揚」と絶賛した。私は当時上海にいた。信頼できる筋から聞くところによると、全く逆である。蒋介石は第一九軍司令官の蔡とは長い間不仲であったが、さすが蒋介石、「夷を以って夷を制す」作戦を採った。自分は危険を冒さず、金も使わず、日本軍に政敵を倒させた。事実、戦いが始まっても、蒋介石は援軍を出さなかった。それだけではない。裏でこの一九軍を妨害、攻撃した。当時、キャセイホテルにはアメリカの観戦記者がいて、「中国人同士の政権争い」だと知っていながら「人情物語」として打電していた。なぜなら、英雄談でなければ読者に受け入れられない、反感を持たれるからであった。蒋介石が自ら送った第一九軍の後方を撹乱したかどうかはともかく、この一九軍が日本軍を相手に苦戦を五週間も強いられているのに、誰も助けにこなかった。蔡自身、蒋介石に命じられたから仕方なく戦っていたのであるが、おかげで世界中に名が知れた。これが裏目に出て、福建の田舎に追放された。あそこから反撃に出るのは難しい。そういうことだ。

何でもかんでも英雄談、人情話に仕立てる記者連中には困ったものだが、中には猛者がいる。その名をジョージ・ソコルスキーといい、閘北の戦いを「統一完成」ではなく「茶番」と書いている。彼は、ニューヨークタイムスマガジンの一九三二年七月号に「蔡に戦わせ、高みの見物を決め込む蒋介石」と書いた。中国にいる外国人たちは、彼の目の鋭さを認め、関連記事を心待ちにしている。公式文書、条約、勝敗の記録だけではわからない裏情報がある。こういう情報を流してくれたほうがわかりやすい。しかし、これがまた実に難しい。口止めされているからである。もしソコルスキーがブレーキが利かなくなって、実名で書いたら、アメリカ人の目が覚めたことだろう。今まで真相を知らされていないのだから。知らないから極東関係が難しくなっているのである。

ところで、この蔡将軍、「愛国者の鑑」と世界中から絶賛されているが、冗談も休み休み言ってもらいたい。間違いなく一年もしないうちに南京政府に弓を引くだろう。「一人くらいは鑑になる将軍がいるはず」とまだお考えなら、どうぞ一年後に確認して欲しい。

さて、中国人の指導者の「エリートの奇行」についてお話しよう。上海事変時の中国軍高官の一人にウエストポイント（米国陸軍士官学校）出身者がいた。エリート中のエリートである。ところがこの男、こともあろうに戦闘の最中、軍事作戦を詰め込んだカバンを抱え、単身で日本軍に自分を売り込みに出かけるという、とんでもないことを企てた。当然、企みは失敗し、カバンは日本軍に没収された。これだけで懲りないところがエリート中のエリートたる所以。売込みが失敗すると何食わぬ顔で戻ってこう報告した。「アメリカ領事を表敬訪問するため領事館を探しておりました」と。

匪賊の暴虐を目の前にしながら何もしない討伐軍や学者

さて話を福州の第一九軍に戻そう。南京では「第一九軍が匪賊退治を開始」と大々的に発表されていた。その匪賊というのは、町の南方に当たる川の対岸のほとんどの地区を荒らしていた。第一九軍の任務は共産党征伐であったが、匪賊がいるため進軍できなくなり、まずこの匪賊退治ということになったのである。ところが七千人の兵隊は、川を渡って匪賊退治に行くでもなく、ただぶらぶらと何週間も過ごすのみ。川の向こうでは、百人ほどの匪賊が広大な土地を荒らし、誘拐、虐殺を欲しいままにしていた。村々の長老たちが助けを求めに来ても、見てみぬふりである。私が住んでいた家の裏手の小高い丘から、川の向こうの匪賊の根城を観察することができた。百人もの殺人集団が我が物顔に荒らしまわっていた。反対側に目をやると、あの世界的に有名になった七千人の匪賊討伐隊の本陣が見える。何週間も略奪、放火が起こっているのに、誰一人として、川を渡って匪賊退治に行こうとする者がいない。七千人もの軍隊は左団扇をして、マージャン等の賭け事に興じ、のらりくらりとサナダムシのようだった。これが中国なのだ。

町の向こう側には外国資本で建てた教会や学生寮が見える。ここは七十五年前から、科学、公民、社会学、倫理、道徳などさまざまな教育を何千、何万という「熱心で将来有望な」中国人に施している教育施設である。卒業生も数千人もいる。彼らは何をしているか。兵隊同様何もしない。教会や寺で団扇を片手にジョン・デューイやバートランド・ラッセルを読みふけり（読書をしていればの話だが）、左団扇でマージャンにふけり、お茶に溺れているだけだ。これもまた中国なのである。

「事を成すに、悪を成す者必ずあり」。残念ながらこれが中国の真実である。ただし憂国の士がいないわけではない。が、口先だけで行動が伴わないから何の役にも立たない。その証明に何の進歩も見られないではない。わかりきったことを仲間内で話すだけである。仲間内で教養をひけらかすだけの評論家となってしまい、「改革はいいものだ」というような当たり前のことを言って喜んでいる。いうなれば趣味のサークルだ。誰も反論できないことを研究して満足しているのである。

上流階級がこうであるから、中流階級に希望が持てるはずがない。読み書きができる商店主、大会社の事務員、大地主や職人などは、生きている間に世の中が変わるなどとは微塵も思っていない。変わるに越したことはないが、何百年も望みを絶たれてきたため、無理をするより、甘んじる方が良いと辛抱強くなっているのである。

「短期は損気」。実に辛抱強い。だから、いつまで経っても混乱は収まらない。協力すればできることはいくらでもあるのにやらないのである。

いわゆる学者様がいてもかまわないが、ほんとに必要なものは将来の展望である。中国の学者様はよく、「いつか世の中は良くなる」と言う。ただし、「良くする」のではなく、「自然に良くなる」と考えている。すべてこうである。ただし、金儲けだけは別である。いくら中国人だって、金が自然に増えるとは思っていないから、金儲けのためには全精力を注ぐ。その努力たるや世界一である。儲かるとなると（特に平和な国へ移住してからのことであるが）、夜も寝ないで働く。ユダヤ移民やギリシャ移民がへこたれようとなんのその、頑張るのが中国人である。

金を見て消える愛国の情

大志を抱き、国を憂え、何をすべきか真剣に考えても、実現はできない。協力者がいないのである。たとえスタートは良かったとしても、ゴールまでたどり着ける保証はない。「愛国者」を騙《かた》って現職を追い出した人間を「改革者」と思うようなお人好しは、まずいない。一九一一年の辛亥革命以後の歴史を見ればよくわかる。汚い手を使って政府高官の座に登り、しがみ付く人間は数知れず。もし例外があるとしたら、力がない人間だったということだ。

いわゆる指導的地位にいる知識層は、その気がないから指導など全くしない。黙っておれなくなったらどうするか、ちゃんと考えてある。例えば広東政府に物申す時は、遠く離れた香港や上海や南京で、南京政府に物申す時は、逃げるために汽車の切符を買ってある。

直接利害関係にない者がぶつかり合うことは、まずない。声を上げるのは、主に学生と留学帰りである。「過激派」と言われるが、その主張が非常識だから無理もない。例えば満州問題では、宋一族の南京政府は状況を見て日本に譲ったが、数千もの学生が「直ちに対日戦争を」とデモをしてパンフレットを撒いた。宋一族の判断は正しかったと言える。圧倒的な日本軍と戦を構えたら、負けるのは火を見るより明らかである。もし愛国学生に釣られて宣戦布告したとしても、彼らからはもちろん、どこからも協力は得られなかったであろう。大体、愛国ほど当てにならないものはない。愛国の看板を上げていても、商売となると、看板を引っ込め、何でもかんでも売ってきたではないか。だから、全面戦争となったところで、日本と商売を止めるはずがない。「現ナマ」を見せられたら「愛国の情」などはふっ飛んだのが、この四十年の中国の歴史である。

「買収とは卑怯なり」と日本を非難する中国人がいるが、滑稽極まりない。相応の金を握らされたら誰でも寝返るのが中国官僚ではないか。

兵隊にだけはなるな

中国の学者には、指導者に必要な豪胆さがない。これにはそれなりの理由がある。中国の家では昔から、出来の良い子を一人選んで教育を受けさせた。勉強だけすればよく、家事などは一切免除である。そこで、肉体労働を「頭の悪い者がやる仕事」と極端に嫌う学者が育つという仕組みだ。金で解決できないものはない、となる。兵役は最低の仕事である。昔から「良い鉄は釘にしない。良い人間は兵にならない。何になっても良いが、兵隊にだけはなるなよ」と言われる。中国軍を見ると妙に納得できる。

頭の良いはずの学生がなぜ盗賊ごときに負けるのか、初めの頃は理解できなかったが、最近わかってきた。鍵はここにあったのである。学生と山賊・匪賊は、気力体力が違うのは当たり前だが、それだけではない。モヤシ学生が理想を唱えても誰も真に受けない。改革を叫んでも得するものがない。逆に襲われる恐れがある。良いことといえば、時折新聞に載る記事の掲載料が二、三ドル貰えるとか、主張が孔子、孫文、ジャン・ジャック・ルソー、ウッドロー・ウィルソン等と相通ずるものがあると自己満足するくらいである。一方、山賊には（襲われる方には迷惑な話だが）明確な目的がある。毎月十メキシコドルのお手当てが見込める。それだけではない。やる気にさえなれば、鉄砲かついで民家に押し入り、食べ物でも阿片でも家財道具でも何でも手に入る。こういう明確な目標があり、また気性も荒いから元気だ。鉄砲と荒々しい兵隊タイプは魅力である。これに比べて、学生は魅力ゼロだ。第一、口先ばかりで行動力がない。おまけに鼈甲縁の眼鏡をかけ、肺病病みのようでは誰も相手にしない。その学生の掲げる立派なスローガンを見ると笑ってしまう。軍閥や盗賊のスローガンと同じだ。学生も兵隊も盗賊も同じで、看板だけは立派だ。

それでは、実績のある軍に入ったらどんな良い目ができるだろうか。殺し文句はこうである。「一つ町を手に入れたら、略奪は思いのまま、女も思いのまま」。これが中国人が考える「ロメオとジュリエット」である。これを目当てに新兵さんは鉄砲を担ぐ。鉄砲が「食券」だ。さらに、遅れ気味ではあっても、寝返り防止に数ドルお手当ても貰える。大義名分まであるから言うことなし。ただし、中身は学生のスローガンと何ら変わらない。お題目は立派でも悪事を働くのには変わりない。こうしたやくざ集団に入れれば、「当面必要な物」を与えてくれる。ところが学生は口先で改革を叫ぶだけで、臆病だから、安全な外国の租界に隠れているだけで、何もしてくれない。これではどっちに味方するか、勝負がついている。

「統一して改革を」という声があっても、小さく曖昧で、脈略がないから、四億の中の三億九千五百万は無関心で、世界最低の臆病者である。国民の大多数は、盗賊、軍閥、海賊、略奪集団の言いなりで、あろうことか、ちゃんとした政府（地方も中央も含めて）役人までそうである。このようなことは世界史上他のどこにもない。予備知識が多少あっても、略奪の規模、残酷さにはど肝を抜かれる。全土に独立した軍閥が私兵を養い、縄張りを巡らし、自前の武器を製造し、外国の軍事顧問（ロシア、ドイツの第一次世界大戦の退役軍人）を雇う者までいる。こういう盗賊軍団が来ない地域は安全かというとそうではない。盗賊に代わって村人が襲ってくるのである。

盗賊のみならず政府軍も略奪する

旅は命がけである。わずか十五、六キロでも危険だ。出かける時に、お馴染みの盗賊に有り金ほとんどを差し出す。出かけたかと思うと、新たな盗賊が現れ「金を出せ」とくる。「出かける時に出しました」と言っても何にもならない。「何もありません」等と言うものなら、銃剣の錆びにされかねない。ある盗賊団が縄張りを広げ、前からいた盗賊を追い出したとする。そうなると前からいた盗賊にスッカラカンにされようがされまいが、新たに「カネを出せ」とくる。だから、いつも外部からの襲撃にビクビクしている。政府軍も同じである。領民がやせ衰えれば衰えるほど、取立ては苛酷になる。軍隊か盗賊にたかられる。少なくとも九割は双方からたかられている。

各地の領事はさまざまな手段で情報を集めている。揚子江上流から帰ってきた者、品物を苦力に担がせて山奥まで商売に行った外国人、襲撃された地区を逃れてきた難民の調査に当たった者、安全な保護区を出て危険を冒して布教活動をした宣教師、海賊に襲われた船長、こういう人を対象に調査が行われている。領事同士の情報交換もあり、全土の全領事から集めた報告書は北京へ送られる。これらは嘘偽りのない最も正確な最新情報で、仰天するような事実が述べられている。その量たるや想像を絶するものがあり、控えめで古風な外交辞令的表現であっても、目を覆うばかりである。「ご報告申し上げられることはまことに我が身の栄誉、恐悦致すところでございます」で始まり、最新の事実を淡々と報告している。

良いも悪いもない。絶望と苦悩の嵐である。誰を責めればいいのか。混乱を引き起こした者を責めれば即ち、その人が中国人であるということを責めることになる。嵐に揉まれる者は、良きにつけ悪しきにつけ、はるか昔から先祖代々引き継いだ流れに揉まれているのである。その先祖にしても、己の間違いが子孫にもたらす災いが見えなかった。四千年も価値観が変わらない。四千年の歴史を誇る世界最古の文明国が執念深く守り通した結果、残ったのは何だったか。苦しみ以外の何物でもない。しかし、こういう苦しみの記録をずっと見ていると、氷河に、逃れられない大氷河に、自分が作ったわけでもない大氷河に、押し潰されるのを嫌というほど見ていると、怒りが薄らいでくる。中国人は超然としたものだ。あんなことぐらい何とも思っていないのだという気持ちになるから不思議である。現在の中国人は過去の「精華」である。非難しても始まらない。冷静に感情を交えず、非常に特異な現象、失礼、人間として見なければならない。野口英世やエールリヒ（一八五四〜一九一五、ドイツの細菌学者。梅毒治療薬を発見）が顕微鏡を覗いて連鎖球菌（さまざまな熱病を引き起こす病原菌）やトリパノソーマ属の住血鞭毛虫（眠り病を引き起こす寄生虫）を観察したように、個人的憎悪感を持ってはならない。すべてこの世は目に見えない力によって決められたものであり、変えようとしても変えられないのである。

あまりにもかけ離れた理論と実践

理論と実践に、あまりにも大きな隔たりがある。中国人ほど「学問が大事。偉人に学べ」と言う民族は世界にいない。人を「〇〇先生」と呼び、直接師弟関係がなくても使う。昔は経済的理由や身分の違いで学問を受けられる人はそう多くはなかった。運良く学問を受けられたら、他の国の王族並みの待遇を受けたものだが、今でもその伝統は残っている。何かと言うと、学問が大事だとか、聖人の言葉を持ち出すが、今も昔も、銃剣にものを言わせる輩と何ら変わらない。先ほども書いたとおり、略奪集団の中には学問では聖人の域に達した者や欧米の有名大学に留学した者がごまんといる。

シラキュース大学等いくつかの大学で十年間も社会学、政治学等を専門に研究した後、帰国した者に聞いたことがある。「なぜ改革派にはならず、いかがわしい仕事に就いたのか？」と。答えて曰く「今の状況では生きていくため、他に道がないのです。似たような境遇の人だったら誰だって同じでしょう」と。

中国人というものは不思議な人間で、裏切りの世界にいながらいとも簡単に騙される。将軍でも盗賊の頭目でも和議を申し込まれるとすぐ騙され、「祝宴だ」と敵陣に赴く。宴たけなわというところでドスッと殺されるのである。こういうことは珍しいことではない。こういう事件が二、三週間で一つの市で二件続いたこともある。

役に立たない警察

今度は警察の話をしよう。もちろん大都市には警察と呼べるものが存在はする。支配者はころころ代わるのであるが、それなりの秩序を保つために権威のあるところを示すためである。しかし名ばかりで、何の役にも立たない。せいぜい人力車の車夫の喧嘩の仲裁役にしかならない。こんなことがあった。私の知っているある外国の会社に、中国人が一人雇われていたが、この中国人、盗賊に脅迫されていた。なのに、なぜか警察に届けようとしない。見かねた上司に「とにかく警察に届けたらどうだ」と強く言われ、嫌々、警察に届けた。警察も心得たもので、数日だけ警備した後「今晩賊が来るらしい」と耳打ちした。そこで彼はピンときた。「面倒な事件に関わるのが嫌なのだ」と。裏の意味を悟ったのである。

このような場合、警察も慎重に行動しなくてはならない。裁判沙汰にでもなったら大変である。被告原告双方とも裁判官にふんだくられる。警察の証言も賄賂には敵わない。下手するとクビになる。お白洲に引っ立てられ、財産を没収されかねない。座右の銘は「役人を敵に廻すな」である。

役に立たないとはいえ、役に立つこともある。けちな「こそ泥」や夜盗などの怪しげな人間の取り締まりである。外国人が今の暮らしをできるのも彼らのおかげである。深夜、出歩く者はまず尋問される。ほとんど毎日、夜間外出禁止令が出ていて、ゴロツキをしっかり取り締まってくれる。警察は怖い存在である。捕まって豚箱に入れられたらとんでもないことになる。「袖の下」がなければ出ることはできない。裁判無しの処刑等当たり前。「仕事熱心」の評価を得ようと、カネのない連中には容赦しない。

去年の正月、私の勤務する福州領事館の事務長がやくざ者に「揺す」られていたのに、警察は動こうとしなかった。名前も住所も知っているのに警察に届けようとしない。そうこうしているうちに、ある日のこと、人通りの多い街中で襲われ、嫌というほど殴られた。それでも警察は犯人の逮捕どころか、事務長の警備をしようとしない。ごろつき連中は行方をくらましているわけでもなく、脅しを止めようともしないのに、である。

アメリカでも特定のギャングを大目に見ることがあるが、中国に比べたら可愛いものである。裁判も同じ。シーベリー・レポートなど明るみに出たものがあるがこれとて比較にならない。確かにアメリカでもギャングや銀行が金にものを言わせて無罪放免になることがあるが、それは司法機関の不正行為、違法行為でそうなるのではない。情状酌量の上とか、いんちき司法精神科医を信頼した結果とか、陪審員に力がなかったとか、民衆が寛大な処置を望んだ等という理由がほとんどである。ところが、中国ではこういう理由で、特に「情状酌量して」ということは絶対にない。賄賂のみである。ただし上海、北京、天津はある程度はましである。判決は豆か小麦粉のように売り買いされる。もちろん警察は「賄賂まみれ」。ただし、進んだ地方では目に余る収賄は許さないという世間の目もあって、賄賂が効かない警官もいることはいる。とにかくアメリカとは全く比較にならない。強盗や暴行発生の連絡があれば、アメリカの警察だったら直ちに駆けつけるが、中国の警官は全く動かない。

百姓を食い物にする悪代官

苛政は虎よりも猛し。悪政の中でも最悪な制度を紹介しよう。それは入札制度の一つで、ある土地の収税権を最高入札者に与えるというものである。これは政府管轄地で行われる。地区単位、または町程度の規模で収税権が売り渡される。落札者は規定の額を上納しさえすれば、あとは思いのままである。反抗する者がいれば私兵で脅す。在任期間が短いから、住民が貧困に喘いでいようが、盗賊に何度も荒らされていようがお構いなしに絞れるだけ絞る。いつ政権交代があってもいいように、退職金が必要だからである。

したがって、そのやり口は実にあくどい。略奪同然の法外な税を課し、「お慈悲を」等と言おうものなら罰がくる。撃ち殺されることもある。家財道具から何から何まで税金代わりに持っていかれることもある。前の収税官に全財産を取り上げられ、出す物が何もないと、家族揃って残忍な刑に処せられることもある。お慈悲で刑を軽くすることは全くない。自分の家族、親しい者以外には、何一つ良心の咎めなどなく、完全な鬼と化すのである。

次に私が持っている課税表を紹介しよう。

a　ケシ栽培税　割り当て総額　八十万ドル
b　共産党対策費　割り当て総額　四十万ドル
c　家屋新築税　以下の区分に従って課税
　1　第一級　二千ドル
　2　第二級　千五百ドル
　3　第三級　一千ドル
　4　第四級　三百ドル
d　架橋税　市の南門の橋の架橋税総額　三百万ドル
e　宗教税　寺院維持、病気治癒のお祓い、祈祷、葬儀等一・五ドルから五十ドル
f　新兵補充税　町から四里以内の地区に二百名配備するため毎月六千ドル。地区の規模に従い派兵
g　市の壁取り壊し税　二十万ドル
h　役場建築税　税額不明
i　公式阿片販売（阿片販売局が開局され、村の規模に応じて購入が強制される）
j　竹材及び木材税　従価税（税額判読不能）
k　ジャガイモ栽培税　百苗毎に十セント
l　子豚税　一五から二十ポンドの豚一匹につき四十セント
m　釜税　一釜毎に月額五十セント

n　阿片吸引器税　不法吸引に対する許可税の月額二十から五十ドル
〔以下課税項目が三二も続く〕

以上の課税は、チャウンチョウの隊長・陳郭回が定めたものである。

偶然だが、翻訳はアイヴァン・ハーディング氏である。氏は現在、済南府にあるイギリス総領事であり、中国学の権威であると同時に、西はカシュガル、トルキスタン、東は黄海沿いの霧深い港町まで、中国全土を隈なく旅した経歴をお持ちで、生涯かけて集めた氏のお話はまことに面白い。氏は、大虐殺、飢饉、内戦、大屠殺、民衆の抑圧等、慣れっこだ。中国に幻想など抱いていないのである。そのハーディング氏が済南へ発つ前、我が家へお別れの挨拶がてら寄ってお茶を飲んだ。たまたまその時、上海から取り寄せた本が机にあった。タイトルは『中国共和国の二十年　発展の二十年』。「目を見張るほど進歩しました」と盛んに報告してくる伝道地区をいくつか巡回調査した、ある客員教授の手になる本である。壊滅状態の国、膝まで血の海に没している国に三十年も尽くしたハーディング氏のご尽力に敬意を表しながら、この本を渡して「お読みになりますか？」と聞いた。すると氏は叫んでこう仰ったのである。「発展ですと！　中国でか？　そんな本など捨てちまえ！」

本のタイトル「中国共和国」には皆笑ってしまった。もちろん、中国に共和制などがあろうはずがない。政府と言われるものがあるにはあるが、選挙によって指導者を決めるわけではない。全くの独裁政権、崩壊寸前である。

さて、課税表にある栽培税とか阿片税は何のためのものか。強制的に栽培させ、勝手に値をつけ売りつけるための手段である。他の税も収奪の手段に過ぎない。住民救済目的の税金などという発想自体がまるでない。福建省には陳郭回のような者がごろごろいる。陳の縄張りは幅五十キロメートルほどであった。さてさて、上には上がいる。陳の上にも「元締」というか「胴元」が、福建省の省都の福州にいた。陳はこの「元締」とは、いくらか「親分と子分」の関係にある。この親分、陳に何ヶ月もやりたい放題やらせてから、「たまには福州に来て政治談議でもしようじゃないか」とお呼びをかけた。真に受けた陳は福州へ飛んだ。ここが中国人のうかつなところ。着いたとたんに捕まって、秘密牢にぶち込まれ、「巻き上げた金を出せ」と拷問された。悪代官を懲らしめているのではない。どっちもどっちだ。陳を逮捕した連中だって同じような「あくどい」ことをやり、また各地の親分の手助けをしているからである。

庶民のための税金は全くない。学校ができるわけでもなく、法律を作って守ってくれるわけでもなし、良いことは全くない。ひどくなる一方である。課税表に盛られた高尚な目的とは一体何なんだ。役人は盗賊同然、好きなだけいて絞り上げ、新任地へトンズラだ。飛ぶ鳥「何も」残さず。それからまた新手の盗賊役人がくる。

陳郭回は数週間拷問されたあげく、処刑されたそうである。巻き上げた金の隠し場所をゲロしたかどうかはわからない。陳のような悪代官がウヨウヨいるのが中国である。

中国を映す鏡、福建省

福建省は中国の全体像を映す鏡と言える。もちろん、もっとひどいところもあるにはあるが、私が一番長く住んだ福建のことを少し紹介しよう。

亜熱帯にあり、ヴァージニアとほぼ同じ大きさである。ほとんどが山国で、鉄道はおろか幹線道路もなく、主要交通手段は川舟である。約四百キロの川を遡るのには十数日かかる。台湾海峡に福州とアモイの港町が二つある。福州は海から六十四キロ川を上ったところにある。ここ数年、西部の三分の一は共産党が支配しており、こいつらは、阿片ができて、百姓にカネが入る春夏になると、山から下りて来てぶん取って行く。その度に（毎年のことである）、宣教師は川を下り福州まで避難したり、クリークを下ってアモイへ避難している。中北部は劉という将軍が牛耳っている。この劉は一応、福建省の配下にある。福建省は南京と広東の双方に付いたり離れたりを繰り返している。南京も広東も「こっちが中央政府だ」と主張している。アモイは上海事変で日本軍に抵抗した広東軍が支配している。広東軍は時折福州にやっては来るが川を上って攻め入ることはしない。劉将軍を恐れているからである。東北部は、私がアメリカへ帰った今年の春もそうだったが、海軍が握っている。最近、刃向う者が誰もいないから、略奪は思いのままである。去年、福建省政府が面白いことをした。劉将軍と海軍と共謀して大々的に阿片作りを始めたのである。兵隊が農民に種を配り、収穫の喜びは政府・劉・海軍で分かち合った。ところが今年になって、広東軍はケシ栽培を禁じたそうである。去年、阿片の金を手にした福建省の知事が辞職し、新知事に代わったからのようだ。去年、海軍は旨い汁を吸っていた。福州の町から海の方へ少し下った所に、検問所を設け、ご褒美として阿片のカネをもらっていたのである。阿片を積んで入ってくるジャンクやらサンパンを検問して、積荷に一ポンドいくらで課税し、「領収済」のスタンプを押していたのである。この阿片は福州で捌かれていた。

同じ福建省でも言葉は六つ以上もあり、お互いなかなか通じない。四十キロ離れると通じない（中国全体を見てみると、北部より南部の方が通じない方言がたくさんある。北部には、マンダリンという公用語があり、これは中国全土で大体が通じる）。

規模はわからないが、今でも全土に奴隷制度がある。アフリカから連れて来たわけじゃない、同じ中国人である。一人で奴隷を大勢抱えることはない。金に困ると売りに出す。どうやら世襲制のようで、奴隷の子は親と同じ家の奴隷となる。アメリカの南北戦争前と同じ数の奴隷がいるのではないだろうか。ご主人に気に入れられて妾になると、奴隷ではなくなる。先祖代々奴隷という者はいない。

混迷の中にも希望はある。かき集めた莫大な財源からしたら雀の涙ほどではあるが、予算が付いた。アモイと福州では、海岸線、川沿いに石を積んで補強した。福州では、市街地から出んぼを抜け、八キロほどの山までアスファルトとまではいかないが、土の道路が延びた。この山は役人好みの避暑地である。市街地の道路も拡張中。アモイでは西へ新しく道路工事中であった。武器弾薬を運ぶ軍用トラックを通すためであろう。無法地帯に近い所で道路工事がなぜ進められるか。「留学組」が縁故で大勢採用されたからであろう。彼らは工事が好きで、それくらいの予算は当局には痛くも痒くもない。

もちろん、公共事業に土地を召し上げられた百姓や村民には何の保障もない。例えば、道路拡張工事で宣教師の土地が削られても泣き寝入りするしかない。保障する法律がない。「公共事業が来るぞ」と聞くと住民は恐怖に陥る。しかし幸運なことに、公共事業が来る可能性は少ない。福州では「帝国主義的外国人に強制され、中国が負けている現状では、なす術がない」と説明していた。これでまた排外運動に拍車がかかった。

こういう説明もある。「役人（全員が金持ちである）はほとんどが車を持っている。道がないと宝の持ち腐れになる」と。それまでの道は車が通れない。近辺には車が通れる道がなく、クリークや運河に橋はあるが人しか通れない。そこで道路工事が始まるのだ。

生かさぬように、殺さぬように、絞れるだけ絞り、住民のために活かされることはまずない。公共工事費をアメリカと比較すると、人口三千万の福建省は、人口二万五千のアメリカの都市より劣るのではないだろうか。

福建を理解してもらうために、面白い税制、軍による船への重税徴収制度を紹介しよう。南船北馬と言って南部は川が多く主要交通手段は船である。川を行き来する船に武器を持ったさまざまな集団が待ち構えており、通行料を徴収する。所によっては四、五キロごとに武装集団の根城があり、「盗賊保護費」という重税を取られる。これだけで終わりではない。この根城と根城の間にも料金所があり、四六時中睨みをきかしているから、いくらか「握らせ」ないと通してもらえない！　うまくできている。兵隊は町中の駐屯地に、盗賊は町と町の間にある根城にいる。縄張りが決まっているからぶつかることはない。こうして「有り難くも」盗賊から保護してもらって目的地に着く頃には、値段が二倍にも三倍にもなる。これで終わりではない。ようやく着いた所で、現地を牛耳る「お頭」にも何がしかのものを献上しなければならない。

外国人は、このような危険を冒してまで現地へ商品を持ち込むことはしない。福州で業者に売る。これを業者が独自の輸送システムで捌く。ソコーニー・バキューム・カンパニーだけは例外で、自前の船があり、水路を利用して商品を配達していた。ただし、十数人の警備兵を同乗させ、危険地帯に深入りすることはなかった。それでも船が襲われたり、到着地で積荷が盗まれるということがたびたびあった。ある時、小さな町の役人が積荷を一つ没収し現地の人に売るということがあった。アメリカ領事は「抗議」のようなことをしたが、梨《なし》の礫《つぶて》。アメリカの対南京政策があれでは無理もない。もし、国務省が毅然として南京政府に「圧力」をかけ、「福州の盗賊に何らかの対策を取るよう」求めていたら、略奪行為はピタッと止み、補償金も取れるはずである。なぜなら、前にも述べたが、福州の政治屋は、関係ない顔をしているが南京から金を貰っているのだから、その筋を使えば何とかなるからである。

「法に則って真面目に仕事をしている人が保護を受けられるように、中国の実態をアメリカ国内で公表してくれる人になら協力金を惜しまない」と現地のビジネスマンは言っている。誠にそのとおりで私も微力ながらご協力申し上げる。アメリカ国内には、情報不足で「アメリカは中国を蝕んでいる」

と考えている者が多いが、全く逆である。当たり前の住民の権利一つ貫えず、警察に守られることもなく、膨大な損害を蒙り、最悪の条件で働いているのである。海賊行為やら略奪行為やら警備員を雇う費用やら何やらかんやらで、潰れたアメリカの会社は数知れず。従業員が行方をくらます、取引相手に騙される。法体系が機能して犯人逮捕ができる国であったら、こんなことにはならない。取引は麻痺し、悪化の一方である。

じゃ一体そんな国ではどうしたら商売ができるのか？　前述した如く、アメリカ製品は沿岸の港から、揚子江を利用して流通している。しかし途中、盗賊に奪われる。奪われなくても、盗賊保護名目で軍やら警備と称する盗賊に交通料をふんだくられる。こうしたことをなくすために、各地の港に警備員を配置し、倉庫、事務所の安全を確保することである。港町の安全がある程度保てれば、何とか商売も続けることができるだろう。

外国人によって安全が保たれている港町は人口が増えている。安全だからに他ならない。金持ちは港町に住みたがる。となると新築ラッシュとなる。外国暮らしで舶来の贅沢品が好き。これを当て込んで舶来品の店ができる。町に活気が出る。強盗、阿片売買等で一儲けした者もカネを落とす。商店街は大繁盛となる。しかしこれは不自然な姿である。活気があるのは都会だけである。田舎は米粒一つまで略奪され、血の海だ。ただ都会の粋なガラス窓や映画館を見ただけでは「中国の発展はすごいなあ」等と思い込んでしまう。しかし、あのガラス窓一つ拵えるために千人の百姓が泣かされている。役人が威張って自動車に乗っているが、そのためにどれだけの家族が悲惨な目にあっているか。一つ山を越えた田舎には四億人のうちの三億九千五百万人が苦しんでいるのである。

腐りきった役人と軍隊

海軍の守備範囲となっている地区があるが、到る所、従わない連中、広東第一九軍、福建共産党、その他数知れない盗賊集団が我が物顔に振る舞っている。険しい岩山を根城にし、機を見て山を下り村々を襲う。前にもお話したが、福州の南部にある直径二四キロの地域は盗賊にすっかり支配されている。退治しようという者が一人としていない。その地域の境にいようと、いや内側に来ようと、見て見ぬふり。盗賊が大っぴらに略奪したり、阿片のような儲けの多いものを奪わない限り、追い払おうとしないのである。

とにかく長く居座り、取れるだけ取る。盗賊の頭目で数年。次は政府と手を組む軍隊の幹部。短命なのは役人で、知事といくらかつながりがあってもころころ代えられ、ほんの数週間という者もいる。「知事」という語を使ったが、実際は「知事」などという者はいない。一地方長官の職域の一つに過ぎない。「議長」と言った方が正確であろう。知事以下の組織は内閣に似ている。ギャングのようなころころ変わる議長の下に比較的善良な役人がいることもある。善良とは言っても規定の給料の他に「役得」がいくらでもある。役得にありつくのは「当たり前」である。一つ例を紹介しよう。福建省庁のごく普通の役人である。実に威厳のある男で、「筆林派」の学者でもあり、幾分付き合いやすい男であった。だが、傷のない玉はない。例に漏れず、この男も塩の密売を大々的にやってクビになった。塩は政府の関税独占品で、約二十年前の取り決めにより、関税は外国人の管理の下に置かれ、利益の一部は外国債の返還に充てていたことは以前に紹介したとおりである。

中国人主催の宴会や外国人の歓迎会で地元の有力者と会うことがよくあった。そのような場では、愛想よく何度も乾杯を繰り返すのだが一夜明ければ怒りがこみ上げる。党も政策も排外的ではあるが、スピーチでは中国人特有の外交辞令、美辞麗句を並べ立てる。こちら側の返礼も同様である。中国を褒めそやし、国際親善の歴史をまくし立てる。しかし、これを真に受けるやつは誰もいない。本人が嘘を承知で述べているからしようがない。外国人は「中国人は能力はないのにずる賢い」と思っている。中国人は中国人で「外国企業の方が順調で、力を合わせて働く姿は中国人にはとても太刀打ちできない」と悔しがる。

福建省の政界、軍部も似たり寄ったりである。福建省の人口は少なくても二千万。これを二十倍すると中国の全人口がおおよそわかる。金持ちの家はゆったりとした内庭がある。刺繍を施したテーブルクロスの上に、花を飾り、鴨の舌、鳩の卵、フカフィレスープにツバメの巣。乾杯の嵐の中を次から次へご馳走が運ばれる。これでは、中国人の苦しみ悲しみは全くわからない。酔いが醒めた朝になって気づくのである。川上から逃れてきた宣教師の話。通りを裸足で歩く難民の群れ。あちこちでブラブラうろつく兵隊。追い出された女中。寺の参堂に倒れている癩病患者や乞食。人殺しやら人さらいの話。海賊にやられた船乗りの話。数え上げたらきりがない。これが四千年もの悠久の昔から変わらぬ中国の流れである。黄河とはよく言ったもので、その名の如く流れ、川面に浮かぶチリは変わろうとも黄河は変わることがない。

命の恩人のイギリス人に感謝どころか非難する孫文

親切と愛情。この二つは中国人の最高の美徳である。……この二つの美徳において我が中国人が他国に遅れをとるとは毛頭思えない。……信義について。我が先人は信義を持って隣邦に接してきた。我が中国人ほど信義を実践する国民はいない。

と、今は亡き孫文は書いた。がしかし、その孫文自身、何度も暗殺者に狙われ、騙された人間である。他に人がいないから近代中国の先駆者とか聖人とか思われている。前にも書いたが、孫文の「三民主義」は中国人の聖書となっていて、ここに引用したのはその一部である。同じ中国人から弾が飛んで来ても、あるいは家族も財産も略奪されても「三民主義」を持ち上げる文人が多いので、「三民主義こそ中国を導く精神的支柱」という虚構が定着している。孫文は何度も日本へ亡命している。またイギリスへ逃れたこともある。その時、中国政府の暗殺命令を受けた刺客に襲われ、危ういところでイギリス人の友人に助けてもらったが、その恩を忘れ、イギリス人の悪口を書き散らしている。中国に帰ってからも同じ中国人に狙われ、またも運良くイギリス人に匿ってもらったが、それでも反英プロパガンダを続けた人間である。助けたイギリス人は軽い気持ちで助けたのかもしれない。もしかしたら身の危険をも顧みず、匿ったのかもしれない。その命の恩人のイギリス人に、騎士道精神に感謝の気持ちを述べた文章に出会ったことがない。

自覚こそ立ち直りの一歩

「中国は戦争で一度も勝ったことがないが、それは平和愛好家だからである」と言う人がいる。まことに滑稽な話である。確かに戦争には負けっぱなしであるが、お上の権力が弱まると、早速仲間同士で殺し合いが始まる。歴史を見れば昔からそうであった。「それから何百年も乱世が続いた……」と綴っている。にもかかわらず、「静かに微笑む華の国」と言ってのける。朝廷に権威があった時代でも内紛は絶えない国。夫婦喧嘩は絶えず、夫に虐待されても法にすがることができず、意趣晴らしに自殺をする妻が多い国。部族同士の争いが頻発しても、腐敗した官僚では、慈悲深い裁きを下せない国。新聞雑誌、裁判記録、年代記などを丹念に調べると、血生臭い嵐が全土に吹き荒れている。

腐った堆肥に咲く美しい花。何とすばらしい対比だ！　病人や怪我人を誰も助けない国。人が溺れても誰も助け舟を出さない国。腐敗役人が幅を利かす国。法に訴えることができず、意趣返しの自殺が絶えない国。二、三ドルの漆器を売るのに六ドルの護衛を雇う国。貧しい人のための血清を奪い、金儲けをする役人天国。外国人が付いて行かないと、危なくて召使が外出できない国。留学組の将校の下で、士気の上がらない兵卒が年老いた百姓のばあさんをとっ捕まえ、牛馬のように荷物運びをさせる国。こういう国である。知識層は安全な外国の租界に居を構え、海外に亡命し、天使様のあふれる愛だの慈悲だのと暢気《のんき》な詩をひねくり出したり、文章を書き散らかしている。嘘、現実逃避である。鈍感で誠意がなく、悪いところを認めようとしない。認めることこそ立ち直りへの一歩である。

大義に殉じる心がないから中国の混乱に終わりはない

「いつになったら、どうしたら混乱は収まるのですか？」とよく聞かれる。「気配すらない」これが答えである。

また、中国人の気質やらやり口を肌で感じたことのある人ならこう言うだろう。「西洋人はお人好しね。中国人の気味悪い性格が直るわけないでしょ」と。直ると思うのは西洋人だけである。胸に秘めた燃える思い、一致団結、大儀に殉じる志、民心の支持を得た者が決然と立ち上がる雄姿、こういう力があってこそである。中国人には全く見受けられない。

中国の心労は自然消滅するものではない。何百年もの間、何十億という中国人が病に冒され苦しんで死んできたのに、「病は治るものだ」と暢気に構えているのである。痺れを切らして立ち上がる中国人を見たことがない。中国人は「人生は生存競争だ」としか考えず、「人生を楽しむ」気持ちなどさらさらないのである。

だから、民衆が立ち上がって悪代官を追放しようということにはならないのである。西洋では「基本的人権」が十七世紀に生まれ、十八世紀に大衆運動となった。暴政を許さない、生まれながらにして持つ「基本的人権」である。これを我々は当たり前と思っているが、中国人は「運が良かった」と思うのである。逆に政府の暴虐を「不当」ではなく「運が悪かった」と考えるのである。略奪をまるで台風のような自然災害と見ている。よって、大衆は無知で無気力となり、知識層の多くは無関心で、己のことしか頭にない。

繰り返すが、「事を成すに、悪を成す者必ずあり」。己の欲得のためにしか汗を流さないからいつまで経っても混乱は収まらない。縷々述べてきたが、逆らっても無駄である。

さて、同士討ち当たり前の中国人が、これを止めて、愛国運動に盛り上がったと仮定しよう。これ自体が奇跡であるが、では誰が先頭に立つか。学生か？　学生が戦うわけがない。軍隊に入った学生など聞いたことがない。それでは苦力か？　確かに大量に徴兵されている。しかし金目当て、略奪目当てであって大義のためではない。軍隊が軍律厳しく略奪を禁じたら、誰も入らない。

政府の手の届かない半独立状態の地方はどうであろうか。こういう地方には軍閥が跋扈し王の如く振舞っているが、ここを改善し、彼らの地位を剥奪し、領地を民衆に差し出すとよい。しかし既得権益は強大で、改革推進派の勢力は無きに等しい。「意識改革教育を」と宣教師は繰り返すが、成功した例がない。

国際監視機関をつくってはどうか

とても採用されそうにないが、解決策を一つ提案しよう。ハーグ条約やジュネーヴ条約に基づいて、デンマークやスウェーデンのような利害関係のない比較的小国の警察を集めて治安維持団を組織し、これを中国に派遣して秩序の回復に努めては如何か。こういう超党派の警察力が派遣されれば、民を思う裁判官も出てくるのではないか。同時に、税金の集め方や公共事業への配分法を監視する公平な監視機関も必要となる。

　こうした海外の物心両面の指導・協力体制が整えば、暴君どもを退治できるであろう。なぜなら、中国では「力がすべて」だからである。強敵に挑む者はいない。スタコラサッサと逃げる。さもなくば、和睦するのが中国人である。ちょうど、満州で二十万の中国軍が、「日本軍一万来る」の報に接するやママゴトのような戦いの真似事だけして算を乱して敗走した如く。

　閑話休題。二年もすれば、最悪の事態は収まる。統制は困難ではない。平和主義者ではなくても、しっかり睨みを効かせれば問題を起こさない民族である。提案の趣旨はこうである。五年なり十年なりの一定期間、監督機関を設置し、国際治安維持団が巡視した後、この機関を中国人の手に渡す。八割以上の中国人はこの制度を歓迎するはず。圧倒的多数の中国人は自分で自分の面倒くらいは見ることができる。喜んで働く。世の中が落ち着き、自分が稼いだ分飯が食えればよいのである。誰が上に立とうが知ったことじゃない。ほったらかしだったんだから。どんな旗が揚がろうが、共和制だろうが君主制だろうが一向に構わない。

　しかし現実味がない。ただ、何か改善策の一つとして議論する価値があると思って提案しただけである。暴君の圧制に呻吟する四億の民を救う人道的措置としていかによろしかろうと、西洋人が真面目に考えるわけがない。というのは二十五年前、ベルギー領コンゴの大虐殺が報じられた時、これを阻止せんがため、国際委員会を設置する声が上がったが、それ以来、我々は何かこう感情論に走りすぎている。今時「子守り」は全くの時代遅れである。たとえ塀の向こうの罪のない隣人が大変な災難に襲われたとしても、干渉する気にはならない。

　中世、諸国の王が互いに助け合って領地を治めたように、もし現実を直視できる真の愛国者が中国人に一握りでも現れたら、彼らも同じようにするだろう。しかし期待はよそう。深入りしてはいけない。キューバはどうなったか。フィリピンはどうだったか。ヨーロッパはどうだったか。皆悲しい結果しか出ていないから、アメリカは「不干渉」という雰囲気である。アメリカがくしゃみをすれば極東は風邪を引く。アメリカの援助がなければ、国際連盟の超党派的軍である国際保安隊もできない。だからできないのである。中国四億の民は混乱の中で果てしなく血を流す。数千人の同じ中国人が巻き起こす混乱の中で。

均衡のとれた混乱

中国の状態を「均衡の取れた混乱」とでも呼ぼうか。何故なら、力と力が引っ張り合って互いの力を相殺し、ちょうど釣り合いが保たれているからである。権力者はまず間違いなく悪人である。たとえ悪人であっても、一人でも圧倒的権力を持つ者が現れたら、改革の夢が持てるかも知れない。しかし、誰もそうしようとしない。どこかでたとえ話をした。真ん中から出たロープをめいめい好き勝手な方へ引っ張っていく「綱引き」である。

こういう暴君に踏みにじられるのは民百姓である。まとまれば暴君よりもずっと強いのであるが、毒気を抜かれて鈍感になっている。意志、協力、気位というものが全くない。だからもし偶然立ち上がる者がいたら、何のために立ち上がったのか、また、昨日まで自分が苦しんでいた同じ苦しみを人が苦しんでいるのを忘れ、暴君となり、人を踏みつけ、あの綱引きを始めるのである。

まさに「均衡の取れた混乱」である。四億人が喘ぐ、終わりが見えない。

第八章　阿　片

欧米の麻薬製品制限協定

「宗教は人民の阿片である」とソヴィエトは言った。中国には宗教がない。代わりに阿片がある。阿片抜きでは現代中国を語れない。

今年（一九三三年）の四月、ジュネーヴで「麻薬製品制限協定」が結ばれた。同協定が一九三一年の七月に提案されるや賛否両論、激しい攻防戦が、可決となる四月ぎりぎりまで繰り広げられた。全批准国に製造・販売の厳しい監視を求めた。地下組織が、政府の厳しい監視下にある国に持ち込むのを阻止するのが狙いであった。

「参加国が誠心誠意話し合ったが、共通理解にまでは至らなかった」と文字通り解釈している人には、数段の進歩であろうが、実態はこうだった。有名なヨーロッパの薬品会社は「合法的販売ルート」は認めさせようと、あらゆる手を尽くした。政府も、麻薬の害毒を承知の上で、利益確保のため面子も何もかなぐり捨て、後押しした。制限運動の先陣を切ったのは国内の麻薬製造を前々から制限していたアメリカであった。主にアメリカの外交努力により運動が盛り上がった。近いうちに世界的機関ができ、予算も配分され、監視体制ができるであろう。こうなれば、報じられた以上の効果が期待できる。さて、後で論じるとして、薬物製品の件はとりあえず終わりにしておこう。

中国全土の路地から上がる阿片の煙

中国の薬物問題とは何か。それは生産管理の整った工場で生産された薬品から起こる問題ではない。加工されていない生の阿片、誰でもが簡単に作れる阿片のことである。農民はジュネーヴのことなど何も知らない。それどころか、自国の中央政府を知っている者もまずいない。身近にいて、何かに付け住民をいじめる政治家、盗賊、軍隊しか知らないのである。上に立って搾り取っている政治家、盗賊、軍人にしたら、手下を養うカネや退職金を稼いでくれさえすれば、百姓はいい「金蔓《かねづる》」である。

阿片は一番作りやすいので、現金収入には「持ってこい」である。また手軽で、隠しやすいから、駱駝と小馬と人力が頼りの国でも簡単に流通する。豊作の年にどっさり売った分、中毒患者もどっさりこさえたから、いくらでも売れる。

煙管で吸うのが中国式で、中国全土どこへ行ってもプカリプカリやっている。洒落た洋式の上海でも、昼といわず夜といわず、あの独特の酸っぱい香りの煙があちらの路地からプカリプカリ、こちらの路地からプカリ。一度嗅いだら忘れられない。

中毒患者はどれほどか。数はわからないが、あらゆる階級の者に愛され、毎年到る所で大々的に栽培されているから、億単位ではないだろうか。地域にもよるだろうが、私が知っているある地方のベテラン宣教師などは「苦力の四分の三は吸っている」と言っていた。症状が重くなると、皮膚が白くなり、関節が曲がらなくなり、極度に痩せ、目つきが険しくなる。

価格はどうか。大量に生産する地方では誰でも吸えるくらい安い。が、生産地から遠い地区では当然吸引者の数は少ない。中国全土の常習者は三千万人から五千万人というところか。

福建省では、去年は稀に見る豊作で、価格が幾分下がった。例えば、苦力階級が行く阿片窟で、ベンチに横になって一服やると、アメリカドルにして一セントか二セントの安さである。いくら安いとはいえ、家計に穴が開く。大体、人力車の車夫や荷物担ぎ人夫の賃金は、実入りの良い時で一日十セントだ。一日平均して二、三服やるから、かなりの出費になる。

常習者三千万から五千万という数は凄まじい数である。八人に一人か十二人に一人の割合である。これ以上の地域もある。ほとんどが国内で消費されるのであるから、やはり八人に一人では済まないはずである。去年、福建省では二百四十キロの平地一面ケシ畑となった。米や野菜を作る田畑より広い地区もあった。

宣教師の話では南西部より悪い地域もある。揚子江の上流にある人口七千万の四川省の宣教師の話では、十五頭から二十頭の小馬の隊商がひっきりなしに通ったそうである。また仏領インドシナと国境を接する雲南の高地でも大規模に栽培されている。隣の貴州も、また北部の陝西も同じ。また、甘粛省の北部の耕作可能な土地はすべて阿片である。一方、湖北、河南、湖南、山西、浙江、安徽ではそれほど盛んではないが、ゼロというわけではない。

満州国は気候が合わないが、近年、栽培量が増えている。日本の影響かもしれない。規制を徹底してもらいたいものだ。台湾では日本政府が規制し、免許制度を敷いている。

世界を欺く中国政府

国際会議があるたびに「阿片撲滅に奮闘する中国」という記事しか呼んだことのないアメリカ人は、大々的な阿片製造と消費の実態を知ったら「エーッ」と驚く。二年前、中国は国際会議に断固反対した。毎年春になると畑一面の白いケシの花が咲く。この明々白々の現実を代表団は「知らぬ、存ぜぬ」

の一点張りである。

次は、さる六月、中国全土の中国紙に現れた記事である。

「六月十八日、政府は阿片禁止関連の法令、条例を厳格に施行するよう命令した。怠る官吏は厳罰に処す方針である。形だけのものとして死文化してはならない。これを軽視し国民の福祉に悪影響を及ぼす官吏あらば、法に照らしてこれを厳罰に処す」

いかにも中国人らしい。発令の最中、春に収穫した阿片がせっせと中国中の市場に運ばれていた。私は当時福州にいたが、海軍が港の入口に検問所を設け、密売買サンパン、ジャンクを検査していた。調査するだけで没収しない。課税して許可である。

さらに面白いことがある。ケシの栽培は州知事の命令である。命令で種が配られる。「作らない土地は重税じゃ」とお触れが回る。

こうして、作物畑はケシ畑にされる。ケシ作りの辛さをよく知っているから村人は反対だが、泣く子と何とかには勝てない。軍隊が付いているから豊作だ。

軍のやり口が見事。まず「違法」のお触れを無視し、阿片を栽培させる。いざ収穫期になると、「違法である」と言って百姓から金を巻き上げるのである。

あまりにもすばらしい手なので早速お代官様も取り入れ、手下に収税権を貸し出した。百姓はたまったものじゃない。やむなく作っているのに南京中央政府から「違法栽培」とお叱りを受ける始末。そこで州知事に直訴に及ぶ。「お代官さま、お慈悲を。これ以上は無理でございます。全財産売り払っても足りません」と。全財産には女房子供までも入っている。「射撃始め！」が答えであった。もちろんケシは没収である。

収穫が終わるとお代官様は一財産築いて州知事の座を降りる。こうした官吏がごまんといる。

中国全土で強制栽培が行われているようだ。一九三一年の陝西省では、灌漑施設の施された地域の八割が強制栽培らしい。

映画に阿片窟が出てくるが、あれは実態を知らない映画監督が勝手に描いたものだ。本物は、飾りも何もない汚い部屋で、すすけた異臭を放ち、座布団一つ、枕一つない。椅子にはシーツ等かけてなく、むき出しの木である。そばに小さな机がありランプとお茶が置いてあるくらいである。

行軍の荷物運びなどの肉体労働をする苦力にとって、阿片は何よりの興奮剤である。常習になると、仕事途中、何度か突然グッタリきて「休憩して一服やらせてくれ」とせがむ。一服やると元通り元気百倍で仕事に戻る。

量にもよるが、数ヶ月から数年で顔色が悪くなる。食欲がなくなり、阿片以外は口にしなくなる。

未加工の阿片が圧倒的だったが、精製された薬物も増えている。上海の国際租界でも、ヘロインやコカイン等の委託販売が時折摘発されている。隣のフランス租界では治療目的以外の薬物販売は禁じられているが、大量に持ち込まれている。理由は二つ。中国人の要望と外国へ密輸する目的である。

しかしこれは滑稽極まりない。当局の認可の下、あるいは強制のもと大々的に栽培され、全土がケシ漬けとなっている。国内生産量に比べたら密輸入される薬物はそれこそケシ粒ほどの量でしかない。

一九三一年のジュネーヴ会議の前、中国の外務大臣は次のように述べている。

この二年間、中国当局は阿片その他の有害薬物の不正取引防止にあらゆる努力を払い、次々と新たな規制法を公布してきた。……効果は絶大である。

確かに新法を次々と公布してきたという点では、大臣の言は正しい。しかし、例に漏れず、世界を欺くのが狙いである。公布しただけで執行する気はさらさらない。

阿片問題が好転するとは到底思えない。しかし本腰を入れて協力体制を整えさえすれば何とかなる。

例えば清朝一九〇六年、阿片の製造を毎年一割ずつ十年にわたって削減し、阿片吸引を止めさせる案ができた。この時は、かなりの成果が上がったのである。

アモイへの共産党の進軍も阿片獲得のため

大型道路工事の話をよく耳にする。何のための工事かというと阿片輸送のためである。代表的な人物が、ニュースによく出てくる熱河省の頭目、湯玉麟。己の阿片畑である熱河省を、中国と満州国双方から守るため、両国を対抗させ、漁夫の利を占めようとした。また、去年、共産党が福建省のアモイ方面へ進出したが、これも「実りの春」を満喫するためであることは誰の目にも明らかであった。その証拠にアモイ近くの泉州まで来てそこに止まったのである。泉州は阿片の集積地である。

西洋人が行政を採っている都市以外では阿片売買は公然の秘密である。大抵どの町にも堂々とお上の免状を掲げる店がある。ない町でも、役人に賄賂を使ってモグリでやっている店がある。マレーシアや、蘭領東インド（インドネシア）、インドでも大問題とまでは言わないし、経済、行政の悩みの種ではあるが、中国よりははるかに許認可や監督が徹底している。

一方、民間レベルでの運動があり、ポスターを配布している。例えば、中国人のために外国人が建てたYMCAのポスターは、お父さんが阿片に手を出したばっかりにどん底に落ちるという内容だ。

解決策はない

無政府状態では、何をやっても解決できない。改善も望めないといった方がいい。阿片生産は減るどころか増加の一方である。現在の混乱が続く限り、三百万の兵隊を養う現金が必要である。そのためには生産は減少することなく、食物生産用の田畑をケシ畑にするしか道はない。

阿片漬けといっても、実際に見たことのない人にはわからない。私が帰国した直後、ニューヨークのある新聞の編集者に阿片関連の記事を頼まれた。そこで、私自身が見聞きしたことを元にして、「中毒患者数は三千万から五千万」とはじいた。驚いた編集者は、私の了承を得た上で、半生を中国で過ごし、数年前まで阿片問題の調査機関で働いた専門家にも問い合わせた。電話に出た専門家は「タウンゼントさんの上げる三千万から五千万はかなり控えめに見た数字ですね」と答えていた。

彼によれば、彼が調査に訪れた地域では大人ばかりでなく、村中、子供までも吸っている。安いからだ。役人やら私兵やらが根こそぎ持っていかなければ、どんな貧乏人でも手が出せる。そして習慣化すると、後先の見境がなくなり、全財産をはたく羽目になる。

価格であるが、この専門家の調査した頃より、ここ数年は若干上がっている。彼は仕事柄、外国人が足を踏み入れられない所まで、ほぼ中国全土を隈なく調査したそうだ。中国人の楽しみは阿片くらいしかない。先祖代々惨めな貧乏暮らしだが、それで良しとする国である。破滅への道を転げまいとする気力はなきに等しい。とはいえ、阿片中毒で死ぬのはあまりにも悲しい。ただ死ぬならまだよい。なけなしの金を使い果たし、親戚にすがり付く。しかしいずれは親戚にも見放され身体はぼろぼろになる。禁断症状に苛まれ、いても立ってもおられない。こうした狂乱状態はとても言葉で説明できるものではない。そして最期は飢え死にするか、野垂れ死にするか、自殺で一生を終わるのである。

一方、盗賊団や軍隊に潜り込もうとする者もいる。どちらかに入れば不自由はしない。給料を阿片で支払う部隊もあるくらいだ。貰えなくても強奪できる。戦費の四分の三は阿片で賄われている。よって阿片は多大な貢献をしているのである。

ところで、一口に中毒といっても、すべてが狂乱状態に陥るわけではない。個人差がある。理由はカネである。中毒になるほど吸うにはかなりカネが要る。金持ちは少ない。とはいえ、一日に何度か一服しないと収まらない。信頼できる筋の調査では、盗賊団、軍隊に入隊する者の他に、重度の禁断患者が毎年、数十万に上る。

出版された情報で最新のものは、上海の一九三一年の『イヴニングポスト・アンド・マーキュリー』である。私自身も同じ調査を三二年にした。さまざまな地域の信頼できる人物に質問事項を郵送した。その回答の多くが赤裸々というか、まあ驚くことばかりである。具体的に紹介したいのは山々だが、内部資料だから実名等を明らかにはできない。役所の調査というのは実に巧妙にできていて、誰もが知っていることしかわからないようになっている。公式アンケートなど見なくても、阿片の実情やら中国独特の問題は誰にでもわかる。ただの「お役所仕事」であって、現実に接している外国人ならちょっと考えればすぐわかるようなことを、いまさらの如く強調しているに過ぎない。

阿片の歴史

『チャイナ・イヤーブック』の編集者のH・G・W・ウッドヘッド氏は中国問題の権威であるが、同紙で調査をしている。その序にいかに阿片が中国へ入り込んだか面白い一こまがある。これによれば、十八世紀初頭に阿片が持ち込まれた時から悲劇が始まった。交易の主導権をポルトガルが握っていた一七二九年、初の阿片禁止令が発布される。それから独占権はオランダに移る。一七七三年、カルカッタのイギリス商人が食指を伸ばし、一七八一年、東インド会社がオランダから引き継いだ。一七九〇年、イギリス（いわゆる東インド会社だが）は阿片四千箱を中国に持ち込んだ。一八〇〇年、阿片禁止令が発行されると東インド会社（英国本国から半独立状態であったが）は阿片貿易から撤退した。それ以降は、主にイギリスの民間の貿易商人が活躍した。英国船がインドから持ち込む阿片が圧倒的であったが、アメリカも阿片をトルコから買い付け、中国に持ち込んでいたようである。

阿片は禁制品であったが、密輸は止まなかった。そこで一八五八年、西洋諸国からの圧力で、法と秩序を保つため合法化された。「法と秩序」とはお馴染みの定義である。アメリカ代表のリードが熱弁を振った。「この難局をなんとかせねば、ヨーロッパにアメリカがこれまで重ねてきた努力を認めてもらえない」と。これが契機となって、「中国当局が密売を取り締まれないなら、次善策として公認して違反者は取り締まるしかないのではないか」という議論になった。が、政府には禁止はおろか、規制する力もない。阿片は「小人閑居して不善をなす」と言われるように、中国人の気質にピッタリなのである。

記録では、北京は阿片の有害性に気づき、これの撲滅に宸襟を悩ましたようである。ところが、取引が盛んな南部の官吏は帝の御心などどこ吹く風、である。今も同じだが、とにかくカネしか頭にない。それでも、お上のご意向を無視するわけにもいかないから、たまに手を打っているふりをする。こうなるとイギリスの商人は誰を信じることもできなくなる。いくら契約を結んでも守ってもらえない。何かというと排外運動が起こる。そのたびに商談を反故にされてはたまらない。阿片以外の取引も同じである。

責任の一端は外国にもある。当時の世論は今とは違っていた。奴隷売買さえ当たり前だった。商売の原則は「客が望む物を揃える」だった。にもかかわらず、米英は「阿片交易は道徳的に許せない」と騒いでいた。しかし、中国は遅れた国で教養も何もない国というのが定説であった。残念ながら、中国との阿片交易を禁じた国も、持ち込ませない措置を採った国もない。

こうした事実はあまり議論されないが、「西洋諸国が阿片を持ち込まなかったら、阿片地獄になることもなかったであろう」と考えるのは人が良すぎるというものだ。十九世紀になるとあらゆる商品が出入りし、中国人も海外に出かけ始めた。遅かれ早かれ阿片にも手を染め、栽培があっという間に広がったであろう。「猫にマタタビ」である。ましてや役人は、都を遠く離れた所で好き放題できるのである。金のなる木を倒すはずがない。

阿片は中国人の国民性に合ったもの

イギリスが持ち込まなくても、いずれ阿片は中国に入っていた。ただ、持ち込まない努力を払わなかったのは残念である。今日、政府は、例えば、個人的問題で苦しんでいる人がいたら、救いの手を差し伸べるが、当時はそんなことはなかった。せいぜい喧嘩の仲裁くらいしかしなかったのである。それ以前はキリストの教えに基づいた政治が行われていたが、十九世紀初頭になると、寛容主義へと振り子が振れ、アルコール中毒になろうと阿片中毒になろうと、個人の問題であるとして、干渉しなくなった。アメリカでは禁酒法に対し、これを「収入を奪う政府の干渉」としてペンシルヴァニアの農民が蜂起した。阿片戦争が勃発したのは数十年後である。十九世紀の初頭のさまざまな歴史を眺めると、特に商業に関しては自由主義であったことがよくわかる。だから、英米ともに中国へ阿片を持ち込ませない努力をしなかったとしても驚くことではない。今では当たり前の奴隷制度廃止、薬物売買禁止、アザラシ狩り禁止、鳥類保護等の国際委員会は考えられもしなかったのである。阿片取引は当時の時代感覚では大目に見られていた。実行力のある政権がないばかりか、国民は悪癖に、特に阿片のような怠け者が耽る遊びを歓迎するから「病膏肓に入る」。阿片は何百年前からあるが、あんなに熱烈歓迎する国はない。

中毒になるかならないかは、その国の民族性や歴史伝統によるものである。なぜなら古代ギリシャにも阿片はあったし、地中海諸国に阿片が入って数百年前になるが、中国人のようにこれに飛びつくことはなかった。中国の阿片熱は、お隣の日本人や、失礼ながら例えばマレーのような中国人より野蛮人に近い人々の、はるかに及ばないものがある。「阿片中毒になったのは外国人が持ち込んだからだ」と言うが、全くの的外れである。アメリカの禁酒法が守られなかったのはカナダ人やメキシコ人の密輸者のせいだろうか。馬鹿も休み休み言ってもらいたい。

阿片戦争の原因は外国人蔑視である

アメリカ第六代大統領ジョン・クインシー・アダムズは、阿片戦争の最中の一八四一年の一二月、マサチューセッツ歴史学会でこう宣言した。

ボストン茶会事件を契機にアメリカの独立戦争が始まったが、ボストン港にお茶を投げ捨てたことが真の原因ではないのと同じように、阿片は戦争のきっかけの一つであって、真の理由はほかにある。それは『叩頭』（中国式の作法で頭を地面に付けて頓首礼拝する儀式）である。

手厳しい表現であるが、この叩頭問題を抜きにしては中国問題の真実は見抜けない。今も同じである。ここで「叩頭」について少しご説明申し上げよう。叩頭は目下の者が目上の者にするお辞儀である。中国人は自分たちが上だと考えているから、外国人と見ると誰にでも傲慢な態度に出る。

十九世紀になって外国に散々負かされたが、それ以前は外国人を「走狗」と呼んで見下し、対等の条約を結ぶなどとは思いもよらなかったのである。昔の条約やら政府の公式文書には野蛮人という意味の漢字をわざと使っていた。公式文書以外でも「外国犬」と呼んでいた。大昔から、東洋では犬は最も汚いものであり、犬呼ばわりされることは最大の侮辱である。聖書にもラザロという全身おできの乞食が出てくる。このおできを舐めにやってくるのが犬である。「ハゲタカやハイエナの如く死肉を求めてさまよう犬」と外国人を見ていたのである。

孟子曰く「上の好む所、下必ずこれより甚だし」と。上がこうなら下も見習う。外国人を下に見て、騙し、馬鹿にし、悪逆非道を働くのも無理からぬこと。したがって、大英帝国が起こした阿片戦争までの中国貿易は実に奇妙なものだった。つまり、広東周辺の商人も地方役人も儲かるものだから、せっせと海外貿易に精出していた。ところが、外国人に対する軽蔑、自らを「天に選ばれし民」とする自惚《うぬぼ》れは抜きがたいものがある。だから、阿片取引商人を始めあらゆる外国人商人と契約を結んでも、守る気はさらさらない。外国人をまともな人間と見ていないからである。「犬め、下がれ。身分も弁えず、畏れ多くも天子様に直訴するとは、無礼者」と言うわけだ。

ここで阿片戦争を長々と論じることはできない。関連の条約や戦闘経過については大きな図書館へ行けば膨大な資料が並んでいるが、何も知らない高校や大学の歴史の先生が知ったかぶりで書き散らした「通説」である。英国と中国の貿易戦争を検証すると、阿片問題はもちろんあるが、中国人の外国人蔑視が主な原因であることがよくわかる。

今日でも、傲慢さは中国全土、官民の区別なく見られる。役人というものはたとえ腸が憎しみで煮えたぎっていたとしても、おくびにも出さない。ところが、手紙には返事を出さないわ、素人にはわからない慇懃無礼さ、一瞬でも有利に立つとがらっと態度が変わるわ、等など、傲慢さが顔を覗かせる。なんとよれよれに草臥《くたび》れた車夫でさえ優越感を持っており、駄賃とチップを貰ってしまえばこっちのものだとばかり、威張っている。誰もが「外国人は中国語をちゃんと話せない」と馬鹿にする。西洋の主要言語を話せたとしても、中国語の複雑な方言をちゃんと話せないと馬鹿にする。

これだけではない。明白な事実を突きつけられても嘘を言い、言い逃れようとする中国人にしか見られない弱点まで見えてくる。

一九三一年のジュネーヴ会議で中国の代表はこう述べている。

一九二九年の段階で、特定地域、つまり租界と租借地を除けば、ケシ栽培、阿片吸引の抑制はかなり効果を上げています。

栽培可能地域全域で強制栽培させながら、こう発表したのである。畑という畑にはケシの花がそよ風にそよいでいるのをよそに、「目下、悪の花撲滅に鋭意邁進しておるところでございます」と猫なで声だ。もちろん、外国の国旗が翻る地区には手を出すなどできない。

実は、外国領土となった地域でも阿片は密売されている。お断りしておくが、密売されているとはいっても、撲滅運動がしっかり実施されているのはここだけである。上海の租界にも欲しがる人が多いから、買える店はいくらでもある。もちろん懸命に浄化運動に取り組んでいる。ところが中国人の役人が横槍を入れる。以前に何度か述べたように、中国の税関は外国人監視の下にある。ところが、怪しい車を調べようとすると、付き添いの中国兵護衛に妨害されるからどうしようもない。フランス租界の取り締まりは幾分緩めのようである。一九三一年から三二年、フランス高級官吏が疑われた。変死事件が何件か続き、収賄の噂が飛んだ。しかしそれでも租界以外と比べたら雲泥の差がある。外では強制栽培があり、役人が町ごと村ごとに購買割り当てを強制して買わせ、買わなくても代金だけはぶん取るのであるから。

外国人の税関監視員は総じて高学歴で優秀だ。給与も領事や外交官よりはるかに高い。中でも港湾の税関は米英人の、それも大卒クラスに人気がある。トップは通常、英国貴族である。職務怠慢や規則違反はあまり聞いたことがない。政府高官に列せられるから、新任の外国人職員は、領事館職員や土地の名士と同様、税関所長に挨拶することになっている。職員の妻もカネに糸目を付けず着飾り、遊べるからまるで貴婦人扱いだ。ところが、税関はジャンクやサンパンの検査はやらない。阿片はジャンクやサンパンで運ばれるのに。

インドから中国へ阿片を持ち込まないことにしたが……

一九〇六年、何度か交渉した末、イギリスの東インド会社は「中国がケシ栽培を止める」という条件で、中国への阿片輸出を停止することにした。「阿片貿易は中国で一八五八年から合法化されているのだから、持ち込む権利がある。しかしながら中国当局が阿片貿易を停止したいと切実に願うのであれば、致し方ない、喜んでご協力申し上げよう」と言うのである。ここからが面白い。「それはそれ、これはこれ」と言うのだ。つまり、いきなり中止となれば、インドの栽培農家が困るだろう。中国の愛好家も不自由するだろう。というわけで「削減十ヶ年計画」が導入された。この期間に中国では徐々に阿片を減らし、止めるよう警告できるし、インドでは転作準備ができるという寸法だ。実施から十年後の一九一七年には、中国では栽培も吸引もゼロになるはずであった。

さすが中国人。消費量、栽培量の削減に取りかかった。当初の計画通りに進み、一九一七年、調査に当った信頼の置ける外国人のみならず、合同調査に当った調査官も異口同音に、ケシ畑は消し飛んでどこにも見当たらないと報告書を出した。

さてここに、中国人が中国人たる所以がある。インドの阿片は、同じ阿片でも、味がいいので人気がある。中国産を扱う業者はたまらない。何とか阻止しようとして巡らした策が十年計画である。計画が終わる一九一七年、生産を中止した後こう宣った。「当方は国内の生産を中止した。貴方も輸出を停止されよ」と。これを受けてイギリスは輸出永久禁止法を可決した。さて中国人がどう出たか。ご賢察の通りである。高品質のインド産に邪魔されることなく、大々的に製造を再開したのである。

わざと制御できない無秩序状態を望んでいるとしか思えない。一九一一年、清王朝を倒した辛亥革命は何だったのか。阿片の一掃ではなく蔓延であった。辛亥革命後の七年間、混乱ばかりではあったが、阿片競争でイギリスを追い出し、立派に市場を独り占めしたのは確かである。十ヶ年計画が終了するや否や、元通りにケシの花を咲かせた手腕は見事である。

契約、条約を守る気持ちは全くない。それはそれでしょうがないが、困ったことに、それと知りながら、各国は国際儀礼に則って中国の指導者を主権国家の政府代表として扱っている。

ちょっと脱線するが、カネのある中国人は、中国人の性格を知っているから、ボディガードに中国人ではなく、外国人を雇う。蒋介石は、愛国主義者ぶるためか、用心不足だったのかはわからないが、中国人を雇ったがために、危うく暗殺されそうになった。

阿片撲滅宣言の裏で稼ぐ軍と警察

とにかくお喋り好きで、嘘と誠の区別など何処吹く風、のべつ幕なしに喋りまくる。阿片問題も同様である。一九三一年のジュネーヴ会議での発言を聞こう。

上海の国立阿片撲滅協会は全土に支部を置き、違反を積極的に公表しているのであります。税関当局も密輸摘発に全力を挙げております。……輸入薬物の総量は毎年国会で審議されることになっておるのであります。

「違反」という語にご注目あれ。完璧を期する中国人には「違反」とはごくささやかな傷というくらいの意味しか持たないのである。聞いた人は噴き出した。中国にはケシの花が咲き乱れている。しかも忠良なる役人が強制しているのだ。「輸入」という言い回しにもご注目あれ。あたかも「国内生産はゼロで、魔界から手に入れた」とでも言いたげである。

「密輸摘発」とは聞いて呆れる。確かに陸海軍、警察は総力を挙げて摘発し、大々的に公表している。ただし口を噤んでいることがある。もう賢明な読者諸兄にはお見通しであろう。摘発後どう処置したか、説明がない。ご賢察の如く、相応の罰金を課し、持ち主に返される。後は堂々と市場に出回る。

前章で紹介した陳郭回を思い出していただきたい。村単位、町単位で阿片を強制的に購入させ、不法所持として罰金を課した。あれが典型的な例である。

時には「差し押さえ」もある。もちろん阿片撲滅が目的ではない。罰金を払わないからである。差し押さえられた阿片は法と秩序の下に売却し、着服する。

もちろん各国が中国のペテンに引っかかってはいない。英米は領事館から入る情報を交換している。領事館同士も情報交換している。お互い興味のある情報は盛んに交換し、それを本国へ送っているのを見たことがある。その中には当然、阿片関連の報告書もある。ところが、これが国際会議のおかしなところだが、いくらわかっていても、立ち上がって中国人のスポークスマンに「大嘘つき」と言うわけにはいかない。毎度ながら、これが中国人のご自慢の騙しのテクニックである。「参加国の中には、中華帝国には、今ひとつ正確さが足りないのではないか、と発言した国もあった」と記事になっても、読者は何のことかわからず、「議論があるということは双方に良い点もあれば悪い点もあるのであろう。些細な誤解はいずれ解けるさ」とくらいにしか考えない。国際会議では遠慮がちに事実関係を述べるより、嘘でも何でも堂々と主張した方が勝ちである。中国人の「はったり」には誰も敵わない。「我が国では阿片のアの字もございません」と宣って平然としている。ケシ畑が住宅地まで迫ってくるのを何千人もの外国人に目撃され、証拠写真が山ほど送りつけられているのに、である。

中国が関わる東南アジア阿片事情

マレー半島や蘭印（オランダ領東インドネシア）では阿片は合法化され、規制もしっかりしている。華僑が多いからである。ということは、アメリカの禁酒法の如き禁止令を敷いても無駄だ。好きな物は密輸でも何でもして手に入れる。それなら合法化して違反者は取り締まった方がよかろうというわけだ。蘭印では中国人しか阿片を扱えないそうである。中国人以外に売ることは禁じられていて厳罰に処されるとのことである。人種差別撤廃を目指すアメリカ人には腑に落ちないことだが、この方が実用的である。人は生まれながらにして平等ではあるが、「もって生まれた体質・気質も皆同じである」とは言えないのである。

シンガポール（人口の七割を華僑が占める）で五、六箇所ほどの阿片窟を見て回った。大体中国と同じである。汚い小屋で、半裸の苦力がごろごろしている。椅子の横で汚い大麻をくわえてプカプカ吹かす者あり、恍惚としてただこちらを見つめてニタニタ笑う者あり、はたまた昏睡して死んだようになる者あり。五十年前のアメリカの大衆酒場の奥座敷と寸分違わない。政府の規制があっても阿片はなくならないが、中国よりはるかにましである。何しろ、中国では規制どころか役人が奨励しているのであるから。

阿片は酒よりは規制しやすい。というのは人目につく畑でしか作れないからである。医療目的以外は規制する気になれば規制できる。ところが、シンガポールでもどこでも、中国人がいたらケシの花が咲き乱れ、政府の規制等どこ吹く風である。軽く手荷物にならないから密輸には「持ってこい」である。アジア、オセアニア、蘭印等の南シナ海諸国の阿片問題を解決するにはまず中国が先頭を切らなければ始まらない。アメリカも同じである。中国産がかなり密輸されているからである。欧米諸国でも中毒患者が増加傾向にあるというから一大事である。

強力な権威で撲滅するしかないが……

中国人がその気になったら阿片は撲滅できる。何度か紹介したが、中国人は強力な権威の前には非常に従順である。事実、一九〇七年から一九一七年まで阿片はなくなったのである。こういう話がある。その昔、民がワインを飲みすぎるのを咎めた帝がお触れを出した。「葡萄はすべて引き抜け。種も苗木もすべて廃棄せよ。所持したる者、植えたる者は死刑に処す」と。効果てきめん。国中から葡萄が消えたという。そういえば葡萄を見かけない。これぐらいでないと本気にしないし、効力を期待できないのである。人の性格はそう変わるものではない。単純明快でないと駄目だ。西洋式、例えば、細かい罰則規定、容疑の承認、上訴権、有罪と認定すべき証拠なき時は無罪と仮定する等は通用しない。道徳観念が欠如し、隠し立て、言い逃ればかりでまともな証言など期待できない人間にはどだい無理な相談である。単純明快で厳罰主義が一番である。「こうしろ。ああはするな。守らないとこうなるぞ」と言わないと駄目である。

阿片も同じ。今のところ改善の兆しも見えない。何しろ政府役人から兵隊、兵隊紛いの集団、盗賊団まで官民挙げて阿片を飯の種にしているからどうしようもない。確かに阿片に真剣に取り組んでいる中国人の団体もあることはあるが、文字通りケシ粒ほどの小さなものだから屁の足しにもならない。

意外にも、無学なはずの農民が反対している。中毒患者がでたら一族で支えるのが慣わしである。仕事をしなくなった上に阿片にカネをつぎ込まれてはたまったもんじゃない。無理やりケシを植えさせられた上に、お役人の取立ては厳しさを増すばかり。だから「反対」である。これほど蔓延したのは、国民が中毒患者になろうが何になろうが構わない強欲なハゲタカのお陰である。

誰かが権力を握り、ハゲタカを一掃しなければ解決しない。ただし、新しく権力を手にする者は、今のハゲタカより、少しだけでいいから、志のある者でなければならない。しかしそんな者が登場する可能性はまずない。それゆえ阿片問題の解決は他の問題と同じく疑わしい仮定のことでしかなく、とにもかくにも阿片問題は、アメリカその他の国々を巻き込んでしまっているのである。

第九章　日本と中国人

日本人と中国人

この表題はただなんとなく付けたものではない。ちゃんとした根拠があってのことである。アジアにおいて、日本は稀に見る統一国家であるが、中国は全く逆の国である。中国は国内で争い、日本はまとまって外国と戦っている。

中国人と日本人は全く違う人間だが、アメリカ人には違いがわからない。地理的に近いから性格も似通っていると思っている。これほど大きな誤解はない。例えばメキシコ人、カナダ人をひっくるめて「我々はみな北アメリカ人です」というようなものだ。メキシコ人とアメリカ人、エスキモー、フランス系カナダ人、それぞれ違うように、日本人と中国人も全く違うのである。

確かに、日本人と中国人は体つきがよく似ている。が、似ているのは体型だけで、性格は似ても似つかない。もちろん日本人として通る中国人もいれば、中国人として通る日本人もいる。しかし全体としてみれば、違いは一目瞭然。口で説明するのは難しいが、現地に行けばすぐわかる。

日本人の祖先は中国人と同じモンゴロイドである。その昔、大陸から日本に渡来し、原住民と混血した。こうして日本列島に住みついた人は皮膚が白く、ロシアやフィンランド、バルト諸国に移民した白人系といくらかつながりがあるのではないかと思われる。男は中国人より毛深い。女は、特に畑仕事で日焼けすることのない階級の女は、モンゴロイドとは思われないくらい白い肌をしている。同じ階級の中国人女の肌は、黄色ではなく、赤みがかっている。男は日本人は色白だが、中国人にはあまりいない。骨格はそれほど違わないが少し違いがある。日本人は胴長短足で、胴は十センチも背が高いアメリカ人と同じくらいだ。

体格云々より日常生活を見た方が違いがよくわかる。中国人はイタリア人と同じくおしゃべり好き。サンパンだろうがどこだろうが大声で、うるさくて生きた心地がしない。少しでも英語ができると、舟だろうと汽車だろうと道端だろうと、近寄って話しかけてくる。こういうことは日本では起こらない。日本人は実に物静かである。下層階級はじっと見ているだけである。礼儀正しい上流階級はこれさえしない。ましてやあれこれ話しかけることは失礼になる。

短い旅行でも違いがわかる。他人に対する態度が大きく違う。儲け話となると腰が低くなるのが中国人。日本は違う。自然に腰が低くなり、礼をもって接すること自体に喜びを見出している。例えば、通りを歩いていて、何かを落としたら誰かがサッと拾ってくれる。中国には、スラム街よりひどく、鵜の目鷹の目の連中が多い。例えば、人力車同士がぶつかったとする。両方の車夫が「何やってんだ、この野郎」と怒鳴りあいになる。日本人はどうするか。アメリカ人の手本になるよう行動を示してくれるのである。

アメリカ人はなぜ日本人より中国人を好きになるのか

不思議なことに、ちょっと付き合うと中国人を好きになるアメリカ人が多い。中国人の方が実に陽気だからである。逆に日本人は、家庭内や親しい友人は別として、口数が少なく、よそよそしい感じを与える。ホテル等で見かける日本人は、くたびれた博士のようである。店員は日本人も中国人も非常に礼儀正しい。無口な日本人は不気味で、どうも煙たがられる。反対に中国人はおしゃべりで、すぐに英語でおべっかを使う。日本人にそんな習慣はないから、英語を知っていてもヘラヘラお世辞を言おうとはしない。用件だけで済ますのである。

上流階級の日本人は、「武士に二言はない」というサムライである。サムライとは名誉を重んじ、自らの言動に責任を持つ伝統を重んじる特権階級である。何を聞かれても返事はイエスかノーか、二つしかない。決して嘘をつかないから、嘘つき呼ばわりされたら刀を抜く。今日でも、そうだから、昔のサムライは「武士に二言はない」であったに違いない。

中国は全く逆で、言葉の意味はころころ変わる。昔から、嘘つき呼ばわりされても誰も侮辱だと思わない。そういえば、嘘とか嘘つきという言葉がない。

日本人は誰もがきれい好きである。一目でわかる。労働者でも毎日風呂に入る。きれい好きで、玄関では靴を脱ぐし、床でも柱でも拭いてきれいにする。不潔を極端に嫌う日本人に対して、中国人は全く逆で、不潔に親近感を持っている。

先ほど、ちょっとだけ付き合うと中国人が好きになる人が多いと言ったが、長らく付き合うと、圧倒的に日本人が好きになる。アメリカ人と比べると仕事が遅いが、中国人とは比較にならないくらい、信頼できるし、真面目なお付き合いができる、という人がほとんどである。違うという人はいない。ただし「なくて七癖」、スパイマニアである。

ちょっと滞在して中国人が好きになるのは、中国がどん底の国だからである。アメリカ人は可哀想な人に愛着を持つのである。もう一つの理由は、日本がアメリカの安全を脅かす存在だからである。

移民がもたらす日本脅威論

私は卒業後二年間サンフランシスコにいたので、カリフォルニアの人間が中国人と日本人にどういう感情を持っているかがよくわかった。圧倒的に中国寄りである。もっとはっきり言えば、圧倒的に反日であった。中国人が嫌いという人も大好きという人も少ない。大多数は無関心なのになぜか反日感情だけは盛んであった。親日家はゼロに近かった。第一の理由は、愛嬌がないことだろう。二番目は、太平洋での日本の動きに対する不安であろう。この不安をカリフォルニアの財界が盛んに煽っている。軍港と陸軍基地の増設を目論んでいるのである。そうなれば地域は活気づく。兵隊が金を落とす。地域経済は万々歳だ。しかし新聞には「増兵して金を落とさせろ」とは言えないから、「適切な防衛」と表現したのであった。事情を知らない者は不安に駆られ、寝る前に日本人が潜んでいないかベッドの下を調べたりする。「日本軍特殊部隊メキシコに上陸」という見出しに、カリフォルニアのオレンジ農家は震え上がり、新聞が売れる。とかく新聞社は発行部数を気にする。

確かに太平洋側の防衛は緊急課題である。しかし日本脅威論を煽り過ぎるのは百害あって一利なし。日本脅威論はどこに端を発したのだろうか。中国人の移民が五十年前に停止になったのにもかかわらず、日本からの移民が今でも続いているところにあるかもしれない。二十五年前、カリフォルニアが日本人に占領されてしまうのではないかと恐れた。そこで移民削減のため、全く根拠のないプロパガンダを始めたのである。今でも反日感情が残っているのはそのせいである。また我々は、本能的に人種差別をしているということを忘れてはならない。すべてがそうだとは言わないが、やっている本人が気づかない。本能的に嫌いな民族を好きになれと言われてもなれるわけがない。また「ふりだけでもしろ」というのは偽善でしかない。中国人や日本人を見ると「虫酸が走る」と言う人もいる。誤解やら間違った情報で起こる場合があるが、本能的に嫌いな人には、いくら説明しても無駄なのだ。

日本人にカリフォルニアが占領されるのではとか、低賃金で働く日本人に経済界が破壊されるのではという根拠のない恐怖心がなくなっても、日本と中国人に対する感情はまず変わらない。もちろん、中国人は愛嬌が良いから、物静かな日本人より好かれるという違いはある。日本人、日本人はプライドがあり世間体を気にするから、時には傲慢と思われることさえある。しかし、日本人、中国人両方の働きをつぶさに見てきた私に言わせれば、両者とも実に働き者である。嫌う人と話していて気づいた。納得させるだけの理由がない、何となく雰囲気で嫌っているのである。批判するつもりはない。嫌いなら嫌いで構わないが、根拠がないが、本能的差別感情から、アメリカ全体を惑わすプロパガンダを行なっているのでは、と思えてならない。

日本叩きのネタはないかと考え、偶然考えついたのが、中国人を持上げることであった。こう考えるのには根拠がある。逆を想定するとよくわかる。もし中国が強力で脅威だったらどうだろう。反日家は「間違っていた」と気づくだろう。

全米の中国人観、日本人観は大なり小なり、カリフォルニア発である。両国の移民の歴史を見てみよう。中国人が大挙してアメリカに渡ってきた五十年から七十五年前、西部はゴールドラッシュで、鉱山掘り、鉄道工事が盛んであった。当時の彼らの社会的地位はコヨーテ同然で、アメリカ人と争うはずがない。逆らおうものなら、インディアンやガラガラヘビ同様、根絶やしにされた。差がありすぎては争いなど起きるはずがない。

日本人が移民として渡ってきたのはそれからしばらく後、アメリカの民主主義が大きく成長し、平等思想というものに触れた頃のことであった。ただし、反対も多かった。例えば、日本人の子女が同じ学校に入るのに反対した。偉そうなことを言っても、いざ実践となると「総論賛成。各論反対」というわけだ。コヨーテと思ってきた中国人とは争いは起こらなかったが、学校に入ろうとする日本人とは対立が始まった。家来扱いされても平気な中国人に対して、日本人はプライドが許さないからである。

対日、対中関係を考察する時、二十五年前のカリフォルニア反日暴動などを振り返ることが重要である。移民の歴史を十分理解しないで、感情論で判断してきたのである。

満州事変の背景

今さら一九三一、三二年の満州における日本の行動に詳細に立ち入る必要はない。事件の詳細、条約、リットン調査団の報告書等が明らかになっているからである。一九三一年九月十八日の夜十時半、満州の奉天郊外の日本の鉄橋が爆破され、四時間以内に日本軍が奉天とその周辺地域を支配下に置いたことは誰でも知っている。

鉄橋爆破自体は大したことではなかった。過去にも同様の事件がある。一八九八年、ハヴァナ港のアメリカ戦艦メイン号爆沈事件。一九一四年、サラエヴォのオーストリア皇太子フェルディナンドの暗殺事件。一九三三年二月、ベルリンの国会議事堂放火事件。これらの事件はそれ自体珍しいことではないが、大事件の導火線となったという点で歴史に残っている。メイン号爆沈事件は「リメンバー・ザ・メイン」となり米西戦争が始まった。サラエヴォの暗殺事件が引き金となり第一次世界大戦が始まり、ベルリンの放火事件を機にナチスはヴァイマール憲法を事実上廃止した。

「釈迦に説法」かもしれない。また一次資料を紐解いた方がよくわかることもあると思ってお話しているのである。また必要に応じて、誰でも知っていると思われることも敢えてお話しする。

満州の推定人口は一九〇〇年、約五百万人であった。それが一九三一年になると約三千万人に増えた。五倍以上も増えたことになる。理由はさまざまである。例えば、満州産の大豆に世界の需要が集まったこともあろう。今世紀初頭、日露両国が鉄道を敷設したので発展したということもあろう。以前は中国人の満州移住は制限されていたが、政権が変わって移住制限が緩和されたことも一因である。清王朝は満州人が築いた王朝であったが、満州を政治的に中国とは切り離し、私有地扱いにしていた。三百年前、満州族は生まれ故郷を捨て、暖かい南の地に大挙して渡って来た。それから中国人が満州の地に足を踏み入れることを禁じたので人口が減少した。ところが一九〇七年、ロシアの南下政策を阻止するため、移民を盛んに奨励した。と同時に政策を転換し、満州を中国の一部と扱うようになった。

辛亥革命が起こると中国全土がますます混乱し、満州にも火の粉が飛んだ。日本も対岸の火事では済まされなくなった。満鉄と周辺の権益を保護するため、兵力を増強せざるを得なくなったのである。

混乱に乗じて満州に張作霖が現れ、中国政府に逆らい、満州を支配した。張は中国兵を放逐するため、中国人とは思えないほどの強力な兵力を整え始めた。一九二三年には何と五億ドル（中国の通貨であるが）もかけ、兵器工場を奉天に完成させた。デンマーク人の建築家を、後にはドイツ人、フランス人、イギリス人も雇い、日本人の軍事顧問まで雇っている。中国では五億ドルといえば途方もない額である。これだけかけた兵器工場はまさに脅威である。一九二四年から二七年には常時二万人が働いていた。ほんの二年前の一九三一年、約千人の外国人を招聘し指導に当らせている。この兵器工場の生産能力には舌を巻く。砲弾は日産四千五百発、弾薬は日産四万発、大砲月産一二門、と日本ははじいている。工場の規模、従業員数から考えて法螺とも思えない話である（今日ではこれほどではないにしても大規模兵器工場が中国各地にある）。加えて二十万とも三十万とも言われる私兵を蓄えていたのである。

一九二八年、張作霖が暗殺され、遺産は無能な放蕩息子の張学良に転がり込んだ。父の張作霖は慎重だった。日本に好意を持っていたわけではないが、かといって公然と敵対行動に出ることはなかった。日本人を脅かすこともあったが、政情定まらぬ国では普通にありえる程度のことで、日本が行動するほどのことではなかった。

張学良が跡を継いでからは事態が一変した。南京を拠点とする風見鶏の蒋介石と同盟を結び、中国の地に乗り出し、政治に手を出し、汪兆銘の「中央政府」を追い落とした。

北京を乗っ取り、取れるだけ税を取った。南京中国中央政府に「手の者」を多数忍び込ませた。それから「外務協会」と「北東文化協会」という反日プロパガンダ組織を造り、盛んに活動を開始した。部下は新政策の一環として日本に次々と要求を突きつけた。大連と旅順の返還を迫り、条約を無視し、税金を取り立てようとした。たとえ父の張作霖の腹心の部下であっても、反日政策に乗らない者を容赦なく追放し、暗殺した。日本に留学したというだけで追放し、虐殺した。父張作霖の子飼いの部下二人を麻雀に誘い、殺した。

満州全土で日本人襲撃事件が多発した。張学良の狙いが何なのかはわからない。ただ、中国と関わりを持ったことで、一九二七年に政権を取った国民党の排外政策に同調したことだけは確かである。しかしこれが仇となり、権力を奪われ、満州を追われる身となったのである。歴史に「もし」はないが、もし、初めから負けるとわかっている戦を仕掛けないで、父と同じようにしていたら、満州に残れたかもしれない。そして満州は「満州国」にされずに満州のままでおれたかもしれない。

日本の大陸政策の背景

世界の反応はどうであったか。日本軍が満州を制圧した頃、中国では反日政策が最高潮に達したが、世界は特に驚かなかった。今に始まったことではないからである。例えば、一九二五年から二七年にかけて反英運動が最高潮に達していたが、「今日はイギリス、明日は日本」と外電は報じた。排外主義はいつものことだが、ある特定の国に狙いを定めて集中攻撃をする。何がしかの戦果、例えば金を借りられるとか、同情を得られるとか、が得られたら、攻撃を緩め、新たな獲物を探してこれに集中砲火を浴びせるという具合である。二十世紀最初の餌食になったのはアメリカである。在中アメリカ人に危害を加え、不買運動が起こった。しばらくして、この反米運動は収まった。なぜか。反省したからでも親米になったからでもない。与しやすいとみて侮ったからである。彼らは己の無能、腐敗を棚に上げ、国民の怒りを外国に向ける。アメリカをそうした対象にするより、同情して融資を引き出した方が得だ、と読んだからである。

こういう中国的考え方を頭に入れた上で、日本を見なければならない。日本は日清戦争に勝利したが、「国際道義上、他国の領土を分捕ることは許されない」との列強の干渉で、多くの権益を奪われた。確かに、それまでは勝者が領土なり何なり切り取り放題であったが、時代は変わった。倫理・道義というものが大切になったのだ。引き下がるしかない。しかし取り上げられたものがそのままロシアのものになったから怒りが爆発した。それだけではない。ロシアに対しては、あの高尚な国際道義なるものの一言も言われなかったのである。臥薪嘗胆、黙って見ているしかなかった。ロシア人がにっこり笑って持っていくのを。日本人が血を流して勝ち得たものを。

さすがの日本人も怒髪天を衝く。通常の小競り合いの後、日露戦争が始まった。アメリカでは日本支持派が大勢を占めた。数ヶ月でロシアを一蹴した日本は「下関条約で確定した権利を奪取」すべく、万全を期して和平交渉に臨んだ。しかし、しかしである。列強はまたもやあの崇高な「国際道義の歌」を合唱した。歌詞は同じだが、題名が「国際親善の歌」と変わっていた。日本の要求は国際親善上認められないという歌である。しかしこれまた不思議なことに、一九〇五年、ニューハンプシャー州のポーツマスで行われた講和条約に出席した日本の全権大使は、さしたる不満も漏らさず、黙ってこの歌を聴いたのである。しかしさすがに、日本国内では日比谷焼討事件等の暴動が起こった。帰国した全権大使の身の安全を図って厳重な警備体制を敷かねばならないという事態にまで進展した。それほど国民の怒りは大きかったのである。

二十一ヶ条要求の背景

世界中が戦争に巻き込まれていた一九一五年、日本はこれを好機と捉え失地回復を図った。二十一ヶ条からなる文書を認め、中国代表団に提示した。いわゆる「二十一ヶ条要求」である。確かに「要求」といわれれば「要求」かもしれない。全容は明らかにされなかったが、日本が最も力を入れたのは、一九二三年に期限切れとなる鉄道の租借期限の延長であった。これを知ったアメリカがまず日本非難に回り、列強も同調したので要求を幾分和らげることとなった。これは交渉に当たった日本の外交官からじかに聞いた話であるが、内容が公になるずっと前に、中国代表団は内容に満足し、調印に同意していたそうである。ところが、中国側はこう持ち出してきた。「内容はこれで結構だが『要求』ということにしてはくれまいか。そうした方が見栄えがする。やむなく調印したのだという風にしたいのだが」と。これを受けて日本側は「その方が良いのならそういたしましょう」と言って、高圧的な態度に出るふりをした。それで中国人は不承不承、署名をするという風にしたのである。裏でかなりの金が動いたであろう。中国との交渉事は金次第とみてきたからである。

ところが今回は計算違いだった。「日本に脅迫されやむなく調印した」という体裁にしたのは、中国の国内の中国人に納得してもらうためであった。ところがアメリカがこれに噛み付いた。「哀れな中国に、過酷な要求を突きつけるとは許せん」とばかり、同情が湧き上がった。この一九一五年という年はどんな年であったか。アメリカは世界を二つに分類していた年であった。一つは束縛のない自由を求める道徳の国。もう一つはドイツ等に代表される、抑圧を好む、卑しい国である。二十一ヶ条の要求を出した日本も中国人を抑圧した国としてドイツと同じ組に入れられた。

中国人の要望で「屈服された中国人」という体裁を取ったのであるが、この一次資料がまだ手元にない。

極東問題に詳しいジャーナリストのジョージ・ブロンソン・リー氏は親日派の雑誌で「当時、外国人の記者にはこの辺の裏情報は知られていた」と述べている。

中国人の役人の体質、陰謀をひた隠しに隠す性格からして「さもありなん」と在パテラン米英官界は考えているのである。

幣原宥和外交の恩を仇で返す中国人

一九二八年から三一年、四度も妨害・嫌がらせを受けては、さすがの日本人も怒りを抑えることができない。汗と涙の結晶である満州の鉄道は、満州が無法地帯であるがゆえに減益となるばかりか、鉄道付属施設が破壊等の反日政策の脅威に晒されていた。日本側の報告によれば一九二九年と三十年の損失は以下のとおりである。

鉄道運行妨害……一七一件
鉄道運行中の強盗……一八九件
鉄道施設の略奪……九二件
電線の略奪……二六件

これに対して中国側は、「日本人の護衛を撤退させ、中国人に護衛させせよ」と言ってきた。滑稽極まりない回答である。自国の鉄道の警備でさえできない国が他国の鉄道を守れるはずがない。

そこで登場するのが張学良である。日本との条約を勝手に破棄し出した。日本は、いわゆる軟弱外交と非難された男爵幣原が外務大臣であった。幣原は「中国政府との交渉には寛容と忍耐が求められている」と発言している。

この間、中国人は何をしていたか。例によって反日運動を盛り上げるネタにしたのである。そこで「軟弱幣原外交は全く通じない。中国人の暴虐ぶりは減るどころか激増しているではないか」と大日本帝国陸海軍は噛み付いた。何も今に始まったことではない。いずこの国も中国人には恩を仇で返されてきたのである。

話を続けよう。一九二九年のアメリカの株価暴落で日本の絹産業が打撃を受けた。貿易が停滞し、日本の労働者、その家族数百万に不況風が吹き荒れた。中国では、国民党の反日運動が吹き荒れていた。そして満州では、それ以上に張学良の反日運動の嵐が吹き荒れていた。日本人の怒りは、いや増しに増すばかりである。中国はとっくに期限の切れている借金の返済を渋るどころか、返済を拒否すると宣言する始末である。こういう中国側の動きを見せ付けられて、「毅然とした態度を」という意見が確実に強くなっていった。

ペテン師たちの排外運動

中国人は世界に冠たる詐欺師、ペテン師である。アメリカ人に略奪から人殺しまで何でもしながら、責任逃れだけは上手である。国全体が乱れていようが構わない。しかし、無政府状態で国が乱れていようとも、権力を握っている軍、役人にその気があれば何かできるはずである。しかし、自主独立の気概のない国の常で、問題が頻発すると、権力者は外国に責任転嫁するばかりである。「食料を強奪する帝国主義国打倒に全力を尽くせ」と、来る日も来る日も貼り紙をし、ビラを撒いて扇動しているのは、何を隠そう中国政府自身である。そして暴動が起こると、「当局には一切責任ございません」とするのを茶番と言わず何と言おうか。

張学良は満州を反日一色に染めたが、その結果には「知らぬ、存ぜぬ」の一点張り。すべてが張学良の差し金かどうかはわからない。が、こういう事態になった原因は張学良にあると、外国人はみている。父の張作霖ならこうまではしなかった。

一九二七年から三一年、国民党政府は相変わらず反日運動を推進していた。日本からの借金を返す義務はないと公言したかと思うと、学校の教科書に反日プロパガンダを刷り込み、「大嫌いな日本」という歌まで作り、授業で毎日歌わせた。それから一九三一年と三二年の国際会議で「中国人は昔も今もすべての国と誠心誠意お付き合いをしてきたのであります。しかるに敵は、言われなき罪をかぶせ、弱みに付け込んでいるのでございます」と訴えた。

ところが、日本には証拠がある。学校や過激な組織で繰り広げられている反日プロパガンダの証拠である。これは英米人の手で翻訳され中国各地の領事館に保存されている。張学良の満州の反日運動歌を紹介しよう。

　お前を叩きのめしてやる
　鉄砲を投げ捨ててやる
　大砲は破壊してやる
　残忍な支配権を踏み倒してやる
　一致団結（以下同趣旨）
　借金は踏み倒す

銀行はぶっ潰す

打倒だ　打倒だ

お前の経済力はすでに地に落ちた

そして奇妙なことに、二十数万の張学良の私兵は野放図な自信を持つようになった。多分当時の中国では最強であったろう。満州は中国本国に比べて一人当たりの財力は上回り、軍資金も豊富で、前にも書いたとおり、装備もまあまあであった。ただ人材と士気がない。だから、わずか一万余りの日本軍が動き出したと聞いただけで、二十数万もの大軍が算を乱して敗走したと聞いても驚くに当たらない。

柳条湖の鉄道爆破

一九三一年九月十八日、事件が起きた。日本では強硬派が主流派となり、中国を憤る声が強まり、古老の幣原の提唱する穏健派の平和愛好派は後退した。一方、在中米英の官民の大勢はこうである。「中国人は今回、相手を間違えた。この数年、米英人に対してはやりたい放題だったが、同じ手を日本に使ったのが間違いだった。日本人は手強いよ。自ら蒔いた種だ。我々が何年もやるべきだと言っていたことを日本がやってくれた」。

ところがネルソン・T・ジョンソン公使がワシントンに送った報告書はそういうものではなかった。公使の報告は「しっかりした情報に基づいた意見」であるべきである。今回公使に入った意見は、他の情報と違って簡潔明瞭、長年営業妨害をされてきたビジネスマンが晴らせなかった恨みをついに日本軍が晴らしてくれた、そういう意見であった。「頼むぞ、日本軍。徹底的にやっつけてくれ」と熱い思いがこもっていたのである。

「一九三一年九月十八日の奉天攻撃は周到な用意の下に始められ、単なる橋爆破に対する反攻とは言えない」と中国は証拠をあれこれ揃えて主張した。そのとおりであろう。関東軍に一糸の乱れもなく、兵の怒りは並大抵ではなかった。中国側の違法行為が激増しては、いかに東京で「不拡大」を唱えても現地の関東軍を押さえることはできなくなった。恐らくこういう気持ちであったろう。

「諸君。事ここに至りては已む無し。次回攻撃有らば返り討ちにして進ぜよう。正義は我に有り。世も認めるところ。号令一下突撃し、敵陣深く切り込め」

「日本は戦争の口実を作るため、自分で自分の鉄道を爆破した」と中国側は抗議したが、そうとも思えない。第一、必要がない。中国側は毎週のように次から次へと新たな妨害工作を仕掛けていたのであり、この年も、隠忍自重する日本軍に対し、二、三日するとすぐ挑発行為を繰り返していたのである。誰がどのように鉄道を爆破したかは未だに全容が明らかになっていない。わかっていることは、とにかく爆破され、日本の鉄道守備隊が攻撃し、中国兵を追い払ったという事実だけである。

奉天を手にすれば満州全土を征服するのは容易《たやす》い。これで中国は満州でぐずぐず言うことができなくなったと日本は考え、条約に則って鉄道を建設した。収益は当然日本のものである。契約期間中は日本のもので、契約期限が切れれば返還することになっていた。長きに亘る無政府状態、風見鶏の軍閥、排外主義官吏、過激学生秘密結社等が結託し、自らの悪事を隠すため暴徒を煽動する。これに日本の堪忍袋の緒が切れたのである。もちろん、満州の地に日章旗を打ち立て、新帝国を樹立する夢もあったのは確かである。あれだけ挑発行為を仕掛けられ、泣き寝入りすることを良しとしない者が日本軍には少なくなかった。しかし、「もしも」の話ではあるが、もし中国政府が外国権益の破壊運動を地下で煽動しないで、日本の権益が保護されていたなら、満州を征服などしなかったかもしれない。

日本の言い分はこうである。「お前が黙っていたら俺からやるはずがないだろ。しかけたのはお前の方だ。こうなったら見ていろ、一歩も引かないぞ」。

日本を非難し、中国人を弁護する宣教師

宣教師は別にして、中国にいる外国人で中国人に同情する者はまずいない。「自業自得だ」というのである。考えても見よ。商品略奪事件が何年も続くのに、政府には保護策を打つ素振りもないのである。それでもなお、中国人に憐憫の情を示す者がいるだろうか。我々アメリカ人は国際法に則って、あくまでも公平に商品の売買をしているに過ぎないが、中国の正統政府とされる国民党政府は、中国人の生き血を吸う「帝国主義吸血鬼」と罵倒している。上海と天津以外のアメリカの役人は詐欺、反米運動に忙殺され、日本軍の行動を見て涙を流す暇などない。日本軍は世界各国が幾度となく明言していること、つまり「やるべきこと」をやったのである。

ところが宣教師だけは不思議なもので、中国人に迎合するばかりでまことに滑稽である。中立を保つべき第三国人が表立った動きを取ることは好ましくないのにもかかわらず、宣教師たちは公然と日本を非難した。私が知っている宣教師は日本領事に抗議文を送りつけた。怒った日本領事がこの抗議文をアメリカ領事に転送した。驚いたアメリカ領事は件の宣教師を召喚し、国際儀礼違反であるから日本に謝罪するよう要請したという具合である。

宣教師が抗議するとはまことに奇妙である。中国人の暴虐に、それも政府援助の暴虐に最も長く苦しめられているのは他ならぬ宣教師である。「中国人の誇りが傷つけられた」と抗議した宣教師がいたが、窓の外を見よ。数年前、校舎は放火され、焼け跡が今でも残っているではないか。焼いたのは誰だ。同僚と信頼を寄せた中国人教師ではないか。教え子ではないか。校門を見よ。放火事件の頃、可愛いはずの中国人のギャングが対立するギャングをパーティ等と偽って誘い出し、隠し持っていたマ

シンガンでなぎ倒し、死体の山を築いたのではないか。三年前、自宅の西では、一生を神に捧げた高齢の女宣教師が二人「帝国主義者の手先」とされ、拷問のあげく、殺されたのではないか。拷問され殺されたり虐殺されたりした米英人の墓だらけである。一晩で九人も虐殺された人たちの墓もある。あの抗議文を送りつけた宣教師の住む住宅で、「有望な中国人」に裏切られ、命からがら逃げ延びた経験がない人はいないはずである。

ところで、あの抗議文を日本領事に送りつけた宣教師のお宅に招かれ、話を伺う機会に恵まれたので早速こう尋ねた。

「ほかの人間だったら罪になるようなことの十倍も悪いことをしている中国人をなぜ特別扱いするのですか？」

返事はこうだった。

「アメリカ人にアメリカ人の戦い方があるように、中国人にも中国人の持って生まれた戦い方があるのです。彼らは彼らなりの努力をしているのです」

自家撞着としか思えない。一体あの自信はどこからくるのだろうか。常人には理解不可能なことを神様がじかにお教え下さったのであろうか。中国にいる宣教師は、神の怒りが日本の侵略軍に下るのを祈っている。一方、同じ宣教師でも、日章旗のはためく国の宣教師は、神が正義の味方日本に微笑んで下さったと喜んでいるのである。

日本を非難し笑い者となったスティムソン国務長官

アメリカ人の情報源は宣教師である。中国には大勢いるが、日本にはごくわずかしかいない。したがって、日本の情報はほとんど入らず、入る情報はほとんどが中国情報である。したがって、世論は

「日本人が殺人狂と化した」となる。カリフォルニアの騒乱の一因もこういう一方的情報が原因となって発生したものであろう。そこで、記者たちに「間違い馬・ハリー」と慕われた国務長官のヘンリー・L・スティムソンは、奉天から満州全土に展開する日本軍の動きを見て、日本を非難した。「中国の門戸開放」を謳う「九ケ国条約」に照らせば、この発言は正しかった。彼は、米国国会雀のように、自分の発言に日本が飛び付くとは思ってもいなかった。「いかなる状況であろうと、これ以上進軍してはならない」と発言するたびに、日本は「今度は中国側にはっきり聞こえるよう伝えて欲しい」と返した。こういう滑稽なことが一九三一年の秋から初冬にかけて繰り返されたが、同時に雀に笑われているうち、長官に忠実な部下の緊張もほぐれ、ワシントンではスティムソンは良心的で誠実な人間として通った。満州事変にどう対応すべきだったかはわからない。フーヴァー政権の国務長官として蛮勇を奮い、どしどし発言し、委員会も作った。ただ委員会の報告が届く前に、ことは収まっているという具合であった。勇気ある発言もトンチンカンと笑われた。普通、米国国務長官の発言なら日本としても警戒するはずだが、彼の場合は「月に吼える犬」ほどの脅威でしかなかった。意識的かどうかは別にして、大真面目で根拠のない脅迫発言をして外交的失態を演じた。これにはさすがの部下も笑わずにはいられないが、長官の面前で笑うわけにはいかない。トイレに駆け込んで笑うしかない。あまりのおかしさに世界中が腹を抱えて大笑いした。これでアメリカの極東政策は面目丸つぶれである。

新聞が事実を伝えないから反日感情が高まる

アメリカの新聞界は名探偵シャーロック・ホームズ気取りで、「アジア大陸征服作戦を練る日本」等とんでもないことを書く。「……は明白である」とか「したがって残念ながら……としか思えない」という具合である。ところが、極東に住む人間には「ブラック・ユーモア」「おふざけ」としか思えない。もちろん日本にとって、満州は喉から手の出るほど欲しい土地である。シャーロック・ホームズならずともわかることだ。わかりきったことを議論するほど無益なことはない。「猫は小鳥が好きである」ということを証明するために医学研究所を建てるようなものだ。

アメリカの世論が、こうまで対日批判一辺倒となったのはなぜか。満州事変に至るまでの事情が伝わらなかったからである。一面トップは「日本軍奉天占領」「全満州に侵攻」である。これでは狡猾な日本軍が、物陰から襲い掛かるヒョウのように「何も悪くない可哀想な人間にいきなり噛み付いた」と思い込んでしまう。何年も前から中国当局は略奪行為を黙認し、反日プロパガンダを扇動した。線路に石を置き、日本人を狙撃、殺害した。およそ考えられる妨害行為を煽る反日プロパガンダをしたのは他ならぬ中国政府である。このような経緯をアメリカ人は知らない。

ここで一つ国際親善・理解について考えてみよう。ある国がある国に、資金援助なり、企業誘致したとする。これが順調にいき両国に利益をもたらし、信頼関係が深まったとする。こんな嬉しいことはない。これこそ国際親善・国際理解というものである。アメリカの歴史に目を転じてみよう。十九世紀、アメリカの産業界はロンドンの資本家の融資を受けていた。歴史に仮定は禁句だが、もしアメリカの政治家が中国人の如く喧嘩好きで傲慢であったらどうしただろうか。まず、資金は有難く頂戴する。それから、やおら中国人に倣って君子豹変である。金を出した本人を「腐敗した帝国主義者」と決めつけ、妨害工作やら返済拒否やらやりたい放題したかもしれない。

現代カナダ版ならこうなる。カナダ工業界の大部分はアメリカ資本だから、オンタリオの自動車工場は焼き討ち、各地のアメリカ領事は襲撃される。

中国人はどうか。大学教育を受けた知識人が何万人も中国にはいる。彼らの行動はこうである。外国人と交渉して融資を勝ち取る。この時は「公共の福祉に尽くした英雄」と持て囃す。ところがこの金がうまく働いて「黒字」が生まれるや否や君子豹変。経済苦境に喘ぐ中国人の首を絞める「強欲帝国主義者打倒」の大合唱が始まる。

途上国ではまま見られることではあるが、中国ほど残忍で愚かな国はない。例えば、南米各地に鉄道を敷き路面電車を走らせたのはイギリスだが、必ずしも南米諸国がイギリス贔屓とは言えない。が、中国のように悪意むき出しの妨害・破壊工作をすることはなかった。

第一次上海事変

さて日中関係に戻って、一九三一年九月十八日から翌年の一月二十八日までの日中関係を見てみよう。一月二十八日とは第一次上海事変の閘北の戦いが始まった日である。世界有数の人口密集地でドンパチが始まり、アメリカ人がたたき起こされた日でもある。毒ガス以外のありとあらゆる武器が総動員され、飛行機が唸り声を上げ、砲弾が飛び交った。決死の日本軍一万弱対五万とも六万とも言われる中国軍。いつもの中国軍なら、危ないと見るや一目散に逃げるが、今回は違っていた。レンガ造りの家が立ち並ぶ石畳の入り組んだ町並みを巧みに利用して、鉄条網やら石の防御壁を構築し、思わぬ抵抗を示した。

戦いの模様は当時の新聞が詳しく報じている。ぜひご覧いただきたい。国際租界の北側の高層ビルから蘇州クリークの向こう側の閘北の戦いを見ることができた。昼間は、爆弾が投下され地上に着弾し瓦などの土煙が上がる様子まではっきり見えるほどであった。投下し終わると機首を翻し、後方基地で爆弾を搭載し、休むまもなく出撃する、これが引っ切りなしに続いた。

ちなみに、爆弾一発にはどれほどの殺傷能力があるのだろうか。ジャーナリストのアーサー・ブリズベーン氏が書いていたが、この閘北空襲を見たら納得する。人口密集地にＴＮＴ爆弾の雨が降ったから、負傷者が出るのは当然予想できる。ところがこの閘北の戦いでは、五週間に亘って数千発の爆弾が投下された上に、三インチ砲、五インチ砲、のみならず八インチ砲による掃射まで加えられ、町中がまっ平になったのにもかかわらず、住民のほとんどは元気だった。南北戦争では「人一人殺すにその人の体重と同じ重さの鉛と鉄が要る」と言われたが、同じことが今でも言えるようである。

中国軍は高射砲の扱いを知らないから、日本機は低空飛行しても打ち落とされる心配がない。だから地上百五十メートルまで低空飛行するが大した戦果を上げることなく、ただ道路や庭に穴を掘って土煙を巻き上げるだけである。それにしても中国兵ものんびりしたものである。鉄砲が届く距離まで敵機が近づいても応戦しない。ぼんやり見ているだけである。私が中国兵に混じって、塹壕の外にいた時、日本機が急降下してきたことが何度かある。日本機のパイロットは撃たれる恐れがないから平気である。中国兵はどうしたか。鉄砲を構えて反撃したか。塹壕に避難したか。とんでもない。鉄砲の銃座を地面に落として、ただボーっと立って見上げただけである。恐らく、「こっちは鉄砲、敵は機関銃。一発撃ったらお返しが百発くる。爆弾でも落っことされちゃ適わない」ということだろう。

空襲はほとんどが夜間であるからおちおち寝ておれない。八インチ爆弾が炸裂すると一・六キロ離れていても窓がガタガタくるから、「それっ」とばかりに屋根へ駆け上って空襲見物だ。高性能爆弾の威力は素晴らしい。炎が天を突き、建物が燃え落ちる。爆弾が投下されるとすぐに火が回るから、焼夷弾を贅沢に使っていることは間違いない。擲弾やら迫撃砲に混じって機銃が唸りを上げる様は一級の戦争映画そのものである。中国第一九軍は善戦した。租界の中国人は拍手だ。これだけ抵抗の姿勢を示したのは、近代中国軍の歴史上初のことであったからである。

民間人が多く死んだのには理由がある

「このままでは中国軍の前面を崩すこと叶わず、ただ兵員の消耗あるのみ」と見た日本軍は、予備兵を投入し、兵器を増強し、攻撃を続けた。塹壕の後方、民間人の住む閘北を空襲した。この攻撃で一万五千人の非戦闘員が死亡したとして海外から非難された。しかし、戦術としては非難されるどころか、ベストの選択である。「敵の補給基地を叩く」のは戦の常識である。民家に潜み、民家を武器弾薬食料の保管所としている中国軍を追い出すにはこれしかなかったのである。日本軍が北の静安から中国軍の後方を衝く包囲作戦を取ったので勝敗が決した。なぜもっと早くこうしなかったのか、誰もが不思議に思った。

上海から十キロも離れていない静安の塹壕には、停戦後数日経っても中国人の死体がごろごろしていた。上海駅近くの閘北で見た中国兵は屈強な大人であったが、静安の塹壕に重なる死体のほとんどが、腕は細く、鉄砲を撃つのも心もとない十六歳くらいの年端もいかない子供であった。閘北でも静安でも中国軍は退却する時、草むらや地中に無数の爆弾を埋めたので、歩くのは危険であった。知らずにきた者が引き金に触れ、重傷を負った例が多い。吹き飛ばされ命を失った者もいる。また日本軍の不発弾もあちこちに転がっていた。武器弾薬の改良に励め、ということか。

この戦闘には謎が一つある。戦闘が始まる前に、なぜ日本の租界に中国軍の大兵力が集中したのか。もし兵力が集中しなければ、日本軍は警戒することも、撤退要求を出すこともなかったのである。撤退要求に対する中国側の回答はこうだった。「中国兵が踏んでいる地は中国の地である。どこに駐屯しようが自由だ」法的にはそれで良いだろう。が、日本のいわば「お勝手」に大兵力を向かわせては「何処に駐屯しようが自由だ」とは言えまい。常識的に考えたら、交戦を匂わす示威行為である。国際租界と閘北の境界には頑丈な鉄門が数箇所あり、鉄条網が張り巡らされていた。両軍の緊張が高まりつつあった頃、この境界付近は住宅密集地であった。中国人の中流階級がほとんどで、貧民街もあった。こういう地域に軍隊が出かけ、塹壕を掘るとは奇妙ではないか。日本軍が警戒するのも当然ではないか。

撤退要求があってもなかなか撤退しなかった。日本軍の真剣な態度を見て取った上海市長が「私めにお任せを」と言ってきた。それで市長の「肝いり」と平行して、日本軍は陸戦隊数百人の危険地区へ派遣を開始した時、突如として鉄砲、機関銃の音がして、住民は驚いた。五週間の戦いが始まったのである。

最初の一発を撃ったのは中国軍と見るのが自然

「守りを固めようとするところを攻撃された」と日本側は言っている。真実か否かは歴史家の研究に任せるとして、中国人の性格を熟知している人なら、日本の言い分が正しいと言うだろう。中国兵は鉄砲を持つと、狙いがあろうとなかろうと、闇雲に撃ちまくると有名だからである。歩いていて、中国軍に出くわし、何もしないのに、いきなり発砲された外国人は少なくない。政府がスポンサーとなって強烈な反日キャンペーンが繰り広げられていることを、また、中国兵の凶暴性を念頭に入れたら、中国軍が寄せ来る日本軍に撃ちかけたと見ても何ら不思議はない。

中国軍は「撤退させる機会が与えられなかった」と繰り返し強調している。この点では日本は判断を誤ったのは明らかだ。ともかく日本側は、中国軍が一体何をしているのか知りたかった。「交渉や約束をしてもいざとなると守ってくれるかどうか当てにならないから、ともかく居留民の安全のため、軍を動かしたのだ。日本人の安全を脅かすところに兵を集めたのは中国側ではないか。租界とはいえ、ここは日本領である。自国領のどこに駐屯しようが自由だと言ったのは中国ではないか。同じ権利を行使して何が悪いのか」と主張した。

上海にいたアメリカ人将校は、「挑発行為を取らなかったにもかかわらず日本軍は発砲された」と述べている。ただし、中国人のいい加減な性格を知っている日本軍の司令官が、わざと見えるように進軍させたのだとも言っている。数ヶ月にわたって挑発行為を繰り返す中国軍に、先に一発撃たせてから徹底的にやっつけてやろうというのである。あり得ないことではない。日本軍には「いざとなったら力で勝負」という雰囲気があり、将校連中は鍛え抜いた精鋭を試したくてうずうずしたとも言える。

しかし、日本は満州事変でも上海事変でも大きなミスを犯した。武力行使にいたるまでの経過を世界に向かって説明すべきだったのにしなかったミスである。「まことに遺憾である」と何度も訴え、しかる後「やむなく攻撃に至る」とすべきであった。もし、一九三一年の夏の中国人の凶行を（無駄とわかっていても）国際連盟に繰り返し提訴し、中国に対し勧告を下すよう努力したら、国際世論を味方に付けられたかもしれない。知ったら驚くような苦悩を日本は背負っていたからである。日本が蒙った被害は膨大であったのである。被害とは何であったか。軍閥の略奪である。軍閥は己の略奪行為を隠すため、「我こそは愛国者なり」とうそぶいている。

前政権下では交易はスムーズだった。しかし各地に指導者が雨後の筍の如く現れ、現れては消え、交易が難しくなった。昔もゆすりたかりが二つや三つはあったが、今では五つにも六つにもなった。以前は一人の皇帝、権力者と取り決めをすればその政権が倒れるまでは、それが中国全土で通用したのであるが、今はそうはいかなくなった。相争う「忠実なる」将軍どもと別々に平和条約を取り交わさねばならなくなったのである。これが一九三三年の夏まで続いた。交渉は軍事力によって決まる。そしてまた、この将軍どもは個々に日本と和平条約を締結するや、今の今まで「忠誠を尽くす」と明言していた中国中央政府にいとも簡単に反旗を翻す。反蒋介石運動、反宋一族運動を止める代わりにそれ相応の「見返りを寄越せ」と、自国の政府に吹っかける始末である。上海の日本軍があゝいう行動に出たのは無理からぬことであった。一体、中国近代史において、約束事に何の意味があるであろうか。「そんなものより力に頼った方がよい」と日本軍は兵を進めたのである。

軍艦を盾に賠償金を取った田村総領事

危うく「閘北の戦い」が福州でも起きそうになった。一九三二年の四月まで私は上海勤務だったので、事件当時私は福州にはいなかったが、現地に出向いた時、事件を誰もが鮮やかに覚えており、詳細を知ることができた。ことの顛末はこうである。中国全土と同じで、福州でも収奪目的の学生秘密結社がいくつも存在していて日本人も被害に遭っていた。ある日本人教師夫妻が標的にされ「殺す」と脅されていた。脅された教師には何の咎もなかった。ただ、家が中国人の家の近くにあり、警備が十分でないのでカモにされたのである。日本人子女の先生だから、中国人と接触し挑発することはない。日本総領事は、ばかばかしいことではあるが、主権国家に対する礼儀を重んじ、福州当局やら警察やらに状況を説明し、警備を要請した。日本側でできるのではあるが、そうすると主権国家間の慣行に反すると判断したのである。

要請を受けた中国側は教師宅の前に中国兵を配置した。この中国兵は、数日間は交代で二四時間警備に当たった。ところがある夜、何の前触れもなく、消えた。説明も何もなく突然いなくなったのである。策を講じるまもなく、夫妻は襲われ、殺されてしまった。信頼させておいて寝首を掻く中国の軍隊、警察のいつものやり口である。当局が秘密結社と組み、殺害させたのではないとしても、ぐるになって襲撃の時に警備を引き上げさせたとしか思えない。

日本人の怒りは頂点に達した。田村総領事は中国当局役人を呼び、こう述べた。「非難するつもりはないが、双方の同意に基づいた警備に落ち度があったから今回の事件が起きたのである。この重大な過失に対し、ご遺族に五万ドル賠償願いたい」。

対する中国側は言を左右してまともな返事をしない。業を煮やした田村総領事が、「よろしい。これ以上申し上げることはない。後はそちらのご判断しだいである。一言申し添えるが、当方はすでにこの詳細を海軍に打電し、軍艦数隻がこちらに向かっている。おわかりかな。熟慮のほど、重ねてお願い申し上げる」と席を立とうとすると、中国側は「艦砲射撃を食らっては職も失う」と思ったのか、「局に持ち帰って相談してみます」と持ちかけた。「五万ドル耳を揃えて持ってくるまでは面会無用」と席を立った。徹夜で相談した中国側は、明け方になってようやく五万ドルを現金で持ってきた。直後、日本の軍艦が到着した。艦長たちは事が収まったと聞いてがっかりしたに違いない。これは第一次上海事変の一月前のことであった。

日本領台湾に憧れる中国人の行列

中国人には田村式が一番である。私は実際、田村氏が中国人と対応している場面をこの目で見ているが、実に丁寧である。公平であり信念の人である。中国人に対してもこれは変わらない。愉快なことに、あの件があってから福州では日本人に対する態度が一変した。日本人殺害はもちろん、あらゆる反日行動がぴたっと止んだ。日本人は最高の扱いを受け、最も尊敬される外国人となった。アメリカ領事は軟弱政策ゆえに、反米運動の対処に忙殺されている。イギリスも似たりよったりだ。日本領事はどうだ。「いつでも軍艦を呼ぶぞ」という毅然とした田村総領事のおかげで、自国民を保護し、全世界の在中国領事が束にかかっても叶わない、いやその十倍の成果を上げている。毎日、私は昼食のため、日本領事館の前を通ったが「門前市をなす」である。台湾行きのヴィザ取得のためである。台湾は日本領である。中国では働いても働いても、同じ中国人の役人に搾り取られるが、台湾に行けばそんなこともなくなるからである。

福州事件は中国全土で起きている。現実的政策に裏打ちされた断固たる態度でしか事件は解決できない。中国人にはそれ以外考えられないし、そういう人を尊敬する。ちゃんと証拠がある。しばらくして田村氏はシンガポール総領事に転任となり、送別会が設けられた。中国人役人にも尊敬され、好感を持たれていたのである。稀に見る賛辞が寄せられた。市民は心から田村氏を讃えた。数ある領事の中で一番の人気者であった。

田村氏が教師夫妻殺害事件を毅然とした態度で解決して以来、福州在住日本人三千人は何ら危害を加えられることなく、略奪されることなく、平穏に暮らすことができた。中国人だってその気になれば、日本人であろうと誰であろうと、危害を加えることを止めることができるということである。

それでも変わらぬアメリカ世論

それでもなお宣教師は、「怖いからですよ。そんなことではいけません。愛です、愛。愛を持って優しく接すれば心は通じます。そこから自然と愛情、友情が生まれるのです」と言っている。

さて、福州事件から一ケ月後の上海事変に戻ろう。ご承知の通り、アメリカでは対日批判の嵐が吹き荒れた。ハーヴァード大学の教授連は日本を無法国家と難じた。聞くところによると、ワシントンの新聞社には「『アジアの狂犬』に宣戦布告せよ」という投書が段ボール箱何杯分も届いたという。婦人倶楽部は日本製品ボイコットを呼びかけた。最大のお得意さんをなくすつもりか？　アメリカ製品を中国の二倍も買ってくれる国である。正確な情報が伝わらないからである。アメリカ人を虐殺し、国際義務を無視し続ける国の肩を持っていたのである。

中国の現場で汗を流すアメリカ人は、官民ともにある意味、猿轡《さるぐつわ》をかまされている。彼らの声はアメリカには全く届かない。アメリカの新聞を手にするたびに、口角泡を飛ばす。

「何だこれは！　アメリカ人は完全にキチガイにでもなったのか。一人でもいいから現場の中国人と取引して見ろ。人の喉を掻ききる血に飢えた海賊だ。日本製品不買運動でキャンキャン吼えるのは直ちに止めて、銃を取って日本軍に加勢したくなるよ」

日本の満州占領に理あり

確かに、条約、協定、議定書などに従えば、日本が満州を占領したのは悪い。しかしながら、見方を変えれば日本が正しかったとも言える。いくら条約を結んでも、日本の権益を不安に曝す中国人の妨害行動は収まらなかった。条約は守らない、地下工作・破壊活動は止まない。こういうことが何年も続いた。これでは、日本がこう言うのも当然ではないか。

「日本が安全を確保している地域が中国人の隠れ家となっている。彼らは敵に残虐行為を働くことを楽しみにしている奴らである。このままでは日本人の安全は確保できない」と。

平時から、日本人は「敵」となり被害を被ってきたのである。日本が立ち上がった時、世界はそれを「戦争」と呼んだ。これに対して菊の御紋の国の怒りが沸騰した。

「我々が何年も耐え忍んできた苦労も知らず、結果しかご覧になっていない。日本は不況のどん底にある。世界的不況のあおりを受け、数百万の国民が苦境に立たされた。満州開拓は日本の生命線である。中国人の行動が厳密な意味では戦争と呼べないからといって、我らの生命線が破壊されるのを黙って見ていることができようか。彼らは日本人を殺している。日本人の資産を破壊している。無知の民を煽動し、世界の同情を背にし、破壊工作を続けているのである。無責任な同情である。火の粉が降りかかる心配のない連中が、勝手に編み出したものである。我が皇軍の精鋭を投入せず、ただ手を拱《こまね》いていろと言うのか？」

中国にいる数千の米英人は、日本人と同じ苦悩を味わっているから、気持ちがよくわかる。大半は内心、日本を応援したと思う。アメリカ領事も在中国期間がある程度あれば、同じだろう。

真面目に反日運動をする中国人がいた。己を犠牲にしてまでも敵に打撃を与えるため、日本製品を買わないという人である。しかし、極々少数で、人口比率で見れば顕微鏡的数値である。しかし一九三一年に始まったこの運動も、ほかのことと同様、一旦始まってしまうと、全く手の付けられないものとなった。運動の主体となっているものは十中八九、風見鶏のチンピラである。愛国を唱えてはいるものの、愛国の「あ」の字もない連中である。

典型的な行動だが、中国人はいわゆる墓穴を掘るようなことをする。戦争は全く苦手なのに日本を追い詰め武器を取らせてしまった。ドイツの優秀な軍事顧問の指導を受け、数百万の兵を養い、科学者、技術者を多く抱えながら、正々堂々の勝負ができない。地下工作・破壊活動という姑息な手しか使えない。

南京中央政府、またの名を国民党というやくざ集団

破壊活動のスポンサーは南京政府、またの名を国民党である。しかしながら、南京中央政府に反対する者も国民党にいる。国民党は、名目上、孫文の遺志を継ぐ政党である。党是は排外、反キリスト教、負債の踏み倒し、外国に対等の条約を結ぶ権利を与えない、孫文崇拝等である。中央政府の役人は国民党代表として会議に出席し、「中央政府の政策」を発表する。しかし危険と判断すると「国民党の政策」に変える。同じ人間が、である。国民党の発する布告には署名がない場合が多い。そうでな

くても多くの場合、国民党が指導していることは明らかである。中央政府への支持がゼロに近い所でも「国民党」は生きている。蒋介石は中央政府の人間としてより国民党の指導者として演説すると大衆受けするのである。二股をかけているのだ。蒋介石を支持しなくても国民党は支持される。説明には時間がかかるが、簡単に言えば中国人の気質に合っているからである。人気の秘密は孫文の肖像画である。党大会では常に肖像画が掲げられ、全国の学校にも掲げられている。支持者は毎週一回、叩頭の礼を捧げる。自分の家族以外、生きている人は全く屁とも思わない中国人が、何故か故人だけは敬うのである。己の政府一つ統一できない国民党が「排外運動を通して中国の統一を成功させよう」と説いて回っている。おかしなことである。例えば、アメリカにKKKという組織があるが、アメリカ人が、表向きはこれに反対しながら、裏でこぞってKKKに入るようなものである。中国の国民党はKKK、アル・カポネ、黒手団（イタリア系の秘密犯罪結社）等、ありとあらゆる暴力団、地下組織が合体したようなものである。

国民党の日本製品不買運動

であるから国民党の名で抗日を叫ぶと、孫文を尊敬する者をこぞって動員できる。美味い汁を吸えるなら何でも歓迎というわけだ。何の力もない学生連中が、やくざと組んで「抗日監視隊」を始めた。不幸にもたまたま日本製品を扱う店が狙われ、在庫を没収され、金品を巻き上げられた。誰でもどこでも「抗日監視隊」を結成できた。だいたい中国では略奪は立派な産業として全国的に認められたものであるから、今回、振って沸いたような絶好の機会を逃すはずがない。「監視隊」は略奪を働くだけではない。逆らう者の耳は削ぐわ、首を切るわ、その凶悪ぶりは目を覆うばかりである。それだけではない。日本製品を扱ったとされた店の品物を一つ残らず没収した後、それを白昼堂々と競売に賭け、札束をポケットにしこたま押し込んで悠々と歩いている。私が行っていた店もこうして潰された。店主は借金して商品を仕入れていた。没収されては、一生かけても返済できないと知った彼は「これも運命」と諦め、ある晩親しい友人を招いて別れの宴を催し、友人一人ひとりに別れの挨拶をし、翌朝、山寺へ上り、二度と顔を見せることはなかった。彼はまだ良い方である。その場で虐殺された者が何人もいる。

日本製品取扱店を略奪し終わると、今度は日本製品を全く扱わない者にまで襲いかかった。イギリスやアメリカから直輸入されたものでさえ、日本製として没収した。これだけではない。新しい報復制度を発明した。店同士で密告させるのである。「あの店では敵の商品を扱っていますよ」と言って監視隊にいくらか握らせる。「それじゃ許すわけにはいかんな」と行って監視隊が出かける。こうして競争相手を潰す。うまいことを考えるものだ。

アメリカ製品に日本製の印を押し、押収していることに対してアメリカ側が公式に抗議した。対する答は「苦情は破壊活動禁止協会へどうぞ」である。実に中国人らしい応対である。中国政府は公式には「政府は抗日運動に反対を表明している。あれは国民の自主的運動である」としている。しかし、政府官僚が非公認団体に（否認しているが）「承認」の手紙を送付している可能性がある。

同じやり口でさまざまな排外運動を繰り広げている。政府役人ではなく党員としての立場で、運動組織を作る。問題になると、「まことに遺憾でございます。政府とは無関係の者が引き起こしたものでございまして、残念ながら全く予想もできず、未然に防ぐ手立てがなかったのでございます」と涼しい顔である。

破壊活動に苦しむのはなにも外国人とは限らない。中国人も苦しんでいる。なら、なぜ破壊行動をこれほど推進するのかと思われるかもしれない。国家としても経済観念がないからである。個人がいくら打撃を受けても、国全体としては何とも思わない。個人は自分の家計しか考えない。人がどうなろうと構わない。だから被害が広がるのである。お互い傷つけあっても平気だ。「仕様がない」と言うのである。生まれてくる、辛い目に遭う、虐げられて死ぬ。これの繰り返し。これが中国である。

満州国は三千万の中国人には天国である

それに比べ、日本が支配する満州国はどうであろうか（満は満点、州は国という意味である）。確かに人の幸せを説いた条約は破られたが、嘆こうがどうしようが、そんなものはただの紙切れである。あそこに暮らす約三千万人の中国人には満州国は天国である。中国の領土保全・門戸開放・機会均等を説いたいわゆる「九ヶ国条約」が結ばれてから十年、一体全体、誰かの役に立ったか。役に立ったとは思えない。逆説的な言い方ではあるが、いくら「条約が破られた」と嘆いたとしても、破られたからこそ、満州に暮らす人に安寧と繁栄がもたらされたのである。

確かに、神聖なる条約を軽視することは危険であり、度を越すと大切なことまで台無しになりかねない。しかし既成事実となった満州国ではマイナス面よりプラス面が多い。

中国人は、ただ働けて束縛されずに生きられれば、どんな旗がはためこうと全く気にしない。懐具合が良くて家族が無事でいれば後はどうでもよいのである。台湾、朝鮮、大連統治を見れば、日本は満州国を立派な国にしてくれるであろう。万が一、不具合があったとしても、追い出した連中、常軌を逸した暴君どもよりははるかにましである。元は蒙古、清は満州族というふうに中国は何度も他民族に支配されたが、その時代が良かった。さてそこでお考え願いたい。大きな目で見て、何色の旗が翻るかなどという感傷的なことは抜きにして、数百万の人間が幸せに暮らしているのに、損をする人がいるだろうか。

第十章 アメリカ、極東、そして未来

中国とは国交断絶した方がよいが、できない

アメリカの極東問題とは、近代文明社会が直面している問題であるといってよい。義務遂行能力のある先進国が、その能力が全くない国とどう付き合うかという問題なのである。

難問だが、避けては通れない問題である。国際社会に一歩足を踏み入れれば、望もうと望むまいと、現代はそういう世界なのである。「中国とは付き合わない方がよいのではないか?」とよく言われるが、これは国際社会とは何であるか知らない人である。今日のように複雑に絡み合った国際社会ではできない相談だが、もし万が一、先進諸国が中国と国交断絶したとしても、問題の解決にはならない。なぜなら、安全に船を運航するには手入れの行き届いた灯台が要る。座礁したら関係国の折衝が必要だ。四つの大国が中国に領土を接している。フランス、イギリス、日本、ロシアである。国際情勢を考えれば答は誰の目にも明らかである。

突然国交断絶になると、中国人自身にも良いことは何もない。数千万人が輸出で生きている。また、誘致した外資系資産も馬鹿にならない。一九三一年のアメリカ商務省によれば、アメリカの投資は伝道関係を除いて二億五千五百万七十六万八千ドルにもなる。伝道関連は八千万ドルになる。日英両国

はそれぞれ十二億五千万ドル。満州国を縦断するシベリア横断鉄道を有するロシアは中国・満州合わせて三億ドルである。

もちろんこの中には、中国政府機関や公共団体へ融資する資金も含まれている。こうした外国の融資のうち、中国政府は利子、元金含めて一億ドルも未返済のままである。投資が始まったのは数十年前、今と違って中国の躍進を信じる向きが強かった頃のことである。四、五年前、インドの国情が乱れた時、「イギリス資本が中国へ流れるのでは？」という噂が飛び交った。しかし、ふたを開けて見れば何のことはない、「インドの方が安全」と判断されたのである。まったくそのとおりである。この途轍もない数字は何を意味するか。莫大な金が中国人に食われているということだ。と同時に、「しまった。手を切ろう」と思ってもできない障害にもなっている。損したまま帰るわけにはいかないし、中国人が「お詫びの印に」と言うわけがない。

楽しい借金の踏み倒し

中国人に融資返還を求めるのは、まるで戦争の賠償金を取り立てるようで実に愉快である。借りる時は「耳を揃えてお返しします」と借用証書を出す。貸す側も利益を当て込んで、喜んで融資する。ところが、返済期限になると何やかやと難癖を付ける。加えて契約を反故にするような事態が起こる。昔からある中国の手である。

安全保障のための設備投資以外にも、倉庫、船着場、軽油・ガソリンの貯蔵庫、銀行、汽船事務所、船舶等にアメリカは投資している。例えば、二十世紀初頭、J・P・モーガン社が漢口・広東間の鉄道工事を請け負った件がある雑誌に載った。ところが、さまざまな妨害工作が続き、数年後、中断の憂き目に遭った。これを引き継いだのが英国系の企業。ところが、またもや妨害工作が入った。資金が行き詰まり、二十五年もほったらかしとなり、線路は錆付いたままだそうである。中華民国とは、世界の中心にある花の咲き乱れる国という意味だ。「バラに棘あり」である。早々に手を切ったモーガン社は運が良かったと言うべきか、先見の明があった。他の企業は「元を取らなければ帰れない」と思っているのか。中国人が期待に応えるわけがない。契約時は双方同意の上だった。契約時に中国政府が絡んでいたら、その当時は国の内外に認められた唯一の政府として歓迎されたかもしれない。しかし、外資系工事にはいずれ横槍が入る。イソップ童話をご存知か。自分が用のないものでも他人に使わせまいとする意地悪な犬の話である。こういう横槍が絶え間なく続く。金を出し渋る。投資側の外国人は資産をうちすてるわけには行かない。膠着状態が続く。

国務省よ、世論に従うだけでなく真実に目を向けよ

「昔は良かった」と言っている場合ではない。今に引きずっているのである。何も喜んで火種を抱え込む必要はない。

二十世紀のアメリカの外交方針は「すべての国に公平に」である。時には度を越して損をすることもある。特に中国関連では度を越している。あまりにも寛大政策を採ったがため、在留アメリカ人は辛酸を舐め続けている。中国人に何か益するものがあったとしたらそれも良かろう。しかしそのようなことはなかった。別に「無能な未開人に情けなどいらん」と言っているのではない。逆なのである。こちらが寛大なのを見越して、少しでも隙を見せると襲いかかるのである。「権利を守るにはある程度の武力は必要」とは現地からの声である。

しかし、国民が正確な中国情報を知らない限り無理である。原因は、中国各地の領事館の報告よりも新聞記事に左右される国務省にある。国務省には毎朝、全米各地の新聞をチェックし切り抜きする

係がある。その際、有力紙の著名人の記事が重要視される。しかしいわゆる大新聞でなくとも、集まれば無視できない。国務省には、小さな市町村の意見も国民一般の声という思いが、他の省庁と同様ある。だから新聞を「主のお言葉」と見ているのである。したがって、対外事務でも国民の声に従うだけで、指導する気はない。つまり、国民の要望に応えることだけに汲々とし、海外からの信頼の置ける情報によってしかるべき政策を採ろうとはしないのである。あやふやな情報に基づいた国民の声は国益を損ねてきた。ここ数年、「中国に優しい手を」と言う声が強い。政府はこれに従っているだけである。

国務省には終身雇用の専門家が数百人もいる。彼らは一般国民が手に入らない専門家からの確かな情報を手に入れながら、これを元に行動するのではなく、一般国民の意見を聞いて行動するという珍妙な集団である。そこで、国務省は新聞の切抜きを見て国民の要望を判断する、現地の中国にいる調査官は「なぜ自分たちの意見と逆の政策を採るのか？」といぶかしがる、という珍現象が起こっている。情報が入るから、ヨーロッパに対してはこういうことは起こらない。極東関連になると極端に情報が不足するから、こうなるのである。知らないからといって大したこともなかろう、くらいに気楽に構えているアメリカ人が多い。中国駐在情報員がいくら頑張っても、偽情報に騙されたアメリカ世論を正すことはできまいということである。理由は単純である。国務省が国内世論しか見ていないからである。世論というものは、信頼できる情報が行き渡って初めて政府の指針となるものである。ところが、信頼すべき情報網が遮断され、偽情報があふれ、結果として苦労しているのである。

もちろん、「国民の声に従う」国務省は実に立派である。秘密裏に条約や同盟を結び破局を迎えるまで国民は知らなかったという国もある。だがアメリカはこういうことはできない。国民に知られずに、そうはできないことになっているのである。

もし極東政策を大衆世論に委ねるとしたら、影響力のある人、具体的には、伝道者、新聞の論説委員、学生運動家、女性倶楽部の長、大学教授等など、こういう人たちには是非、もっと信頼すべき情報を持ってもらいたい。こういう人たちは今まで、感情的な意見しか述べてこなかった。正しい判断を下すために必要な情報をわざと隠してきたことは、もう皆さんもおわかりであろう。現地から送られてくる生々しい記事は全て「ぼつ」にされてきたのである。

毅然とした態度を採れ

さて、国民が真実を知り、中国に対して厳しい政策を望むとしたら、武力衝突なしにできるであろうか？　が次なる問題である。

方法がいくらでもある。ワシントンが不快感を露わにしただけで効果が現れる場合がいくつもあるのではないか。ラテン・アメリカ諸国同様、中国はアメリカに多く依存している。むやみに援助するだけではなく、精選し、値する場合のみに制限すべきであると考える人は多い。今一つは、融資の是非である。情報通によれば、今年（一九三三年）の六月、中国に五千万ドルの融資をしたようであるから、政府にその気があれば、アメリカ人の生命財産の保護を強化するよう申し入れができたはずである。全く政府は何を考えているのやら。他に五千万ドルの使い道はないのか。何の策もなくむざむざ手渡すとは何たることだ。「濡れ手で粟のぶったくり」とはこのことで、前の借金を忘れて平気の平左。数億ドルの借金を返さないどころか、借りたその金をアメリカ人の虐殺、資産破壊などの反米運動資金に廻す政府である。もらえるだけ貰ってお礼の気持ちのひとかけらもない人間が中国人だとしたら、ケシ粒ほどの良心の呵責も持ち合わせない人種のようである。

（本書が世に出る頃、外電が入った。アメリカが融資の一部として格安で中国に提供した綿を中国人の銀行が日本に売りつけ暴利を貪ったという。そう言えば、過去にも似たような事件があった。洪水援助物資を中国人の役人が横取りして、貰う予定の住民に売りつけたのである）

もう数十年も米英両国は各国の要望を無視してまで中国を外交面で援助している。にもかかわらず、中国と干戈を交える日本を除いては、米英両国ほど、外国人の権利を無視したこの中国に苦しめられている国はない。

典型的な中国人評を紹介しよう。「『礼には礼で答える』という精神が全くない」。これである。お礼をするどころか、必ず無礼千万な態度に出る。例えば、苦力は貰いが少ない時だけでなく、貰い過ぎても大声を上げて怒り狂う。国家の指導的立場にある人間も同じ。ある国が中国に優しく接したとする。そういう優しさが理解できないから、これ幸いとばかりにその国の人間を標的にする。遭難者が近くまで泳いできても誰も助けない国である。人が怪我して倒れていても助けようとしない。ただ面白いものを見るように見物する国。不運に見舞われた者を助けない国。こんな国では「不幸な者に愛の手を」などという考えは全く浮かばない。こういう国との付き合いを誰が望もうか。侮辱されるようなことをやる必要があろうか。優しくするのであれば、それ相応のものを要望すべきである。

略奪魔を取り締まるどころか奨励する南京政府

中国中央政府に盗賊団や学生放火魔を取り締まるよう要請しても期待できない。しかし、役人に「アメリカ資産に手出しをするな」とお触れを出させるくらいのことを要求する権利はある。しかし保護に努めるどころか、過激排外学生におもねり、略奪を奨励する政府である。略奪行為の多くを私はじかに知っているのであるが、これに加担した政府役人でも何のお咎めもなし。全在中国領事館を調査したら、一九二七年に国民党が政権を握ってからの略奪事件だけでも数千件にも上ると思われる。

アメリカの建物に火をつけたり、商品を堂々と盗んでも逮捕するわけでも何でもなく、奨励するかのように役人が匿う。各地に点在するアメリカ人の建物には、中国兵がやって来て、住んでいるアメリカ人や中国人の使用人を追い出し悠然と「駐屯」している確率がかなり高い。私が中国から帰った一九三三年の初めの段階で、南京政府がその「忠実なる」兵に立ち退きを促す気配さえ感じられなかった。現在只今も立ち退く気配はない。中国式より洋式の建物が好きなのである。壁が厚く、襲撃された時に防御壁の役に立つし、雨漏りがしない。床も高いからじめじめしないで気持ちが良いからである。

領事がいくら教会、学校、病院から立ち退きを要求しても無視されるばかりである。一九三二年の夏のこと、北京のアメリカ使節団が「不法占拠された財産を毎月報告せよ」と各地の領事館にお達しを出した。もちろん、これを元に中国外務省と一戦交えんがためである。しかし、その後どうなったか全くわからない。

中国兵が使うと、家はもう家でなくなる。ニューイングランドの百姓は物を大切に使うそうだが、彼らでも、兵隊にやられると、馬小屋にも使えなくなる。中国人の家の使い方を紹介しよう。家の中でも人間の汚物を片付けることはない。その上に藁を敷くだけである。毎日がこれだから、きれいだった家が豚小屋よりひどくなる。今のアメリカの軟弱政策では補償を要求することはできない。

私がいた福建省の領事館では使節団の指示どおり、二百人の宣教師に、どの建物が兵隊に占拠されたか、毎月アンケートを行った。喜んで協力した宣教師もいたし、何度も督促される宣教師もいた。中には自分が住んでいた建物を追い出され占拠されたのに、中国人に都合の悪いことは報告したがらない宣教師もいた。一番協力的だったのは、施設を多数有するドミニカン・ファーザーズだった。「多少なら、黙っていた方が中国人のためになる」と考える宣教師がほとんどである。こういうことをするから簡単にやられるのである。中には数年も占拠され続けの伝道施設もある。上海事件で、中国はアメリカの支援を取り付けようとしていたが、上海では「新たな駐屯地を寄こせ」という騒動はあまり起こらなかったし、福建では教会や学校から兵隊を完全にたたき出したのである。

あの時は中国全土でアメリカ人に対する態度が一変した。ということは、現地に長らくいる人の言うとおり、中国人はその気になればいくらでも態度を変えられるということである。外交も同じである。強硬姿勢を崩さない。こちらが下手に出ると、付け上がる。強気に出ると、引き下がる。これが中国式外交である。

千変万化の交渉術

「どことなく怖い」。これがすべての中国人に持つ第一印象である。どこがどう怖いか、はっきり言えない、流砂に吸い込まれるような怖さ、シロアリの大群に食われるような怖さ、絶えず見張られているような陰湿な怖さである。政府でも民間でも、油断すると命取りになる。一日たりとも油断できない。もう一つどうしようもないことがある。中国人には「ノー」の意味がわからない。例えば、入学希望者に「残念ながら入学できません」とお断りしても承知しない。何日でも何週間でもやって来る。何度お断りしても馬の耳に念仏。「何のことかわからない」という顔をしてまた明日もやって来るのである。ヴィザ発行についても同じである。あの粘り強さには敵わない。とにかく諦めないのである。

実に面白い人種、憎みきれない人種である。根っからの悪人は確かにいる。金の無心に来られると不愉快である。横柄な態度に我慢できなくなる。かと思うと、なだめ上手でもある。相手が怒り狂っても、ものの見事になだめてしまう才能には舌を巻く。外国人の腹を読むのが実にうまい。しかし、昔から傲慢だから怒りを買っている。

いくら負けても涼しい顔。十九世紀、中国の領土保全を定めた九ヶ国条約のはるか前のことだが、痺れを切らしたイギリスとフランスにこてんぱんにやられたことがあった。また一九〇〇年、義和団が蜂起し、北京を包囲した時は日米英等の連合軍に鎮圧された。しかし、いくら負けても涼しい顔をするのが中国人。大した領土を失わなかったのである。ある地方を丸ごと割譲されたわけでもなく、諸所に散らばる小さな地域と、基地用の用地を失っただけであった。もしヨーロッパだったら領土の大半を失ったであろう。ただ抗日戦だけは例外で、日本にだけは負けまいと全力を注いだが、力不足を曝け出した。日清戦争の結果、一八九五年、朝鮮と台湾を獲られた。

強者を手玉に取る才能に長けている。例えば十三世紀、ジンギス・カーンが登場し、逆らうものはほとんど滅ぼしたが、中国人は助けてやった。一説によれば、逆上したジンギス・カーンは中国人を女子供まで一人残らず根絶やしにして、中国を兵馬用の牧草地にしようとしたそうである。ところが不憫に思ったか、思いとどまったという。そして、カーンの末裔は享楽に耽る中国人に染まり、百年も経ぬうちに中国人にすっかり吸収され、有名なジンギス・カーンの末裔であるということを忘れ、泥だらけになって田んぼを這いずり回り、中国人に成りきってしまった。歴史は繰り返す。六四四年、満州の森から満州族が出現し中国人を征服した。ただ、この満州人とジンギス・カーンには違いがあった。蒙古族は中国人と同化してしまったが、満州人は、中国人と満州人の結婚を禁じる等の予防措置を講じた。が、結局蒙古人と同じことになった。

同情を得る天才である。これを承知して交渉に当たらなければならない。しかし実際、中国に住んでみないとわからない。目的のためには手段を選ばず、氷のような冷たい心でいながら、同情を誘うために涙を流し、悲しみにくれる演技が実にうまい。上から下まで、自分のことしか考えず、何でもかんでも分捕ろうという人間である。

あらゆる動物は天から与えられた武器を使って生きている。中国人もしかり。武器は演技である。本物の武器を取って戦う才能はない。創造性もない。また工業化の道を進むこともできない。国家というものが強くなるには忠誠心がなくてはならないが、この忠誠心がない。だから、敵の心を読み、弱点に付け込むことしかない。演技にも、同情を誘う演技、怒りをなだめる演技、許しを乞う演技、自尊心をくすぐる演技等、さまざまだが、使い分けが実に上手で、まず騙されない外交官はいない。旧約聖書に登場する怪力無双のサムソンは美女デリラに籠絡されて、ふにゃふにゃになっただけでなく、両目玉もえぐられた。いくら外交官に理性があっても、こうなってしまう。

北アメリカに住むオポッサムは、敵に襲われたり驚いたりすると本能的に死んだふりをするが、中国人は同情を得るために、言葉巧みに「しな」を作って、窮地を脱するという、持って生まれた才能がある。子供の頃から徹底的に仕込まれる。史上最強の征服王・ジンギス・カーンまで手玉に取った中国人である。単純なアメリカ人など物の数ではない。

結婚披露宴の祝儀を読み上げる

さてお金のことになると、中国人は岩のように固くなる。確かに、気前のいいのが良しとされるのはアメリカ人と同じで、客を招く時は実に気前がよい。しかし、それ以外の金銭感覚は我々とは似ても似つかない。山ほど例があるが、例えば結婚式。正面に招待客の贈答品を書き留める人がいて、現金ならその額を、品物ならその内訳を詳細に記録する。大宴会では、手ぶらでもぐりこもうとする者がいるから、飯屋の見張り番のような人間がこれをチェックする。なぜきっちり記録するかというと、義理を果たすためである。客の誰かが将来、結婚をした時、貰ったものと全く同じ額のものをお返ししなければならないからである。まったく耳障りな話だが、会場に入って「ご招待いただき有難うございます」と挨拶している最中、お祝いの赤い祝儀袋を破って、中身をきっちり数え、「五ドル」とか「十ドル」と大声で金額を読み上げる。客に大金をはたかせるための、優雅で回りくどいやり方である。これぞ中国人と叫びたくなる。人目を非常に気にする中国人には最上の趣向である。人に聞かれては祝儀を少なく出すわけにはいかない。

中国外交の危険性

セオドア・ルーズベルト大統領は「アメリカの中国化」という言葉をよく使った。中国人の思惑通り、中国人にすぐ同情するアメリカの世論のことを言ったのである。初め「中国のアメリカ化」が生じ、それから「アメリカの中国化」が来るという意味である。この四半世紀のことを見ていると彼の判断は正しかった。中国人は、いわゆるアメリカ人的考えをまともに受け入れないが、アメリカ人はお涙頂戴の中国人の嘘八百話を、まるで福音書の如く信じているのである。

条約を結んでも何も解決しない国と付き合っているのである。条約は（相手が誰でも）大切に守らなければならないものである。しかし道徳観念や経済事情が異なる国が相手では条約は当てにならない。アメリカ人の生命財産を守る唯一の手段は明確な政策を示すことである。我慢の限度を明確にすることである。紙に書いても無駄である。挑発行為が発生したら、すかさず行動を起こすべきである。今までは極力、衝突を避け、脅威を与えないような政策を取ってきたが、これからは毅然たる姿勢を示すことは可能である。善意で彼らに接し、多くの慈善事業を提供した。彼らはこれが理解できず、逆に利用し、どんなひどいことをしても構わないと思っている。これはきっぱり止めさせなければならない。

中国外交を支持するのは危険である。これが極東事情を知らない人にはわからない。遠からぬ将来、中ロ紛争、第二の日清戦争の可能性も否定できない。親中派宣教師の情報にアメリカの世論は踊らされているから、問題が起こったら、アメリカが同盟国として火中の栗を拾ってくれるだろうと期待している。彼らは近隣と揉め事を起こす天才である。これを承知の上であくまで火中の栗を拾う役を引き受けるならば、大変である。何の感謝もされない。今までされたこともない。骨折り損のくたびれもうけである。

労多くして功少なし

大衆は対中国貿易を過大評価しているが、実態はこうである。対中輸出は好調な年でもアメリカの輸出総額の五十分の一にも満たない。平均は年間一億ドルにも満たない。輸入はこれよりも少ない。カナダへの輸出は中国の五倍。メキシコへの輸出も近年は中国よりは多い。キューバも同じ。中国貿易を過大評価しているが、収支決算の収益をそのまま純利益とは見てはいけない。なぜなら、安全を確保するために膨大な経費がかかっているからである。中国国内ばかりでなく、近辺には海賊がうようよしており、揚子江を上下する舟や、沿岸の商船を護衛するために何隻も駆逐艦を配備しなくてはならない。経費はアメリカの納税者から出ている。正確にはわからないが、たぶん年間数百万ドルにもなろう。秩序のある国、自衛力のある国だったなら、要らない経費である。

一九二九年、対アジア・オセアニア貿易高は十三億三千六百八十三万七千ドル。これは同期の対中国総売上（一億六千四百五十万ドル）のほぼ八倍に相当する。対日貿易も中国の三倍である。経済面からみても、太平洋諸国との衝突まで招く中国支援は労多くして功少なし。

この二年間、アメリカは中国を援助してきた。おかげで海軍を増強せざるを得なくなった。スティムソン国務長官は「満州事変の侵略によって生じたいかなる事態も承認せず」と発言した。これを聞いた日本は、「アメリカがアジアに介入すれば日本の安全が脅かされる」と警戒し、海軍の増強に全力を投入した。これを見て、アメリカも海軍予算を大幅に増やすことになった。アメリカの戦艦建造費は対中国貿易の年間総額を超える。仮に、対中国輸出の利益が輸出額の一割だとしたら、「門戸開放」の目論見も結局は「骨折り損のくたびれ儲け」である。

中国問題は日本にとっては死活問題

日本経済はアジア大陸にかかっている。アメリカは広く世界を相手に貿易を行い、その上国内資源が豊富であるから大したことはない。ところが、日本にとってアジア大陸はまさに命綱である。こう考えて初めて、日本の怒りが理解できるのである。なぜ日本はアメリカの忠告に耳を貸さないで、逆に激怒しているのか。アメリカは茶飲み話程度にしか考えていないが、日本人は感情を逆撫でされている。中国問題は、大日本帝国一億の民の死活問題なのである。

急増する人口に見合う国内資源がない日本は、極度の精神的不安に落ちた。これを理解しない限り、日本という国を理解することはできない。日本には長期戦を戦う体力はない。短期決戦しかない。資源の乏しい中、総力を挙げて最高の兵器を開発してきた理由はここにあったのである。日本の兵力を試した強国はいないが、一つだけ確かなことがある。誇り高き国民であるということである。愛国心が強く、熱狂的な宗教にも匹敵する。誇りをわずかでも傷つけられたら、いかなる強国にも命をかけて戦う国民である。

「せっかく『門戸開放』したのに日本は閉じている」とする論調が、この二年間アメリカに横溢している。門戸開放政策は十九世紀半ば、列強が暗黙のうちに了解した対中国政策である。推進したのはジョン・ヘイ（後の国務長官）である。以来、関連会議が幾度となく開かれているが、簡単に言えば、

「すべての国に中国との交易権を等しく認めるが、いずれの国も中国の領土を掠め獲ることは禁止する」ということである。立役者は、イギリスとアメリカ。もし両国がいなかったら、中国は列強にとうの昔に分断されていた。しかし、中国人は恩を仇で返す。経済的、政治的ではないにしても、少なくとも外交上、温情をかけられたのを忘れ、列強を「ふんだくれるだけふんだくる強盗」と非難している。「団結し、抵抗したから、攻め寄せる敵を払い返すことができたのだ」と信じている。

さて、一九三一年の満州事変、翌三二年の満州国樹立という日本の行動で、またぞろ「領土保全・門戸開放・機会均等」論が頭を擡《もた》げ出した。日本がこの特殊な意味合いを持つ国際的取り決めに違反したのは明らかである。もしかしたら、満州事変が起きる一九三一年より前に満州は中国から独立していたかもしれない。しかし、満州族はすでに中国人となっていた。現に一九三一年までの二八七年間、中国であった。日本の主張はこうである。「列強は『領土保全・門戸開放・機会均等』を厳守するよう日本に迫った。しかるに、中国には何も言わない。日本に協力するよう、中国に言わない」と。前章で述べたが、アメリカとイギリスの肝いりでできた門戸開放政策のおかげで国土を切り取られなかった中国は、恩を仇で返すことが多すぎる。

対中貿易は二パーセントに過ぎない

現在日本領となっている地域との商取引を見よう。「日本国旗の翻る地域でアメリカ製は締め出される」という意見が多い。アメリカの対日、対中輸出品目を比較すると、この意見は的外れである。主要品目は日中両国に輸出している。ということは、日本はこれらを満州国に供給していない、ということである。少なくとも、まずアメリカから輸入し、満州国に再輸出という形になるということである。アメリカの対中国輸出品の具体例を挙げると、石油製品、機械製品、タバコ、綿である。日本はこれらの品目を日本国内で生産できない。電気製品、小型機械、装飾小物などではアメリカを凌いでいるようだ。ただし、一九三一年以前でもこれら日本製品が中国市場を獲得しつつあるが、それは価格を低く設定していたからである。しかし全体としてみたら、負ける分野があっても他の分野で充分埋め合わせができる。その分野を日本が開拓するのであるから、それを利用すればいいだけの話である。門戸開放と言っても、事実上ここ数年鎖国状態で、外に向けては排外政策を取り、内では、海岸沿いの大きな港湾都市と揚子江沿いの町を除けば、国土全体が無政府状態である。それに、対中貿易額はほんの二％に過ぎず、日本の支配する満州国に対する貿易額も同様にごくわずかに過ぎない。満州国の人口は約三千万、中国のおよそ十三分の一に過ぎないのである。

誇張されすぎる日本脅威論

日本がアジアに進出するとアメリカ経済が崩壊の危機に晒されるのではないかという危機感をアメリカ人は持っている。しかし、今まで述べたことを考えれば、答は自ずと明白である。「アメリカがわざわざアジアの戦争に引き込まれる必要があるのか?」と極東問題専門家は疑問を呈している。つまりこういうことである。アジアに住み、アジアの経済状態、アジア人の性格をしっかりわかっているアメリカ人はたくさんいる。彼らは「日本脅威論はかなり誇張されている」と言うのである。感情的に中国を支持し、対中貿易を守るため日本を敵視することはない。このままでは、日米が武器を持って戦うことになる。

奇妙なことに、この日本脅威論は日本発ではなく、実にアメリカ国内発なのである。確かに脅威かもしれない。婦人クラブが一万キロ以上も離れた海の向こうの、我々が直接被害を蒙ることの全くない事件を捉えて、全米に日本製品の不買運動を展開し、有力紙が投書欄を対日戦争待望論一色にしたら、暢気に構えてはおれなくなる。しかし忘れてはいけない。国際紛争の原因は双方にあるのである。

「日本人は戦う覚悟はいつでもできてはいるが、挑発されるのでなければ戦わない」ということが、日本人と長く付き合ってみればよくわかる。日本の対米戦争に「百害あって一利なし」である。日本人の名誉のために言うが、日本人は慎重にあらゆる可能性を研究している。政府はきわめて優秀な頭脳集団である。この三十年の外交は世界に類を見ないほど言行一致している。閣僚に誰がなろうと、敏感で興奮しやすいが、信頼するに足る政府である。確かに、日本人はカメラを手にした外国人を異常なまでに警戒し、スパイと見たら飛びかかる。しかし、人騒がせなデマを飛ばす癖のある連中が言うように、「寝首を掻かれる」心配は全くない。彼らがスパイを警戒するのは、逆に「アメリカに奇襲されるのではないか」という不安からである。

日本が西を向いているのはアメリカには不幸中の幸いである。日本が中国やロシアとまた衝突する可能性がある。しかしいずれの場合でも、アメリカに有能な指導者がいて、国民が俗説に惑わされなければ、戦争に巻き込まれることはない。遠い極東のロシアに興味はない。しかし、中国問題には足を踏み入れすぎた。日中露のいずれかが、または三者とも戦争を望んだとしたら、それはそれで悲しいことではある。しかし冷静に考えるべきであり、たまさかにも「義を見てせざるは勇なきなり」とばかりに早まってはならない。

アジアの問題児は中国

結論を述べよう。アジア問題の本質はなにか。それは、時代の流れに逆らう中国人の頑迷さである。問題の本質はここにあるのであるが、「それとてたいした問題ではない」と、中国に居を構えるアメリカ人は言っている。期待しすぎてはいけない。現在の権益を保持できればそれで十分である。

ただ、中国が外国人を保護できる体制を整えるまでは、治外法権、域外的管轄権（領土外にあっても、特定の場合に法権力を行使できる権利）は必要である。現在の中国の法は立派なものである。留学組が西洋を元に作った。ただし単なる紙である。外国人はおろか、当の中国人にも何の役にも立たない代物である。

国際法で言う「治外法権」とは、外国人に本国の法律に従えばいい、という特権を与えることだ。

この制度は、その国の法を適用されると外国人が不利になったり、法律の悪用で生命まで危険に曝されたりするような国では、いい制度であった。賄賂まみれで判決に一貫性のない中国の法廷に引きずり出されてはたまらないから、アメリカ人には治外法権がある。軽微な事件ではアメリカ領事が裁判官となり、正式な判決を下す権利を持っている。アメリカ人が罪を犯しても中国の法廷に引き渡されることはない。逮捕、拘留が必要な事件では、たとえ中国人の警察が逮捕しても、直ちに最寄りのアメリカ領事に引き渡す取り決めになっている。アメリカ以外の外国人でも、中国人に対する犯罪でも、同じである。

民事事件（犯罪的性質を帯びない過失によって生じた損害の賠償を求める訴訟等、あらゆる損害補償を求める訴訟）は、被告の国の法廷で争われる。もしアメリカ人が中国人を訴えたら、裁判官は中国人である。逆に、中国人がアメリカ人を訴えたら、アメリカの法廷で裁かれるという具合である。なぜこういう制度になったか。裁判官が原告側の人間だと、原告に有利になるような先入観を持つ可能性がある。これを防ぐためである。実際は、在中国米企業に対しては、正義の扉は開かずの扉である。なぜなら、中国人の詐欺行為で損害を被っても、中国の法廷ではアメリカ企業が勝訴する可能性は極めて低いから、法的権利の回復を求めて告訴するよりは、黙っているほうが得策だと考えているからである。

中国人がアメリカ人に犯罪行為に及んでもアメリカ領事は手出しができず、ただ適正な処罰を要求することしかできない。アメリカ人が中国人に危害を加えるような事件を起こすと、アメリカ人同士の傷害事件と同様に、領事、もしくはアメリカの裁判にかけられ、刑罰も同様に科される。

一九三一年の夏、「上海イヴニングポスト・アンド・マーキュリー」の記者H・G・W・ウッドヘッド氏は揚子江を遡る旅をした。旅の目的の一つは揚子江沿いの外国人街の様子を取材するためと、そして今一つは、抗争を繰り返すヤクザ集団と国民党に搾取され、苦しみの絶えない地域を取材するためであった。その著書『揚子江とその問題』はこのあたりの状況が詳しく、中国人の名誉のために少しでも「進歩」と思われることはなるべく書いている本である。

氏は自らの解説の終わりにこう述べている。

「今回の旅で会う人会う人誰もが異口同音に『中国人の裁判にかかったら最後、まともな裁きを絶対期待できない』と話していた。そして、でたらめ裁判の例を山ほど聞かされた。『債務不履行になり、売り上げを横領され、運悪く規格外れのいい加減な商品が届けられたと、裁判所に訴えて損害賠償を要求するより、流れ弾にでも当ったんだ、運が悪かったんだと諦め、黙っていた方が安上がりだ』といずれの国籍の人間も言っていた」

一九二五年の九月、メリーランド州のボルチモアにあるジョン・ホプキンズ大学で開かれた中国問題会議で、クオ博士はこう述べている。

「我が中国の諸法律が完璧であるというつもりは毛頭ありません。完璧にはまだまだ程遠いと言わざるを得ないのであります。しかしながら、完璧な法を備えた国はどこにもないと申し上げてもなんら差し支えないものと思われます。法というものは常に改正する余地があるものであります」

治外法権廃止を求める発言の抜粋であるが、典型的な中国人の論法である。つまり、誰もが反論できないような至極当たり前のこと、しかも本題とは全く無関係のことを述べ、相手を封殺する手法である。ここでは中国に特定しないで、広い意味では正しいことを述べ、実際の中国にはまるで手を付けないのである。

さてさて、このクオ博士を援護射撃する人がいた。アメリカ人宣教師である。この人は、中国のある港で活動していて、中国人の群衆に襲われ、アメリカの戦艦に救出されたという経験を持つ。暴徒と化した中国人はあらゆる残虐行為を働き、橋の欄干に生首を無数に晒した。権力者の気まぐれで百人単位の人間が命を落とした。こういう町で危険に晒され、屈辱にまみれ何年も宣教活動をした人である。この人が中国人の味方につき、私にこう言った。「アメリカにも不正やら権利の乱用があるではないか。人というものは、どうしても身びいき、自分の国を良く見たがるもの。この世に完璧な法体系を備えた国などあり得ない」と。

さてクオ博士の演説をもう少し続けよう。

「中国人の全体的知的水準は格段に向上したのであります。自由・平等・自決等の近代民主主義の基本精神を重んじる点において、西洋諸国に比べて何等劣るものでもございません。……近年、我が中国は法体系を大幅に改定いたしまして、西洋諸国に合致するようにいたしたのでございます」

治外法権廃止論者のクオ博士に反論が投げかけられた。反論したのは、レム・グラインズ社中国支店のスタンレー・グラインズ氏である。国際租界に多数中国人が居住しているが、彼らは中国政府へ税金を納めていない。中国人自身が母国に損害を与えている、と言うのである。

「貴方方の中には『上海にあるような租界を中国人に引き渡し、治外法権も廃止すべきである』と考える方がいらっしゃいます。また貴方は『外国の課税を免れた莫大な投資がなされているが、本来ならこれは中国政府に入るべき税金である』とか『租界の中国人は中国政府に対して何の発言権を持たない』とも仰せであられる。そこでお尋ねしますが、何故こういう所に中国人がいるのですか。はっきり言えば、中国人に略奪されないためではないですか。彼らが、『租界反対』の声を挙げ、租界を出て、中国兵に身の安全を託すのなら、納得できるのですが、如何ですか？　また、もし中国人が外国人の建物に課税できることになったら、ここから上がる税金が政府の金庫に入ると本気でお思いですか。私には、その保障は全くないとしか思えませんが」

治外法権が廃止されれば、アメリカに戦争債権の購入を迫るのは目に見えている。なぜなら軍隊の頭目が「金を持っている」と眼を付けた者に、手下を送り込み「自主献金」を強要するのが当たり前となっているからである。「自主的献金者」には「公債証書」が一枚渡される。「元利そろえてお返しする」ということにはなっているが、ただの紙切れである。二、三ケ月もすれば頭目はどこかへ「とんずら」するに決まっている。しなかったとしても、「返せ」という奴はいない。「献金」を断ろうものなら、財産没収は当たり前で、拷問、射殺までされかねない。どう切り抜けるか。希望額の半額を出すのである。そうすれば「もっと出せ」とは言われない。半額は将軍様への「寸志」というわけだ。一万ドルの「公債」を買わされるより、五千ドルの「寸志」を差し上げたほうがよっぽどまし、というわけだ。ドイツは治外法権を持たないから、時折、こういう中国式の献金に頭を悩まされている。それでもまだましで、中国人は、四六時中やられているのである。これはほんの一例である。ベテラン商社マンの全員が口を揃えて次のように言っている。

「治外法権が廃止されたら大変なことになる。租界にいる人は良いが、皆中国から追い出されるよ」

中国人は「上海の租界等、中国にあるすべての外国領土化している土地を返還せよ」と百年一日の如く繰り返している。これらは「大昔、不公平な条件の下で騙し取られたものである」と言うのである。しかし租界開発に見合う償還の話はなし、これを保護する話もない。わかりきったことである。

歴史が証明している。立派な租界を手にしても「何の価値もない」と言うに決まっている。そして「馬鹿な外国人め。仕掛けた罠にはまって逃げて行ったよ」と喜ぶに決まっている。現在の租界は高層ビルが立ち並んでいるが、計算好きな中国人は、この近代化された租界を、外国人に盗まれた「盗品」だと言っている。

こういう類のプロパガンダが絶え間なく続けられるから素人は騙される。あるアメリカ人のジャーナリストで「公平な扱いを望む一アメリカ人」という触れ込みで南京政府に雇われ、「租界の返還と治外法権廃止を」という論文やら本を定期的に出していた人がいる。書いてないが、この人物が南京政府の回し者であることを知らない人はいない。おかげで、十年かそこら前には「治外法権廃止は本気だ」と思っている者もいたくらいである。しかし今では、こんなことを言い出す者は誰もいない。

アメリカ企業は搾取していない。逆に人気の的である

「外国人が中国人を搾取している」と言われるが、具体例を聞いたことがない。アメリカ人は多くの先進諸国と商取引をしているが、中国ほど、当然認められるべき権利を制限している国はない。例えば、指定の港以外に土地を所有することは条約で禁じられている。アメリカ企業は、中国系より給料も労働条件もいい。外国系の企業は中国全体で見れば、それこそケシ粒のようなものだから、「中国産業界を押さえ込む資本主義」とは事実無根である。応募者が殺到しているから人気がある。満州の鉄道は別にして、中国の地場産業を外国人が独占した例は一つもない。

現在、中国人外交官やスポークスマンが外国人のことを何やかや言っている。これに対して我々は、「その手は桑名の焼き蛤。国民党は排外主義をしていませんか？　中国人は、いかに自分が可哀想な境遇にいるか、と相手に思わせる名人ではありませんか？」と言いながら塩コショウを少々振ってやる

とよい。「己を知り敵を知らば百戦して危うからず」である。中国の正統政府と認めた国民党政府が何であるかも、先刻承知のことである。

南京虐殺は国民党に潜む共産勢力の仕業

一九二六年、宣教師たちはこの政府が最後の盟友と持ち上げた。ところがどうであろう。数ヶ月後、その第一軍が南京を制圧した時の模様をこう述べている。

南京虐殺に関する声明文

南京虐殺の真相を広くアメリカ人に知ってもらわんがため、外国人の生命財産に危害を加えられた三月二十四日に南京に在住していた我々アメリカ人は、署名のうえ、ここに声明文を記す。この残虐行為は、上官の承認の下、制服着用の兵士によって行われた。南京在住の我々アメリカ人全員がこの目で見たのであるから断言できる。彼らは、外国人の私邸、領事館、学校、病院、会社の事務所を略奪しただけではない。家にも学校にも火を放った。外国人と見ると老若男女構わず撃った。誤射ではない。殺意を持って撃った人殺しである。ある若いアメリカ人娘などは二発も銃弾を打ち込まれ重傷を負った。アメリカ女と見ると強姦する。その他、外国人女に、言葉にできないほどの侮蔑行為を加えた。こうした事件の多くをこの目で目撃したのである。その他さまざまなことが、疑いの全くない事実である。北伐軍の兵士や中国人の友達の証言によれば、南京入城に際して命令ではないにしろ、「略奪、外国人殺害許可証」の類のものを持って南京に入城したようである。外国人の家に押し入る。金庫を開けさせる。着ているものまで剥ぎ取る。女は犯す。すべて計画通りだったことは部隊の行動からして明らかである。我々の中には、「隠れても見つけ出して殺してやる」と言われた者もいる。中国兵だけではなく、匿ってくれた中国人までもがそう言ったのである。ところが、この虐殺がピタリと止んだ。米英の軍艦の艦砲射撃が始まったからである。とたんにあちこちでラッパの合図があり、組織的破壊行動が止んだ。これで兵士の暴虐、破壊活動は上が命令した組織的行動だったことが証明された。以上は嘘偽りのない事実なのである。

この南京虐殺を画策したのは誰か。外国人と中国人双方の意見であるが、首謀者はロシア共産党指導者の指導を受けた国民党政府内に潜む共産主義活動家である。これらは外国人だけでなく、中国人にとっても敵である。根絶やしにしないと中国の統一どころではない。我々は中国の国家目標に心底共鳴してきたし、これまで危険に晒されてはきたが、今後とも気持ちは変わらない。故に、現在、国民党政府の政策に強い影響を与える陣営を抑えねば、中国のみならず世界の行く末は安心できないものがある。

署名者

法学博士、メソジスト派伝道師、南京大学長　A・J・ボウエン
名誉神学博士、南部長老会伝道師　P・F・プライス
同　ドナルド・W・リチャードソン
フレンド派伝道師　W・R・ウイリアム
同　C・A・マッティ
南部長老派伝道師　ジョン・H・ライズナー
同　J・C・トムソン
同　C・スタンレー・スミス
同　ハリー・クレモンズ・ジュニア

同　　　　　　　　G・W・ロース
南京大学出納局長　L・J・オウエン
ディサイプル教会伝道師　エドウィン・マーク
名誉神学博士、アメリカン監督教会伝道師　L・B・リッジリー
アメリカン監督教会伝道師　W・P・ロバーツ
同　　　　　　　　J・G・マギー
同　　　　　　　　C・L・ピケンズ
同　　　　　　　　N・D・ギフォード・ジュニア

これ以外にも大勢の宣教師が、「確かに今までは武器の使用には常に反対してきたが、今回ばかりは艦砲射撃のおかげで命拾いした」と述べている。

パール・バックの偽善

ところで、あのパール・バックは南京虐殺の時、南京から夫と日本へ避難し、日本で「平和ってほんとに良いものですね」と書いている。ところが去年、「イェール・レヴュー」に、殺人、略奪の収まった南京に戻った時のことを、「驚いたことにみだらな落書きが一つもないではありませんか」と書いて中国人を持ち上げている。そしてこの記事に感動するアメリカ人が中国にいたのである。こいつらは、軍隊が、一斉に女と見れば犯し、外国人は見付け次第殺し、せっせと略奪に励んでいる時、一人のんびりと壁にエロ画など描いている者がいても「変だ」と思わない連中である。パール・バックはこうも書いている。「西洋の兵に（私の家が）占領されたら、壁中みだらな落書きだらけになっていたでしょうね。中国人って素敵ですね。強くたくましく立派な人間なのですね」。

中国人を絶賛するパール・バックが書いていないものがある。あの時、南京では何が起こっていたか。中国兵は笑いながらイギリス領事をその庭先で撃ち殺した。無抵抗のアメリカ人も一人、同様になぶり殺しにした。アリス・ティスデイル・ホーバート夫人邸に逃げ込んだ五十人の外国人に、雨あられと弾丸を浴びせた。幸い、この五十人は軍艦からの援護射撃の下、上陸してきた部隊に無事救出された。こういうことを、パール・バックは一切書いていないのである。

事実を見て対中国政策の誤りを認めよ

我々が今現在付き合っている中国政府とはこういう政府なのである。私が縷々述べてきたことを踏まえて判断すべきではないか。中国政府が、責任のある政府として信頼できるのかどうか。近代国家としての責務を果たせる力があるのかどうか。調べる気になれば誰にでもわかることであり、新たな事実が次々に見えてくるであろう。

つまり、今までの対中国政策は失敗だったと素直に認める以外ないのである。金を貸せば、返してもらえないばかりか悪用される。学校や病院を建てたら、火をつけられる。宣教師は宣教師で、いくら中国人の中に飛び込んで命がけで働いても、教え子に拷問され虐殺されている。ただ外交援助するばかりで、何の罰則もなく甘い顔ばかりしてきたから、かえって暴虐の限りを尽くしてきたのである。

アメリカ人の究極の希望は世界平和である。そこで極東にも平和を願うなら、アメリカはどういう姿勢を採るべきか。「君子危うきに近寄らず」。きれいさっぱり足を洗った方がよい。思いやりも必要だが、それと同時に毅然とした態度で主張すべき権利は堂々と主張すべきである、というのが大人の考えである。

【解説】よみがえるラルフ・タウンゼント

田中　秀雄

この本はアメリカのエリート外交官だったラルフ・タウンゼント（一九〇〇〜一九七五）が、一九三三年にアメリカで出版したものの完訳である。原題はWays that are darkで、The Truth About Chinaという副題がついている。原題の由来は、原書の冒頭に掲げられたブレット・ハートという人の詩の一節「私がいおうとすると／言葉は空しくなる／道は暗黒なるがゆえに／謀《はかりごと》は空しく／中国人は異様だ／それが私のいおうとすること」から来ている。

原題の意味「暗黒なる道」と本書の内容から、『暗黒大陸 中国の真実』というタイトルがふさわしかろうと私たちは判断した。

ラルフ・タウンゼントは一九〇〇年、ノース・カロライナ州に生まれ、長じてコロンビア大学に学んだ人である。祖先はイギリスから渡ってきたアングロサクソン人である。一九二四年に大学を卒業すると、すぐに新聞記者になった。三年間の記者生活後、母校の英文学教授として三年勤務した。一九三〇年大学を辞すると、アメリカ国務省に転じ、最初一年はモントリオール、一九三一年には上海の副領事として中国に渡った。満州事変に伴う第一次上海事変を体験し、その後、福建省の福州の副領事として勤務し、一九三三年初めに帰国し、外交官を辞めてから書き上げたのが本書である。

この本を上梓した後のタウンゼントの歩みをまずたどってみよう。

彼は、主にカリフォルニア州に住んでいたらしい。スタンフォード大学の講師や、極東問題の講演、言論活動に精力を注ぎ、一九三六年には、Asia Answersを出版した。これは、前作のように副題を付けるとすれば、「アメリカの極東政策の真実」ともいうべき内容となっていて、事実、翌年七月に『米国極東政策の真相』というタイトルで邦訳出版がされている。内容は処女作の続編であり、中国の本当の姿を改めてアメリカの読者に知らせ、また満洲事変後、アメリカの対日世論が悪化する中で、本当のアメリカの極東政策はいかにあるべきかを説いたもので、それは当然ルーズベルト政権への批判となった。また彼の矛先はアメリカのマスコミにも向けられる。彼いうところの「新自由主義」なるマルクス主義の影響の強くなったマスコミの姿勢が、ルーズベルト政権に対日硬化姿勢を取らせているると見ている。

この時期は、いわゆる人民戦線、共産主義と自由主義左派が共闘する時代であり、ルーズベルト政権内部にもその思想傾向が如実に反映するようになったとタウンゼントは見ている。それは、ルーズベルト政権がソビエトを承認してから特にそうなったのである。政権の発足が一九三三年三月、ソビエト承認がその年の十一月であり、タウンゼントが本書を書き始めた時と、出版した時と一致していることは、その後の彼の運命をまざまざと予告しているようで不気味な思いもする。

彼はこの Asia Answers の中で、アメリカ人の多くは共産主義など望んではいない、しかし町の本屋などで見かける出版物はその多くが左翼系のものだと嘆き、危機感を持っている。このアメリカだけでなく、全世界を席巻しつつあるコミンテルン攻勢の中で、「日本は極東における共産主義に対する保塁であり、もし今日本が勇敢に共産主義に反対していなければ、ロシアは満洲とシナ本部の接壌地を支配していた」と述べている。

タウンゼントは、昭和十二年の夏に来日している。ちょうど蘆溝橋事件が勃発した頃であり、多分に邦訳出版と極東情勢の調査のためであったようだ。十二月には、日本軍の南京占領という事態となるが、南京陥落後の十二月十六日の東京朝日新聞に彼は寄稿し、日本のこの戦争はアジアに共産勢力が根を下ろさないためのものだとして、断固支持する旨の記事を載せている。

その後彼は、America has no enomies in Asia！（一九三八年）、The high cost of hate（一九三九年）という、字面からも判断できる、日米間に漂う危機感を強くした著述を出している。「アメリカはアジアに敵はいない、日本に対する憎しみの代償は結果として高く付くものになる」ということである。しかしそれぞれ、四八頁、六一頁というパンフレット程度のものであった。

一九四〇年には、Seeking foreign troubleという著書を出す。「(ルーズベルト政権は故意に）国際紛争を求めるもの」という意味がある。この時期、アメリカは第二次大戦に英仏側に立って参戦するかどうかで国内は二分していた。参戦反対を唱えるチャールズ・リンドバーグ大佐が中心となった「アメリカ第一委員会」とタウンゼントは共同戦線を張っていた。リンドバーグは彼の深い欧州情勢分析から、タウンゼントは極東情勢への深い理解からである。リンドバーグが結果的にドイツを弁護し、アメリカのユダヤ人社会から非難されたように、親中派の多い当時のアメリカマスコミ界で日本を弁護することは容易なことではなかった。

しかし、タウンゼントは雄々しくも敢然と、アメリカの偽善、つまり対枢軸国とその他の国に対するダブルスタンダード姿勢を批判した。例えば、満洲国が日本の傀儡政権であってなぜ悪い。フィリピンはアメリカの傀儡国ではないか。満洲国は門戸閉鎖などしていない。国ができてから、建国以前と比べ米満間の貿易は倍増している。日本の門戸閉鎖という欺瞞を唱える人たちは、一九三八年にメキシコが国内アメリカ資産四億ドルを没収したことに何の非難もしないと。アジアにおける日本の敗北は、中国のソビエト化を招来する。それは、中国にとって日本に支配されるより悲惨なことであり、アメリカにとっても全世界にとってもよくないことであると。そして、「アメリカは極東に手を出すな、日本に任せよ」と、はっきり断言する。この著作は、昭和十六年三月と五月と立て続けて邦訳が二種類出ている。まさに、当時の日本人の対米切迫感を如実に示すものであろう。

しかし、彼のこの姿勢は危険だった。日本の真珠湾攻撃後、彼にとって人生最大の屈辱が訪れた。治安妨害容疑、反米活動をしたということで、一年ほど牢獄に入れられたのである。ルーズベルト政権の見せしめ裁判であった。彼を助けようとした政治家に、ロバート・タフト、バートン・ホィーラー、ジェラルド・ナイという人々がいる。いずれも、アメリカの参戦に反対した有名な不介入主義（孤立主義）者であり、特にロバート・タフトはウィリアム・タフト大統領の息子であり、戦後アイゼンハワー大統領と共和党の指名選挙を争った実力者である。

しかし、これでタウンゼントの公的な生涯は終ったに等しかった。日本の敗戦を彼がどう見ていたか、まだわからない。しかし、彼の著作は日本の敗退で起こる極東の混乱を予想しており、それは中国の共産政権樹立、朝鮮戦争の勃発という形で現実となった。彼の予言は的中したのである。

戦後、どういう活動をしていたかもまだ不明の部分が多い。おそらく共和党関係の団体で仕事をしていたと推測され、自分の言論活動姿勢は全く正しいものとして揺るぐことはなかったようだ。子供はなく、ジャネット夫人との二人暮らしであり、戦後、日本人には忘れられたまま、一九七五年に亡くなった。

タウンゼントが予言した中国の共産化ということは、もちろん彼独自の主張ではない。例えば、彼の先輩外交官になるジョン・マクマリー（元北京駐在公使）が一九三五年に極東部長ホーンベックに提出し、その後の極東情勢を予言したとして注目され、戦後のジョージ・ケナンに大きく影響を与えたとされるメモランダムがある（『平和はいかに失われたか』原書房、一九九七年、参照）。

マクマリーもまた当時の国務省と対立し、外交官を辞めるなどの行動に出ている。しかしタウンゼントのように、連邦刑務所に入れられた体験を持つ元外交官は他にあるまい。また外交官を辞めない限り、本書の出版は多分不可能だったに違いあるまい。

いずれにせよ、一九三〇年代のアメリカ外交で日本寄りの態度を取り続けようとすることがいかに困難だったかは、マクマリーやタウンゼントの体験によって知られよう。

本書の序文を書いているウィリス・カート氏はタウンゼントの後半生の友人であり、思想を同じくする同志である。ウィリス氏が主宰するバーンズ・レビュー社から一九九七年、この本は再刊されている。リンドバーグと親しい関係だった歴史家、ハリー・エルマー・バーンズを記念する出版社であり、バーンズは真珠湾攻撃がルーズベルトの謀略だという歴史観を初期から唱えていた人である。

ロバート・タフトらと思想を同じくする共和党下院議員だったハミルトン・フィッシュは、『日米開戦の悲劇』（PHP研究所、一九八五年）の中でルーズベルトを強く非難しているが、タウンゼントも自分に屈辱をもたらした真珠湾の真実を調査していたに違いあるまい。ハリー・エルマー・バーンズやハミルトン・フィッシュとは恐らく交流があったに違いない。そして白著において、日独との戦争は間違いだったと率直に述べるパトリック・ブキャナンとも。

米ソ冷戦が終結してほぼ十年後に、この本が再刊された理由はどこにあるのだろうか？　ソ連に代わるアメリカの新たな脅威として中国が認識されているという時代背景は見逃せないところだろう。外交官としてのタウンゼントの冷徹なまでの中国人観察は、その中国対応策として、指南書的なものとして見られているのではあるまいか。

本書を読んでもらえればおわかりのように、タウンゼントは当時の中国の混乱状況や中国人の性格に対して非常に厳しい見方をしている。孫文や蒋介石＝国民党政権に対しても容赦ない。愛情のかけらもないとして、反発する方もおられるかもしれない。事実、タウンゼント自身もこの本の刊行後、中国人全体を公平に叙述しないものとして反感を買い、中国人の堕落や政治の圧制に関することは事実でも、その善良さについても書くべきであるとの指摘を受けたことを、次作Asia Answersの中で述べている。

タウンゼントがこのような中国認識を持つようになったのは、個人から国家レベルまで、平然と嘘をつくその体質であり、そのことを恬として恥じない傲慢さであったようだ。その具体例は本書にたくさん紹介されている。我々日本人にも思い当たる節はあるまいか。

昔から日本領土であることは無論の尖閣諸島を自国領土だと宣言する中国、日本との戦争で二千万もの人民が殺されたと非難する中国首脳の不可思議な体質にである。

またこの著書は、基本的にアメリカ人のためのものであり、当時中国に多くの宣教師を送っていたアメリカに対して、実際の宣教師たちがどんな過酷な環境で働いているかをレポートしたものである。これらの叙述は第五章と第六章に詳しく、キリスト教者の少ない日本人読者にはあまり興味を持たれないところかもしれない。

しかし、中国でアメリカ人宣教師、事業家たちが体験した排外運動の実態は、そのまま当時の日本人たちの体験と重なる部分も多い。また、役人としてのタウンゼントの中国人官僚との不快極まる交渉事の実例などは、現在の日本の中国滞在の外交官たちに、また現代の中国に事業を展開しようとしている企業人への適切な参考例となるだろう。長い歴史の中で刻み込まれた民族の性格は、そう簡単に変わるものとは思われないからである。

また、宣教師たちが中国でひどい目に遭っているのに、実際の本国への報告では中国に寛大で日本に対して厳しい見方をしている。このことが、昭和十年代にアメリカの対日世論が厳しくなっていく大きな流れの原因にもなっていたという事実がある。こうしたからくりの内幕も、タウンゼントの慧眼によって確かめ得るだろう。本書の最後に、一九二七年の国民党軍による南京虐殺事件に対して、南京在住の宣教師たちが国民党政府を非難した声明書が紹介されているが、そこに、一九三七年のいわゆる《南京事件》で、日本批判をしたマギー牧師の名前があることに注目されたい。彼のこの豹変の理由もまた、タウンゼントの観察から理解されることだろう。

戦前の日本を弁護し続け、牢獄にまで入ったタウンゼント。その運命の原点は中国滞在時の赤裸々な体験にある。これはほぼ七十年を経て邦訳されるその体験記である。

彼の思想的原点である本書が戦前なぜ翻訳されずに、第二作と第五作が翻訳されたのだろうか？推測の域を超えないが、私はこう見ている。翻訳された著作は、アメリカの外交姿勢をその主な分析の対象としている。「なぜアメリカは自分たちにこう強硬に当たるのか？」という、当時の日本人が持つ不安感のようなものが、親日派のタウンゼントの分析を求めたということである。

そして、本書に書かれている中国の赤裸々な真実というものは、当時の日本人たちにはある程度知られていたということもあろう。昭和二年の「南京事件」、その翌年の「済南事件」などの実情はよく知られていた。しかし、それを出版物にすることは表現の問題もあって容易ではなかった。例えば、私が持っている『南京漢口事件真相　揚子江流域邦人遭難実記』（岡田日榮堂版、昭和二年）という本では、日本婦女が乱暴される場面などはすべて伏せ字である。本書に書かれているような赤裸々な表現を当時翻訳できたであろうかということである。

いずれにせよ、現代では当時の中国の赤裸々な実態は忘れられているわけで、その意味での初訳には小さくない意味があると我々は考えている。ましてや、そうした実態を見聞したからこそ、タウンゼントは日本の満洲建国を無理からぬこととして、称賛したのだから。

最後に、訳出にあたり、読みやすさを考慮して原著にはない小見出しを付け加えた。また、タウンゼントは柳条湖の鉄道爆破を「橋の爆破」、「日清戦争の結果、日本は台湾と朝鮮を領土とした」「日露戦争は数ヶ月で終わった」と誤解しているが、原文のままとしたことをお断りしておく。また地名、人名はもちろん英語表記であり、有名なものは特定できたが、それ以外のものは特定することが難しく、推定あるいは英語発音のままにカタカナ表記にしていることもご了解願いたい。中国の地名、人名では、永山英樹君、納村公子さん、中国在住の黄強君に特にお世話になった。タウンゼントの投稿記事が載っている東京朝日新聞を見つけてくれたのは阿羅健一さんである。芙蓉書房出版の平澤公裕さんには、出版に当たっての適切なアドバイスをいただいた。多くの人の協力によってこの本はできあがっている。先田賢紀智氏ともども感謝申し上げたい。

著者略歴

ラルフ・タウンゼント（1900－1975）
アングロサクソン系アメリカ人。コロンビア大学卒。新聞記者、コロンビア大学英文科教師を経て国務省に入る。1931年上海副領事として中国に渡る。満州事変に伴う第一次上海事変を体験。その後福建省の副領事として赴任。1933年初めに帰国。外交官を辞め、大学講師のかたわら著述と講演活動に専念。親日派の言論を展開したため、真珠湾攻撃後は1年間投獄される。5冊の著作すべてに極東アジアに関する鋭い知見を披露している。

訳者略歴

田中　秀雄（たなか　ひでお）
1952年福岡県生まれ。慶應義塾大学文学部卒。日本近現代史研究家。東亜連盟の流れをくむ石原莞爾平和思想研究会をはじめ、軍事史学会、戦略研究学会等の会員。著書『映画に見る東アジアの近代』（芙蓉書房出版）『国士・内田良平』（共著、展転社）

先田賢紀智（さきた　けんきち）
1955年鹿児島県生まれ。早稲田大学第一文学部卒。1980年より千葉県の県立高等学校英語科教諭。アメリカ、イギリス、中国、韓国、東南アジア諸国に渡り、近現代史を研究。著書『インドネシア紀行』（共著、展転社）

暗黒大陸《あんこくたいりく》 中国《ちゅうごく》の真実《しんじつ》

2004年7月20日　第1刷発行
2004年9月25日　第4刷発行

著　者
ラルフ・タウンゼント

訳　者
田中秀雄・先田賢紀智

発行所
㈱芙蓉書房出版
（代表 平澤公裕）
〒113-0001東京都文京区白山1-26-22
TEL 03-3813-4466　FAX 03-3813-4615

組版／*Kalmia*　印刷／協友社　製本／協栄製本

ISBN4-8295-0345-9